陕西师范大学研究生教育教学改革研究项目（项目编号：GERP-20-11）

体育文化学概论

陈丽霞 主编

陕西师范大学出版总社 西安

图书代号　JC24N2504

图书在版编目(CIP)数据

体育文化学概论 / 陈丽霞主编. -- 西安：陕西师范大学出版总社有限公司，2025.4. -- ISBN 978-7-5695-4691-0

Ⅰ. G80-05

中国国家版本馆 CIP 数据核字第 2024M2F405 号

体育文化学概论
TIYU WENHUAXUE GAILUN

陈丽霞　主编

责任编辑	张俊胜
责任校对	王东升
封面设计	金定华
出版发行	陕西师范大学出版总社 （西安市长安南路199号　邮编710062）
网　　址	http://www.snupg.com
印　　刷	西安报业传媒集团（西安日报社）
开　　本	787 mm×1092 mm　1/16
印　　张	15.125
字　　数	248 千
版　　次	2025 年 4 月第 1 版
印　　次	2025 年 4 月第 1 次印刷
书　　号	ISBN 978-7-5695-4691-0
定　　价	43.00 元

读者购书、书店添货或发现印刷装订问题，请与本社高等教育出版中心联系。
电话：(029)85303622(传真)　85307826

前　言

习近平在哲学社会科学工作座谈会上的讲话中指出:"每个学科都要构建成体系的学科理论和概念。"成体系的学科理论构成学术体系,成体系的概念构成话语体系。每个学科都要构建成体系的学科理论和概念,就是要构建学术体系与话语体系相统一的学科。

体育文化的基础理论对于体育文化发展具有指导性意义,没有理论基础的发展是没有后劲的,也是不可能持久的。我国一大批从事体育理论和体育活动的专家学者,在体育哲学、体育文化研究中作出了巨大贡献。但是还要看到,目前我国的体育文化基础理论建设路还很长。长期以来,我国体育文化的发展以竞技体育为主,对于体育文化基础理论的研究不够,没有建立起我国独立的体育文化理论体系。在文化理论研究方面,一是要全面深入研究国外相关体育文化理论,特别是现代与后现代体育文化研究的基本理论,批判地分析、吸收种种现代理论文化学说的有益成果;二是应该很好地借鉴与吸收中国传统文化研究的优秀成果与研究方法,对我国体育进行深入、全面、持久的科学调查与深入的理论探讨,从而建立起本土理论体系——一个符合我国现阶段发展需要的,具有时代性、民族性、国际性的体育文化学基础理论体系。

随着学者们的研究不断深入和发展,从体育的专业领域对文化现象进行研究和探讨的各种体育文化研究的文章、著作先后出现,学者们从不同角度对体育文化进行了广泛探讨,推动了我国体育文化研究的发展。体育文化学的建设研究正处于探索和建构之中。

本书以文化学的基本理论和研究方法为指导,分析探讨了体育文化的本质、表现形态、与其他学科的联系,为读者认识和理解体育文化提供了理论和事实依据,也为读者学习和研究体育文化提供了一定的思路和方法。

全书共分十二章,体育文化学的基本理论、体育文化模式、体育文化价值、体育文化类型、体育制度文化、体育中的精神文化、体育文化与艺术、体育文化的亚文化形式、体育文化的交流与传播、体育文化与地理环境、体育文化遗产的传承与保护、中国体育文化的发展与未来。

  本书由陕西师范大学陈丽霞副教授担任主编。陕西师范大学马连鹏副教授，河南安阳师范学院李季参加编写工作。陈丽霞负责第一、二、三、四、六、七章；马连鹏负责第八、十、十一、十二章；李季负责第五章及第九章编写工作。陕西师范大学体育学院研究生安肖扬、唐佳钰、兰浬负责资料查找等工作，武汉大学哲学院研究生李秉格负责书稿整理与校对工作。感谢陕西师范大学体育学院院长万炳军教授、陕西师范大学体育人文社会学专业研究生导师组长张金桥教授对编写工作的指导与帮助。

  本书可作为高等院校体育院系各专业、综合院校体育文化学教学用书或参考书，也可作为普通高等院校的通识课教材和参考书，同时，也适合广大体育工作者和体育爱好者阅读。

  本书作为一家之言，尝试性地对体育文化学进行了相应的探讨，希望能在体育文化学的建设中起到抛砖引玉的作用。本书在编写中的缺陷及不足之处在所难免，恳请广大读者批评指正。

目 录

第一章 体育文化学的基本理论 (1)
   第一节 体育文化的界定 (1)
   第二节 文化学与体育文化学 (6)
   第三节 体育文化学的研究对象和范畴 (7)
   第四节 体育文化学的研究方法 (9)
   第五节 研究体育文化学的意义 (17)

第二章 体育文化模式 (19)
   第一节 体育文化模式概述 (19)
   第二节 东方体育文化 (24)
   第三节 西方体育文化 (40)
   第四节 奥林匹克文化 (47)

第三章 体育文化价值 (55)
   第一节 体育文化与政治 (55)
   第二节 体育文化与经济 (59)
   第三节 体育文化与军事 (63)
   第四节 体育文化与教育 (67)

第四章 体育文化类型 (77)
   第一节 大众体育文化 (77)
   第二节 学校体育文化 (82)
   第三节 竞技体育文化 (95)

第五章 体育制度文化 (102)
   第一节 体育制度概述 (102)

第二节　新中国体育制度的建立和发展 …………………………（107）
第六章　体育精神 ……………………………………………………（117）
　　第一节　体育精神的由来 …………………………………………（117）
　　第二节　奥林匹克运动精神 ………………………………………（123）
第七章　体育文化与艺术 ……………………………………………（133）
　　第一节　体育与美学 ………………………………………………（133）
　　第二节　体育的艺术价值 …………………………………………（142）
　　第三节　体育与美育 ………………………………………………（149）
第八章　体育文化的亚文化形式 ……………………………………（154）
　　第一节　按照体育开展中涉及的内容分类 ………………………（154）
　　第二节　按照体育外围衍生品分类 ………………………………（160）
　　第三节　按不同人群进行分类 ……………………………………（168）
第九章　体育文化的交流与传播 ……………………………………（178）
　　第一节　体育文化交流与传播的意义及传播方式 ………………（178）
　　第二节　当代体育文化的冲突 ……………………………………（188）
　　第三节　当代体育文化的整合 ……………………………………（195）
第十章　体育文化与地理环境 ………………………………………（200）
　　第一节　体育文化与地理环境的关系 ……………………………（200）
　　第二节　体育文化区 ………………………………………………（201）
　　第三节　体育文化的空间传播 ……………………………………（207）
第十一章　体育文化遗产的传承与保护 ……………………………（216）
　　第一节　文化遗产与体育文化遗产释义 …………………………（216）
　　第二节　中国体育文化遗产的保护历程及现状 …………………（219）
第十二章　中国体育文化的发展成就与新任务 ……………………（224）
　　第一节　我国体育事业发展成果 …………………………………（224）
　　第二节　我国体育文化的发展现状 ………………………………（228）
　　第三节　新时期我国体育文化发展的新要求 ……………………（231）
　　第四节　我国体育文化发展的原则 ………………………………（234）

第一章 体育文化学的基本理论

导读:

文化是人类改造自然、认识和实践社会的活动总和。它包括人类外在产品的创造和人自身心智体的塑造。文化的中心是人的本身。人的既定命运是:永远要同自然做斗争,同时又永远不能离开自然。体育文化是人类为适应生存环境,调节人与自然、人与人的关系,通过自身的身体发展求得更好的生活形式、精神文化和思维方式的整体体现。体育文化学是体育学与文化学的交叉学科,从学科发展与建设出发,厘清相关概念、了解研究对象和掌握研究方法,是进行后续研究的必备基础。这一章将会让我们一起了解体育文化、文化学与体育文化学、体育文化学的研究方法以及研究体育文化学的意义。

第一节 体育文化的界定

一、文化的概念

关于文化的概念,学界众说纷纭。在哲学、社会学、人类学、历史学和语言学领域都从各自学科的角度界定过文化的概念。据美国学者克罗伯统计,目前有160多种关于文化的定义,但迄今为止仍没有一个公认的定义[①]。

大体上,文化可以分为广义的文化和狭义的文化两大类。广义的文化是指

---

① 翟继勇,董琴娟.体育文明探究[M].北京:中国书籍出版社,2017:3.

人类在社会实践中创造的一切物质财富和精神财富的总和;狭义的文化是指人类所创造的精神财富,专指语言、文学、艺术及一切意识形式在内的精神产品[①]。《词源》解释"文化"一词在西方来源于拉丁文 culture,原义是指农耕及对植物的培育。自15世纪以后,逐渐引申使用,把对人的品德和能力的培养也称之为文化。在中国的古籍中,"文"既指文字、文章、文采,又指礼乐制度、法律条文等。"化"有"教化""教行"的意思。从社会治理的角度而言,"文化"是指以礼乐制度教化百姓。历史学、人类学和社会学通常在广义上使用文化概念[②]。综上所述,文化是人类改造自然、认识社会和实践社会的活动总和,包括人类外在产品的创造和人自身心智体的塑造。

二、体育文化的概念

"体育"一词形成时,它本身就蕴含着深刻的文化含义。"体育"作为一种人对自己身体和精神的有目的、有意识地培育或改造活动,毋庸置疑也是一种对人本身的"人化",它一开始就是超越本能和自然的实践活动。在这种活动中,人既是活动的客体,又是活动的主体,是活动的结果,也是人不断发展完善起来的身体以及不断增长的精神能力。因此,体育的本质是文化。体育文化是介于物质文化和精神文化之间,或广义文化和狭义文化之间的"中义文化"[③]。

人们把体育作为一种文化现象加以不断认识,于是就产生了一个综合了所有体育活动的概念——体育文化。关于"体育文化"一词的定义可谓百家争鸣。由尼克·阿莱克塞博士主编的《体育运动词汇》,给体育文化下了一个定义:"广义文化的一个组成部分,它综合各种利用身体锻炼来提高人的生物学和精神潜力的范畴、规律、制度和物质设施。"1980年统编教材《体育理论》认为,体育文化是"以身体练习为基本手段,增强人的体质,提高运动技术水平,丰富社会文化生活的一种有目的、有意识的活动"及其赖以实现的物质手段、社会思想、社会关系的总和。我国体育社会学家卢元镇教授在《中国体育社会学》中对体育文化做过如下阐述:体育文化是关于人类体育运动的物质、制度、精神文化的总

---

① 夏征农,陈至立.辞海[M].上海:上海辞书出版社,2010:2379.
② 马利超,崔新龙.文化与体育文化[J].体育研究与教育,2015,30(S1):5-7.
③ 席焕久.体育人类学[M].北京:北京体育大学出版社,2001:8.

和,包括体育认识、体育情感、体育价值、体育理想、体育道德、体育制度和体育物质条件等。体育文化就是在人类活动和体育活动中建立起来的一个整体的规范体系和价值体系,以及体育活动的方式和设施等。主要用来满足人自身的身心需要,是改造自身的文化类型①。

（一）体育文化的特征

1. 体育文化的时代性与民族性。所谓体育文化的时代性和民族性,实际上就是文化研究中的时空关系问题。这里所说的时代性,指世界范围内各民族在相同的时代或相同的社会发展阶段上所共同具有的与该时代相适应的体育文化。体育文化可划分为不同的阶段,如石器时代的体育文化、农耕社会时期的体育文化、工业化与现代化时期的体育文化。

体育文化是人类社会生活中的现象,迄今为止人类社会都是按民族或国家(地区)来区分的。一定形态的体育文化,都存在于一定的民族范围之内,表现出各自不同的鲜明特征。因此,体育文化便很自然地被赋予了民族性。同时由于民族性展现的体育文化内容相对稳定,使不同民族的体育文化得以形成自己的不同风格。

时代性和民族性既是体育文化特性的不同侧面,又密切相关,互相制约。互相补益。代表历史进步方向的那部分时代性内容形成时代体育精神,代表民族生命力的那部分民族性内容形成民族体育精神。时代性中寓有永恒性,民族性中寓有世界性,体育文化才得以积累和传播。

体育文化的时代性意味着体育文化依时代更迭不断发展变化,促使民族体育文化推陈出新。体育文化的民族性使各民族体育文化有自己鲜明的个性色彩,有利于增强本民族的凝聚力和亲和力,保持本民族的优良体育文化传统,使其在世界民族体育文化之林中得以生存和发展。强调体育文化发展应注重时代性,应追踪新时代的体育文化潮流,只要坚持民族体育文化的主体地位,善于吸收外来体育文化的优秀成果,本民族体育文化的个性特征不仅不会被淹没反而会发展得更为鲜明。

2. 体育文化的继承性与融合性。体育文化的继承性体现的是垂直式的体

---

① 于可红,谢翔,夏思永.体育文化[M].桂林:广西师范大学出版社,2003:8.

育文化联系,是后人对前人所创造的体育文化成果的吸收和推进。在人类的体育文化活动中,祖辈所创造的体育文化成果,以符号或物化的形式作为后辈进行体育文化活动的条件而流传下来;后辈总是通过自己的体育文化活动来掌握前辈所创造的体育文化成果,并在新的历史条件下从事新的体育文化创造。

体育文化继承的主要途径是积淀。积淀是体育文化诸因素的分化,也是体育文化发展中选择机制和变异的表现,通过层层沉淀而不断积累,沉淀的不同层次是积累关系。前一个层次成为后一个层次的发展基础,后一个层次便是前一个层次的发展结果。沉淀与积累是一个间断性与连续性相统一的过程,它表明传统与现代是脉息相通的,体育文化发展的过去、现在和未来是绵延不绝的。

体育文化的融合性体现的是水平式的体育文化交流。一定历史阶段的体育文化系统的形成是各种体育文化相互融合的结果,不同民族和地域的体育文化之间也存在相互渗透的现实关系。

不同民族体育文化和地域体育文化在交流中往往出现"抗拒""同化""涵化"等多种不同情况。"抗拒"是指某种体育文化受到外来冲击时采取完全抵制的态度;"同化"是指一种层次较高的体育文化与较低的体育文化相接触,后者往往被前者所摄取和融化;"涵化"是两种相同或相近的体育文化进行双向交流的渐进过程及其相互结合的自然结果。"抗拒"和"同化"只是暂时和局部现象,"涵化"才是体育文化交流中健康的发展途径。垂直式的体育文化传递是文化积淀,主要表现为量的变化;水平式的体育文化交流是体育文化融合,能较快地引发质的变化。我们既要重视垂直式的文化积淀,即继承中华民族的体育文化传统;又要加强水平式的体育文化交流,即推动对外开放,两者不可偏废。

3. 体育文化的阶段性和共同性。体育文化推进了社会许多方面的正向发展,同时体育文化也反映了社会中不同阶段或阶层的经济地位。像大多数其他社会设置一样,体育文化也具有阶段性。例如:处于社会较低阶层的人群倾向于参加诸如足球、篮球等对场地和器材要求较低的运动项目。在西方曾有街头足球、篮球之说。中国早期从事举重等力量运动的运动员大多来自农村,也是因为农村家庭经济负担水平普遍偏低,许多运动员抱着寻求出路的初衷,选择相对枯燥并且培养经费需求较少的力量项目。在美国,人们常把高尔夫球运动看作是贵族的象征,拳击常与贫困相联系。一些从贫民窟走出的青少年,为了挤进高收入阶层,往往通过拳击比赛来实现自己的梦想。而那些如马球、网球、高尔夫球等运动项目,让处于社会底层的人们望而却步,因为他们几年的收入还办不起一张高尔夫球会员卡。总之,这种以阶级为基础的倾向于(或远离)某一种运动项目的体育文化现象是代代相传的。

所谓体育文化的共同性,主要有两个方面的含义。其一,指的是同一民族内不同阶级、阶层之间的共同的体育文化现象。虽然不同阶层的人群所获得的体育活动方式有所不同,但其本质功能(如健身、娱乐)则是相同的;同一体育活动方式所形成的体育规范,对于不同的阶层具有相同的约束力。其二,体育文化的共同性还可作更广义的理解,即不同民族体育文化之间具有相似性和相互接受的方面。也有学者把这一特性称为体育文化的"普遍性""普同性""世界性"等。世界上各个民族都有体育文化的存在,只不过发展的程度不同而已。在这个意义上,体育文化的上述特性之间同气连枝,可以相互贯通,共同诠释着体育在文化大家族中的基本特性。

(二)体育文化的结构

受流行于西方的结构主义和结构－功能主义的影响,国内学者对体育文化结构提出了四层次说——物态文化层、制度文化层、行为文化层和心态文化层。

1. **体育文化的物态文化层。**物态文化层是人类物质生产活动及其产品的总和,是可感知的、具有物质实体的文化事物。它构成整个文化创造的基础。体育在这一层次中包括人的身体运动形态及一切运动的物质条件及设备,主要表现为体育设施、体育场馆等基础设施,它为体育提供赖以存在和发展的基础,并直接反映社会的体育发展水平。

2. **体育文化的制度文化层。**制度文化由人类在社会实践中建立的各种社会规范所构成。人类在创造物质财富的同时,也创造了一系列属于人类的,既服务于人类,又约束人类自身的社会环境。体育中各种运动和游戏的规则,就是在体育活动中形成的规范的表现。特别是在竞技体育中,竞赛规则和裁判手段具有模拟社会法规的性质,既有文字上的制约,依靠运动员的自觉,又有一定的社会控制,如裁判、检查、仲裁体制等。

3. **体育文化的行为文化层。**所谓行为文化,主要由人际交往中约定俗成的习惯定势所构成。它通常以民风民俗形态出现,具有鲜明的民族、地域特色,既是社会的,也是集体的,在时间上是传承的,在空间上是散播的。

如民俗体育文化就是行为文化的鲜明体现,民俗体育就反映了地域文化和人们精神生活中的体育文化模式和行为。民俗体育不仅呈现了人类各种群体独特的体育娱乐方式,也表现了它们不同的体育心理趋向。

4.体育文化的心态文化层。心态文化层是由人类社会实践和意识活动中长期培养化育出的价值观念、审美情趣、思维方式等构成。它是文化的核心部分,具有较强的独立性。在这一层面上的体育,集中表现为体育文化意识,换言之,人们要意识到自己是体育活动的主体,自觉地、有目的地将体育视为人类生存与发展的需要。

综上所述,体育文化的物态文化层、制度文化层、行为文化层和心态文化层虽各有重点,但在特定的结构-功能系统中则融为一个有机的整体。这个有机整体的各层次之间,既有联系又有区别。体育文化结构诸层次在发展、变化过程中,由外层到中层再到内核,呈逐步深入的趋向;同时又相互依存、相互渗透、相互制约、相互推动、构成一个完整的有机体。

第二节　文化学与体育文化学

一、文化学

文化学是一门研究文化的综合性学科,这门学科主要研究的是文化的起源、演变、传播、结构、功能与本质,文化的共性与个性、特殊规律与一般规律等问题。

(一)文化学的产生

文化学是文化人类学进一步发展演化的产物。文化人类学是通过人所创造的文化去研究人类本身;文化学是通过人类本身来探讨文化的起源、演变、传播、结构、功能、本质,文化的共性与个性、特殊规律与一般规律等问题。从演变序列来看是人类学→文化人类学→文化学的进程。

(二)文化学的特性

1.整体性:其研究内容和范围涵盖很大,不仅包括不同种族、民族的文化研究,还可以把不同学科的研究结合起来。

2.跨越性:指跨越民族文化的、文化类型的界限。

3.典型性:文化学研究的文化类型是具有代表性或典型性的,这种典型性可以用黑格尔学说关于普遍性与特殊性、个性与共性的统一说明。作为一种代表性,各民族的差异也是存在的,这种差异并不是对立,更不是对抗。

4.通约性:文化之间是能够达到相互理解、相互交流的,这是基于不同民族之间的文字和语言是可以相互翻译与交流的。①

二、体育文化学

体育是一种人类社会创造的文化形式和社会文化行为。人类在满足了物质生活的基本需求后,身体活动从采集、狩猎等物质生活的基本需求物的获取和生产的体力劳动中独立出来,脱离了纯生物性的意义,运动作为一种形式,以其为手段,进行有目的有选择地、能动地挖掘人体潜力,促进身心全面发展的社会实践活动后,才具备了体育的意义。可见体育不仅是文化的一个组成部分,它本身就是一个文化系统。因为,体育包括了许多文化因素,如语言和符号、规则和制度、知识和技术、行为和价值、体育观念和体育精神等等。因此,当作文化形态来看的体育可称之为体育文化,区别于研究体育的体育学。研究体育文化的体育文化学,指的是从社会、政治、经济、文化的大背景研究体育与文化的关系,作为社会文化体系中的体育文化现象,特别是体育运动中体育的民族心理结构,思维方式和价值体系,以及体育文化发展规律的科学②。

体育文化学是体育与文化学的有机结合。随着现在科学技术和人们思想观念的不断发展更新,使得体育文化学骨架更加结构化、科学化、肌理更加具体化、细节化。而在体育文化学发展的影响下,人对体育文化发展的矫正、补充和扩展也越来越科学化系统化。

第三节 体育文化学的研究对象和范畴

一种观点认为,体育文化主要包括体育观、体育价值观、体育行为准则、体

---

① 爱德华·泰勒.原始文化(重译本)[M].桂林:广西师范大学出版社,2005:1.
② 程志理.体育文化学概论[J].福建体育科技,1988(04):4-10.

育道德等在内的社会意识形态,以及反映这一形态的体育方式、民族风俗、心理特征、审美情趣等。

另一种观点认为,体育文化研究包括体育科学和体育的价值、观念、意识、心理等社会因素。体育文化着重研究体育的社会现象,不研究生物现象。如对体育的社会关系的研究,重点放在各种文化形态对"体育意识"形成的影响方面;对体育的发展机制的研究,重点放在"体育意识"对体育发展的作用方面;对体育社会功能的研究,重点放在"体育价值观"与"体育意识"对其他文化形态的影响方面。

还有人对体育文化的范畴作了更为具体的表述。他们认为,体育文化的核心内容是作为精神产品的各种知识财富,是关于体育活动中各种规律的认识,它包括创造这些知识的各种形式,诸如对于体育教学、训练和竞赛的科学研究,对运动过程及其效果的客观评价,对体育在满足人们日益增长的物质文化需要中重要作用的认识,对于各种体育思想观念、体育活动的组织管理方法的探讨等等;还包括传播体育知识的手段,诸如体育术语、专项运动技术、竞技规则和裁判方法,有关体育报刊、书籍、音像制品的出版发行,广播、电视中的体育节目,体育题材的文艺作品,体育奖品、宣传品、纪念品以及体育文物等影响到人们精神生活的一切方面,均可视为体育文化的范畴。

卢元镇教授对体育文化做了如下总结:体育文化是关于人类体育运动的物质、制度、精神文化的总和。大体包括体育认识、体育情感、体育价值、体育理想、体育道德、体育制度和体育物质条件。一般包括体育物质文化、体育制度文化和体育观念文化三个层次。

综合以上观点,体育文化学的研究对象可分为本体层、实践层、制度层、符号层四个层面,涵盖体育的文化属性及其与社会、历史的互动关系。体育的文化本体,包括体育的本质与价值、文化功能、体育作为人类文化实践的基本形式、体育的哲学基础、身体规训、人格塑造身份认同、社群凝聚等;体育实践的文化表达,包括传统体育的文化传承、现代体育的全球传播、民族体育、民间游戏的地域特色与文化象征、体育全球化中的文化适应与冲突等;体育制度的文化逻辑,包括规则与组织、政策与治理;体育的符号与象征,包括视觉符号、体育叙事等。

体育文化学的研究范畴可划分为理论、历史、社会、传播、产业、政治、科技等领域，形成多学科交叉的研究体系，包括体育文化学的定义、方法论、核心概念等学科基础理论研究。体育的起源与演变、体育文化史、体育与社会结构、体育与身份认同、体育的媒介化、体育消费文化、体育全球化市场、体育与民族主义、体育外交、科技与未来等等。体育文化学通过这一框架，系统分析体育与文化、社会、政治的复杂互动，揭示其在人类文明中的深层意义。

第四节 体育文化学的研究方法

一、社会科学研究方法

（一）文献搜集

通过各种渠道进行文献搜集和阅读几乎是所有研究都需要进行的一项工作，其目的是学习掌握相关理论和了解前人对相关研究所形成的观点或结论。只有在掌握了相关理论和了解了前人的研究之后，才有可能实现研究的突破。

另外，文献搜集还包括尽力发现研究所需要的一些原始文献，包括零次文献或一次文献。

（二）观察

观察是获取一手资料的重要方法之一，尤其是经常应用于质性研究当中。按照研究者的角色状态，即是否隐匿身份和参与观察对象活动的程度，观察可分为（完全或半）参与观察和非参与观察；按照观察者是否接触到被观察者，观察可分为直接观察（观察者—观察对象）与间接观察（观察者—中介物—观察对象）。不管是哪种观察法，观察都是手段，其目的是获取信息，也就是说都是试图通过观察（对象或中介物）以获得能够表征观察对象某方面（行为方式、生活方式、价值观念、态度等）特征的指标，然后再通过对这些指标的分析研究，得出研究结果。在运用观察法的时候，要求把观察到的东西细化为不同的指标——可以是观察之前准备好，也可以是观察之后再加以分类。

（三）访谈

访谈也是获取一手资料的重要方法之一，尤其是经常应用于质性研究当中。根据访谈的自由程度，访谈可以分为结构式访谈（有访谈提纲）和非/无结构式访谈(无访谈提纲)甚至深度访谈(毫无约束的聊天式访谈)。根据访谈双方是否直接见面,访谈还可以分为直接访谈和非直接访谈。

需要说明的是,在田野调查中,访谈法往往是与观察法并行使用甚至是密不可分的重要的资料收集方法。

(四)问卷调查

问卷调查是在实证研究中最为常用的方法。调查问卷一般可分为封闭式问卷(有答案)和开放式问卷(无答案)。封闭式调查问卷的基本内容结构包括标题、封面信(引言)、指导语(填答说明)、问题与答案(问卷的主体或核心部分)、致谢语等几个部分。

应当说,问卷调查的方法,是体育社会学研究中最常用的很科学的研究方法之一,它有着很多的优势。但在实际的操作过程中,也往往会出现许多问题,甚至是走向科学的反面。其中最主要的原因在于,问卷设计过程中存在许多不合理乃至不科学的地方,所以,需要慎重使用[①]。

二、人类学研究方法

(一)科学研究设计

科学研究设计在进行体育研究过程是一项重要的基础性工作。研究设计帮助研究者在收集资料之前和整个过程中把研究过程分解成几个方面。它还起到把精力集中到中心问题上的作用,以至于研究者不浪费时间与精力。

首先确定研究目的,建立起假说,然后进行设计,包括专业设计与统计设计。专业设计主要考虑研究对象、技术方法和技术路线、观察或评价指标、安排与组织等。统计设计着重考虑研究对象的样本含量、分组、资料收集方法、数据处理的统计方法等等。

实验设计应遵循对照、重复和随机化三项原则进行。规定这些原则的目的主要是尽量降低非处理因素的影响,减少随机误差,充分体现处理因素的作用。

(二)收集材料

人类学研究中的核心是收集材料,在大多数情况下,材料收集意味着野外

---

① 李相如.体育社会学简明教程[M].北京:北京体育大学出版社,2016:1.

工作,就像踢足球一样,作为人类学的最基本的活动。野外工作,一般意味着参加者亲自进行观察,在这个过程中,研究者参与研究对象的各种生活,同时,要保持观察者的科学的题目。理想的人类学家还要搬到研究对象中生活,学习他们的语言,取得那种文化的各种经验,同时收集并研究与题目有关的资料。这常常需要几年的时间才能完成。

人类学家要与研究对象建立起合作关系,在社区为其本身发展发挥作用。研究体育的人类学家要自己消耗很多时间在球场和体育馆、健身房,可能时,在运动场所应与运动员、教练员等一起活动。

在人类学中,收集材料的主要技术是与提供资料的当地人对话。这个当地人要从社区成员当中选择。因为她或他把要探讨的问题作为一种知识,他或她就代表了要研究的文化,成为人类学家可应用的东西。

在人类学中,问卷调查是人类学中常见的资料收集的工具。问卷调查的设计是一门复杂的艺术,问卷调查应尽可能在应用之前反复思考,把可能引起外部反应的各种因素都考虑到。

人类学资料的另一个来源是文献。图书馆、特殊物品收集机构、信息服务中心、政府部门中的大量出版物和非出版物都可以利用。很多报纸和社区的信息媒体都可提供人类学研究体育的有价值的资料,在很多短文和杂志中也存着人类的学资料。

在活跃的人类学资料收集阶段,不仅涉及文字材料,而且还可收集视听记录。照相机、摄相机等都是重要的工具。在体育事件发生时,图片及这些图片的解释也是重要的资料来源。录音机也是有用的记录声音的工具,这种声音与运动有关,特别某些歌声、喊叫声等都反映运动事件的重要仪式场面。这是任何其他媒介所不能代替的。人类学家收集资料的方法包括:

1. 野外技术

人类学家在野外收集资料用得最广泛的方法是现场观察,或者是在观察一种文化的同时实际参与该文化。可以从参与社区生活延伸到村落或邻近地区,从附近的一个家庭扩展到几乎整个的社区。现场观察的优点是研究人员能用他们自己的眼睛去观察那些平常被认为不值一提、视为当然的事情或者并不想加以讨论的事情。而能提供资料的当地人往往记忆不详。但仅仅靠现场观察是不够的,由于文化背景不同,对问题的看法不同,这一点需要注意。

另外是访问,它用来检验现场观察得到的资料,收集关于一个社区的普遍情况和获得关于信仰和行为的具体信息。访问可分正式的和非正式的。前者要事先设计好,后者是随便的无拘无束的对话。正式访问可通过使用标准的问卷设计来收集特定的事实、态度和观点,从而避免了非正式访问的缺陷。通常,要提的问题事先要进行仔细地检验并掩藏起来。为了确实地收集到想收集的资料,可以先在一些人中间试验一个正式的问卷并检查结果,然后他们可以去除那些易混淆的问题或者修改那些容易带来模棱两可的回答。这样,一个模糊问题就变成了一个更为确切的问题。另外,在访问时要注意访问者与被访问者的社会距离。有时男人在场,女人就会回避某些问题;大人在场,小孩就回避某些问题,这些都要注意。除访问外,还要收集非行为资料,包括文化的物质方面和伴随的技术与物质环境,如人口调查、制造的器材(如体育用品)等。

2. 情报调研与文献检索技术

科研要依赖情报,占有情报的数量与质量对研究成果的水平和质量具有重要影响。情报包含在情报载体中,情报及载体称情报源,包括连续出版物、会议文献、专利文献、图书、研究生论文、出国考察报告及国外学者来华座谈资料、文摘、口头报告等。上述情报源中,以期刊、会议文献、专利报告、论文、考察报告、文摘的情报含量最大。

搜集情报的方法可从文字材料、成果追踪、实地考察、口头交流、广泛浏览印刷品中获得。获得文献情报的主要手段是情报检索(包括文献检索、数据检索和事实检索等)。文献检索在科研活动中具有重要作用。可以掌握发展动态,避免重复劳动,节省翻阅文献的时间。要利用检索工具做好检索。检索工具包括条目、索引和文摘。检索可有3种常用的方法,包括:

(1)常用法。利用索引或文摘这类工具,通过主题或作者、分类等途径划分一段时代,按时代查阅:①顺查法,按年代先后由远及近直至目前查找,在知道某一课题开始时间时用此法;②倒查法,是掌握课题进展动态的常用方法;③抽查法,根据文献发表较集中的时期去查。

(2)分段法。先选择一段时间进行全面检索,若不理想再选一段时间查;

(3)追溯法。包括参考文献追溯法和引文索引追溯法。利用参考文献,滚雪球似的追查原文,直到满意为止。

今天,现代化文献检索的手段——计算机检索技术得到了广泛应用。这种检索速度快、范围广、途径多、服务方式灵活多样。这种检索包括主题检索、联机检索、光盘检索等3种方式,应当充分利用。

（三）分析材料

人类学家在野外工作过程中收集材料的某些分析,在工作期间完成是比较理想的。然而,研究设计的逻辑顺序认为,资料的分析是在收集材料完成之后进行的。材料可以是文字的、统计数字、图片或视听资料。这些材料和用来支持或反对某个要检验的理论。

统计和定量资料对人类学的研究过程增加了有意义的内容,无论何时研究,都应收集定量资料,使它服从于样本,资料类型和调查问题的统计程序。很多可用来协助研究者收集和分析的就是统计资料。现在的计算机软件可协助统计。

好的人类学是一本好的书,因此,若它增加了对特殊文化的问题或行为领域的理解,任何资料,无论定性还是定量,对分析人类学研究中的问题都是重要的。研究体育人类学的过程是一个描述的过程,但这种描述是通过理论模式和资料收集的系统方法完成的。

总之,研究设计是提出研究的蓝图,根据要探讨的问题,人类学家先做出大略轮廓,然后再细致研究,列出各个目标,讨论要应用的理论模式,提出要检验的理论,然后,人类学家对要用的方法、分析技术、收集到的资料进行选择。对可能的结果和研究意义也要有所估计。

对人类学研究过程本身的理解是通过野外工作和观察。然而,有很多种收集资料的技术与人类学的类似,以至于实际工作中有很多种方法可供研究课题时选择。从以往的研究到信息交流、问卷管理、社会学和心理学检验设备的应用、各种可能性等都要估计到。材料分析的目的主要是对理论进行检验。要恰当应用词汇、统计、视听材料或应用实例来支持或反对某些人类学家已选择的要检验的假设。

三、自然科学研究方法

（一）科学实验法

科学实验、生产实践和社会实践并称为人类的三大实践活动。实践不仅是理论的源泉,而且也是检验理论正确与否的唯一标准,科学实验就是自然科学理论的源泉和检验标准。特别是现代自然科学研究中,任何新的发现、新的发明、新的理论的提出都必须以能够重现的实验结果为依据,否则就不能被他人所接受,甚至连发表学术论文的可能性都会被取缔。即便是一个纯粹的理论研究者,他也必须对他所关注的实验结果,甚至实验过程有相当深入的了解才行。因此,可以说,科学实验是自然科学发展中极为重要的活动和研究方法。

（二）数学方法

数学方法有两个不同的概念,在方法论全书中的数学方法指研究和发展数学时的思想方法,而这里所要阐述的数学方法则是在自然科学研究中经常采用的一种思想方法,其内涵是:它是科学抽象的一种思维方法,其根本特点在于撇开研究对象的其他一切特性,只抽取出各种量、量的变化及各量之间的关系、也是在符合客观的前提下,使科学概念或原理符号化、公式化,利用数学语言(即数学工具)对符号进行逻辑推导、运算、演算和量的分析,以形成对研究对象的数学解释和预测,从而从量的方面揭示研究对象的规律性。这种特殊的抽象方法,称为数学方法。

（三）系统科学方法

系统科学是关于系统及其演化规律的科学。尽管这门学科自20世纪上半叶才产生,但由于其具有广泛的应用价值,发展十分迅速,现已成为一个包括众多分支的科学领域。它包括有:一般系统论、控制论、信息论、系统工程、大系统理论、系统动力学、运筹学、博弈论、耗散结构理论、协同学、超循环理论、一般生命系统论、社会系统论、泛系分析、灰色系统理论等分支。这些分支,各自研究不同的系统。自然界本身就是一个无限大、无限复杂的系统,在自然界中包括许许多多不同的系统,系统是一种普遍存在。一切事物和过程都可以看作组织性程度不同的系统,从而使系统科学的原理具有一般性和较高的普遍性。利用系统科学的原理,研究各种系统的结构、功能及其进化的规律,称为系统科学方法,它已得到各研究领域的广泛应用。

四、历史学研究方法

（一）考古研究法

中华民族传统体育有着悠久的历史渊源,有的有文字资料记载,但有相当一部分由于历史的久远,只能从发掘的文物中去研究和认识民族传统体育,因此,文物考古研究法就成为一种主要的研究法。该方法是人们获得历史资料,对民族传统体育的历史进行再现,进而探索其文化发展进程和规律的一种主要途径。例如,在山西襄汾丁村发现的石球,为我们认识中国古代体育提供了重要的线索。许多出土文物的被发现成为人们研究古代民族传统体育的活化石。因此出土文物、壁画是研究民族传统体育的一个重要方面。它是人类早期活动的一个佐证。例如20世纪70年代初,云南博物馆在江川李家山发掘和清理了一批"滇人"或其亲近部落的墓葬。在其中的24号墓中出土了一件铜鼓,此铜鼓之腰部方格内,有幅中立一柱,旁有四横线连接四人之手,四人着后幅较长之衣,头戴花冠,作飞舞空中之状的图案。据此,崔乐泉教授在《铜鼓上的磨秋图》一文中,结合《云南志略》《广东府志》等有关资料提出:磨秋活动古老悠久,铜鼓上的磨秋图,是古滇人进行秋千活动的有力说明。其他各民族的秋千,都是由滇人这一活动发展而来。1953年中国科学院考古研究所在西安半坡村北"半坡遗址"内发现"石球",由此表明母系氏族社会时期,人类祖先就有"石球"游戏,由此提出蹴鞠活动起源于原始社会后期。

（二）民俗研究法

民俗研究法本应属于调查法的一种,但由于其与一般调查法的不同,以及在民族传统体育研究中的独特作用,将其作为单独的一种方法单列单讲。中华各民族因为在其历史发展过程中,所处的地理环境的不同、政治经济文化的影响不同,因而应对环境的生产、生活方式便有很大的差异。这些都蕴藏在各民族的风俗中,在民族传统体育的研究方面具有较大的价值。通过对各民族民俗的考察,我们不仅可以获得大量的民族传统体育的资料,而且还有助于我们理解民族传统体育的文化变迁,有助于理解体育与生产、生活之间的关系。如,"北人善骑、南人善舟",北方的游牧民族在游牧时代,在辽阔无边的大草原上,马是其主要的交通工具,因而北方民族形成了精湛的骑术;南方人面对江河湖海,在交通不很发达时期,舟就是他们的主要运输和交通工具,因此以舟为中心的传统体育便得以产生[①]。

五、心理学研究方法

(一)自然观察法

自然观察法是研究者有目的、有计划地在自然条件下,通过感官或借助于一定的科学仪器,对社会生活中人们行为的各种资料的搜集过程。

(二)实验法

指在控制条件下操纵某种变量来考查它对其他变量影响的研究方法。是有目的地控制一定的条件或创设一定的情境,以引起被试的某些心理活动进行研究的一种方法。

(三)调查法

调查法是指通过书面或口头回答问题的方式,了解被试的心理活动的方法。

(四)个案研究法

心理学个案研究法是一种研究特定个体的研究方法,旨在了解个体在特定情境下的心理和行为表现。

(五)测试法

测试法即心理测验法,就是采用标准化的心理测验量表或精密的测验仪器,来测量被试有关的心理品质的研究方法。

(六)内省法

内省法即自我观察法,是依靠对自己意识经历的反省,来寻找心理学问题的答案,它是心理学家们最早采用的基本研究方法之一。

六、现代科学诸方法

第一,理论和实践相符合的方法。这是辩证唯物主义的一条基本原则,研

---

① 王铁新,胡奇.论民族传统体育文化学的研究方法及原则[J].山西师大体育学院学报,2003(03):1-3.

究的过程也就是对材料整理、加工、分析、把感性认识提升到理性认识的过程，从体育运动的实践出发，详细占有材料，在对大量事实的研究中形成观点，找出体育运动与社会文化发展的内在联系与规律性的东西。不能从文化学、体育学的抽象概念、定义出发，脱离体育运动作为社会人的实践活动的事实，也不能停留于表面现象的罗列，缺乏抽象、概括，是不利于理论总结的。

第二，历史研究与逻辑论证相统一的方法。马克思主义的文化、教育理论，尤其是关于人的全面发展的学说，奠定了体育文化学的理论基础，是体育文化学研究的指导原则。但是体育文化学作为研究在身体实践基础上形成的社会文化现象，其性质有明显的时代性，在体育运动中体现的民族文化特征总是具有其特定的历史条件的，不同的社会，不同的时代，具有不同的意义，所以说体育文化学研究在逻辑论证的基础上，历史的研究也是不能忽视的。

第三，中西方体育文化观念的比较研究方法。文化是民族性、地域性的，体育文化尽管有其超越性和兼容性，但各民族传统文化对其影响是不容忽视的，建立以马克思主义基本原则为指导的中国体育文化学，进行中西方体育文化观念的比较研究，可以辨别体育运动的文化价值。

第五节　研究体育文化学的意义

文化与人类同生，但人类只有发展到一定程度才能对自身的文明进行总体性的反思。从广义上说，各门社会科学都把文化的某一部分，某一层次作为本身的研究对象，文化研究已深入到政治学、文学、艺术、美学、文物学、考古学、宗教学等多个领域，但这种研究还不能从整体上把握人们对文化的进一步认识。随着各门学科中文化研究的深入，不断发展，正在形成一个以"宏观文化"为研究对象的文化学基础理论。这种基础理论来自对文化的各具体门类的研究，理论的产生又反过来指导文化具体门类的研究——体育文化研究同样具有这种意义。

体育文化学研究，是对体育运动过程作文化学的思考，运用文化学的理论方法研究体育运动的文化现象。体育文化学的研究为我们拓展思路和体育理论的建设起到方法论的作用，这可以弥补从教育学、社会学角度研究体育运动这种社会现象的不足,完善体育理论体系,这是我国体育理论建设趋于成熟的标志。

体育文化学研究促使体育观念随着客观事物的变化和人们对事物认识的深入而不断更新,是对体育认识不断深化的过程。目前,体育文化学术化与理论化水平还不够高、与文化界的交流不够充分、与国际接轨不够全面、研究成果未得到广泛传播是体育文化研究、建设存在的主要不足。在体育学科高质量发展的背景下,体育文化学研究探索与体育有关的哲学思想、价值判断、健康观、审美观、意识形态等等构成的思想体系,进一步探究体育文化具体形态的存在依据、发展原则和发展方向,以及组织结构和操作效率等。体育文化学研究是体育文化研究自我完善的过程体现。

课后练习与能力提升:

1. 全面了解体育文化学的研究方法,选择其中的 2—3 种方法,进行一篇体育文化相关研究设计。

2. 阅读《体育文化导刊》相关研究论文,对体育文化相关研究进行研究方法的评述。

拓展阅读与资料库链接:

1. 国家体育总局体育文化发展中心(https://www.sport.gov.cn/whzx/)

2. 中国文化网(https://cn.chinaculture.org)

第二章 体育文化模式

导读：

我国古代没有"体育"的概念，自近代西方体育活动（如体操、田径、足球、篮球、排球等运动形式）传入我国之后，人们才逐渐了解、认识了"体育"。事实上，与西方体育"相近的活动"在我国的历史上也大量存在，有的还流传至今而成为我国的"传统体育"，如导引、武术、摔跤等。不过，这些"传统体育"毕竟是与西方体育"相近"而不是相同的活动，两者之间存在着较大的差异。这种差异的背后，很大程度上是体育文化模式的不同。这一章让我们一起来了解什么是体育文化模式，体育文化模式有无具体的划分标志，当前具备代表性的体育文化模式都有哪些？以及不同体育文化模式的产生与发展历程。

第一节 体育文化模式概述

一、模式论的体育观

体育活动是一种极为复杂的社会现象，其中所包含的意义极为丰富。基于对体育特征的认识，概括、归纳体育的概念，得出对体育的基本认识："体育是融健身、游戏娱乐、竞技、教育于一体的人类身体活动的一种文化模式"，即"模式论的体育观"[①]。

---

① 薛有才.体育文化学[M].北京：航空工业出版社，2013：3.

(一)文化模式与体育文化模式

模式一词,指的是某种事物的标准形式或使人可以照着做的标准样式①。它包含的事物范围很广,包含前人积累的各种经验的抽象和升华的方方面面。不仅可以是图像、图案,也可以是数字、抽象的关系,甚至可以是思维的方式,揭示了事物间蕴藏的各类隐藏的规律和关系。

文化模式即以一定的价值系统为核心,并按一定结构组织起来的文化内涵的整体,是融语言、信仰、生活方式、价值观念于一体,融器物文化、制度文化、精神文化以及人本身的文化性格于一体而组合起来的具有独特个性的文化体系②。我们可以将文化模式分为特殊的文化模式和普遍的文化模式两类。特殊的文化模式是指各民族、国家或社会群体所具有的独特的文化体系;普遍的文化模式是指一切文化都是由各个不同的部分组成的,这种文化构造适用于任何一个民族或社会群体的文化。在这里,是把文化模式理解为一个社会群体"在特定的环境中创造、累积的各部分文化内容之间彼此联系而成的系统的文化结构表现",或者是"一种文化的各个文化特质丛(内容)相互联系整合成为协调一致的系统(整体)的结构状态"。

体育文化模式就是一种特殊的文化模式。薛有才教授认为体育文化模式就是指全世界的体育群体长期创造、累积的各部分与身体活动相关的,具有健身、娱乐、竞技、教育等属性的文化内容相互联系而成的一种系统的文化结构。易剑东教授认为体育文化模式是指体育文化在历史发展过程中形成的标准形式或使人可以模仿的标准样式。具体地说,是指"各国家、民族、地域的体育文化特征相互作用而形成相对稳定的组织状态和构成方式"③。

(二)体育文化模式的划分

划分体育文化模式,对于了解不同体育的基本特征,把握体育的发展规律,促进体育的交流、融合与发展,有着重要意义。

---

① 中国社会科学院语言研究所词典编辑室.现代汉语词典[M].北京:外语教学出版社,2002:1362.
② 孙大光.体育文化概论[M].北京:高等教育出版社,2013:11.
③ 易剑东.体育文化学[M].北京:北京体育大学出版社,2016:210.

1.划分体育文化模式必须遵循的基本原则

(1)首先,划分的子项应当互斥;

(2)其次,每次划分应当按同一标准或根据进行;

(3)再次,子项之和应当穷尽母项;

(4)最后,划分应当层次分明。

例如,可将世界体育文化划分为西方体育文化模式和东方体育文化模式两大类,然后还可以对这两种模式做进一步的细分,或称连续划分。连续划分时,层次应当分明,以准确反映各种体育文化模式间的区别与联系以及这种区别和联系的程度。

2.划分体育文化模式的类型的依据

为了认识和管理的便利,人们从不同的角度将世界体育文化划分成不同的模式或类型。

(1)根据地域的不同,可划分为西方体育文化和东方体育文化;

(2)根据参与人群的不同,可划分为妇女体育文化、老年体育文化和少儿体育文化;

(3)根据追求目的的不同,可划分为用于教育的体育文化、用于竞技的体育文化、用于健身的体育文化、用于健美的体育文化、用于养生的体育文化、用于休闲的体育文化和用于医疗的体育文化等;

(4)根据运动形式与运动场所的不同,可以划分为冰雪体育文化、海洋体育文化和草原体育文化等。

上述划分只是从某个角度进行的常见划分。为了更深刻地认识体育文化,还可以从新的角度和新的层次去尝试新的划分。

(三)体育的目的:体育文化模式的本质属性

关于体育的目的,这是体育概念争议的一个重要问题。体育的目的就是发展体质(即身体素质,包括体能与身体技术等)、表现体质与愉悦身心。愉悦身心与发展体质是体育的本真之意,而表现体质既是体育的本真之意,也是体育的文化之意。体育不仅具有强身健体、愉悦身心的目的与功效,而且还具有表现人类在身体和智力上克服困难与战胜对手的欲望的目的与功效。虽然说竞技体育可能在某些时候会对人的身体造成一些伤害,但是,挑战与取胜是人类的天性之一。这里的挑战包括挑战人类的身体与智力、挑战困难、挑战自我与对手、挑战自然（体育极限活动）等，"更高、更快、更强"就是人类挑战自我与对手的写照。可以说，人类早期的各种以身体为基本资源的"祭祀"活动其实就是人类用自己"优美的身体行为"来"娱神"并自娱与互娱，也就是在表现身体。

早期的竞技体育（如古希腊的奥林匹克活动）除了其政治与社会意义以外，主要的还是人类身体文化的展示，也就是表现人类的身体与身体技能。只是当金钱与商业利益逐渐渗入竞技体育以后，竞技体育才逐渐脱离了其本真的意义，表现出了更多的商业意义。所以，不应当只从某一个角度出发强调体育的某一个目的与功效，而应当全面地看待体育的目的与功效。当然，这里的"全面"，不应是把问题复杂化，而是应该抽象出最简单但又是最基本的东西，而"愉悦身心、发展体质与表现体质"就满足这一基本要求。这一点在古希腊时期已经成为习俗，"希腊人认为，能博取神灵欢心的莫如通过各种姿态把美妙、丰润、发育十足的身体所具有的全部活力与健康展示出来"[①]。这就说明，古希腊人已经把"表现身体"作为身体锻炼的主要目的之一，因为敬神与娱神是古代最主要的风俗。其实，在实际界定中，体育的目的和功能往往没有严格区分，其中大部分界定均蕴含"价值"取向与主观心理取向，而且许多功能与价值取向超越了体育本身应有的意义。例如，体育与和平、体育与精神文明建设等。而且，有些目的在一定的时空内还是相互矛盾的，如竞技体育的目的与体育健身的目的就不能达成一致。这并不是放弃体育的目的价值功能，也不是要排除体育界定中有超越体育的价值维度的准入，而是说在体育概念的界定中，应抽象出其最基本、最简单的本质内容。如上所述，身体的活动性、游戏与娱乐性、竞技性、教育性是体育基本属性的几个方面。

值得一提的是，我们是通过对于体育特征的探讨而概括、归纳得出体育的概念的。其实，它与常规概念定义的"属+种差"方法的结果是相同的。如上讨论，这里的"文化模式"是作为体育的上位概念，也就是体育的"属"，而身体活动性、游戏娱乐性、竞技性、教育性是作为体育本质属性的几个方面，

---

① 丹纳.艺术哲学[M].张伟，译.北京：北京出版社，2004：173.

也就是"种差"。

二、体育文化模式的建构

"文化模式"一定是人类创造的或建构的。那么,体育文化模式又是如何建构的呢?

首先,体育文化模式是人类经验活动的总结或对大自然活动的模仿以及人类受到某些自然现象的启发后的创造性活动。例如,人们在日常生活中有踢东西的动作。所以,渐渐地就从中总结出了一些活动内容,如踢毽子、踢足球。这些活动,又经过不断地实践,不断地总结,就形成了各种有关"踢"的运动模式。再如,人类效法自然,从自然中获取智慧,就有了各种模仿动物活动的运动,如猴拳、禽戏、蛙泳等。虽然这些活动来自经验,来自自然,但已经经过人类思维的加工,成为人类思维活动的产物。它们虽然具有明显的直观生活经验背景,但已经不是自然物,而是人化物,也就具有了人类"建构"或"创造"的性质。进一步地,还可以看到许多体育运动,已经不具有明显的直观经验背景,如篮球,但其中的某些动作,如投篮、运球等应当是受到人类某些经验的启发而创造出来的。

第二,相对于现实经验而言,体育文化模式的建构活动往往包含有对原始经验或自然现象的理想化、简单化、规范化、严格化、理论化的过程。例如,毽子、沙包、足球就是在总结活动经验的基础上以及在自然的启发下不断理想化的过程。毽子的羽毛是对自然现象的模仿、毽子的底座既要符合毽子运动要求,还要结实、轻巧等。同样,刚开始时的足球可能就是某些自然物的简单改造,如运用动物的膀胱,也可能是各种各样类似球的东西。经过人类不断地实践与总结,特别是经过工业化的发展过程,足球也就越来越标准化、规范化。进一步地,各种运动技术、比赛规则、运动场地标准等,也都是人类在实践的基础上,不断地把他们理想化、简单化、规范化与严格化,并经过人类思维不断地抽象、升华,形成了今天的各种运动规范与理论。

第三,体育文化模式的建构具有一定的自由性与多样性。这就是说,可以从同一个原始形态出发,构造出不同的运动模式。例如,从"跑"的原型出发,人类构造了 100 米、200 米、400 米、800 米、1500 米以及 20 千米等多种竞赛运动;

从"投掷"的原型出发,人类构造了铅球、铁饼、标枪、链球以及孩子们玩耍的沙包;从游水活动出发,人类创造了蛙泳、蝶泳、自由泳以及各种距离的游泳的模式等。对于运动理论也是如此。一种运动模式往往会提示另一种运动模式,一种运动模式也会影响另一种运动理论,一种运动规则会提示另一种运动规则,一种体育研究方法也会提示另一种研究方法,等等。慢慢地,体育文化模式的建构活动或创造活动就有了受到人类经验启示的"直接"建构活动与受到前一运动模式启示的"间接"建构活动等多种不同创造路径,而且间接建构活动显然要多于直接的建构活动。而"间接地建构"则显然意味着人类思维的自由创造性。人类可以通过自己的思维活动去构造出各种各样的体育文化模式。由此,体育运动模式、体育理论也就在不断变化与发展之中。由于人类思维的无限创造性,所以,体育运动模式也就具有了无限多样性的可能性。尽管有的运动项目会很快就被人类遗忘与淘汰,但也会有新的运动形式被不断创造出来。

第四,体育群体与体育科学的规范作用。尽管体育文化模式的建构可以说是自由的,但是,它又必然受到体育群体与体育科学的制约与规范。也就是说,刚开始的时候,某项运动是由某个人创造出来的,例如,篮球刚开始就是由美国的体育教师詹姆斯·奈史密斯(James Naisimith)创造的。但是,当一项运动一旦被创造并被社会接受,它就会受到体育群体的关注与检验。体育群体就会不断地在实践中根据体育科学原理、美学原理等对其进行改造、规范,并形成一定的理论。一个好的体育运动模式尽管有其创造人,但实际上它是在体育群体与体育科学原理的不断规范下发展起来的,所以,它也就具有了科学性与规范性。这一过程也就是体育运动模式"自由创造性"与科学性的统一过程。正是由于这样的不断创造与不断规范的双重意义,好的体育运动模式不断被升华,不好的体育运动模式不断被淘汰,体育运动之树才长盛不衰。

第二节 东方体育文化

东方体育文化,泛指包括中国体育文化、印度体育文化、日本体育文化和伊斯兰体育文化等在内的体育文化。其中,我国传统体育文化极具代表性。

中国体育文化是从黄河、长江文明孕育出来的,它的形成与发展主要受两方面的影响。一是自然生产方式的影响,自古"以农立国"的中国,长期以来自给自足的小农经济占统治地位,而这种自给自足的自然经济环境,逐渐赋予了中国体育文化较强的封闭性、民俗性和保健性;二是社会传统文化的影响,中国体育文化是在以儒学为主流的中国传统文化中孕育成长的,这种传统文化必然在中国体育文化上留下深深的印记。

一、在中国传统文化中孕育出的体育文化的形式

(一) 宗教祭祀

在原始人类宗教信仰中萌芽的体育因素最初与用于娱乐和劳动训练的舞蹈有关,在宗教信仰出现后舞蹈增加了祭祀和祈穰的功能。"在祭祀中用巫歌巫舞,这种艺术活动便由娱人变为娱神了。"这样,兼有艺术和体育两种因素的原始舞蹈,就和宗教祭祀发生了关系。发展到后来,在中国的祭祀(包括一些迎神赛会和庙会)、礼仪活动中常常有舞蹈、角力、竞技等内容。

原始社会后期崇拜鬼神、祖先及隆重祭祀的习俗被奴隶社会继承和发展,成为社会文化生活的一部分。如夏代尊"命",借天意和鬼神"启示"来对奴隶实行残酷剥削和统治;商代尊"神",遇事必求神问卜,祭把频繁;周代尊"礼",除继续用迷信和严刑峻法之外,还制定了一整套"礼制"来维护等级秩序,形成了烦琐的祭祀礼仪程式,贯穿于政治、经济、文化的各个方面,也对体育产生了深刻的影响。

(二) 礼仪制度

在夏、商、西周的学校教育中明确有以习射为主的规定。据《孟子·藤文公上》载"设为庠、序、学、校以教之",其中"序者射也"。西周对"射""御""舞"等与体育有关的活动提出了"中礼"要求。"礼射"成为天子考察、恩宠官员的手段,这种形式一直保持到唐宋时期。此时的体育教育在文武兼备的教育体系中不但占有重要的地位,而且还特别注意从儿童抓起。《礼记·内则》有"十三学乐诵诗,舞勺,成童舞象,学射御"的记载。孔子不但提倡体育占绝对比重的"六艺之教",而且《史记·孔子世家》说他"弟子三千焉,身通弓艺者七十有二人",这七十二人被称为贤人。《据礼记·正义》中"孔子射于瞿相之圃,围观者如堵墙",反映出孔子和当时的社会民众很注重体育。因此,孔子的体育技能才备受

尊敬。"中礼""武德"开创了寓德育于体育的先河。

西周的礼射,是生产和军事技能的射箭"文之以礼乐"的结果,用来为奴隶主阶级维持严格的等级秩序服务,带上了德育教化的色彩,主要分大射、宾射、燕射、乡射四种。

礼射中,各等级奴隶主所用弓、矢、侯、乐节、侍者、礼仪等有严格区分,不得逾越,否则就是"非礼"。礼射的主要目的,是为了"明君臣之义""明长幼之序",主要在于进行礼乐教育,兼有一定娱乐作用。它的特点是程序明确、组织严密,注重礼仪、配以乐节。但礼射不重射箭的军事和健身价值,等级森严、礼仪烦琐、重德育而忽视体育,难以达到体育的本质目的。

春秋战国时期,无论在军事体育、娱乐体育,还是导引养生等方面,均已有初步基础。我国古代体育至此掀起了一个初步的高潮,古代体育各类项目均已初露端倪,为后世的进一步发展开辟了道路。汉武帝即位后,接受董仲舒"罢黜百家、独尊儒术"的建议,使儒家学说在西汉中期以后成为统治思想。"文武分途"的趋势开始出现,这种"文"与"武"分途的结果是两千多年来中国传统文化"重文轻武"的开始。因为无论是在中央办的"太学"还是地方办的学校中,皆只以儒家经典作为学生学习的内容,而把一切"武"艺排除在外。学校只讲"五经","射、御、乐"等不再提倡,也就是凡"不在六艺之科,孔子之术者,皆绝其道,不使并进"。西汉时选拔官吏实行察举制,大批儒家以"贤良、方正、能言、极谏、孝廉"等名义由地方官吏推举做官,这种选吏标准和形式,规范了理想人士的尺度,也阻碍了当时的体育发展。

(三)军事体育

朝代变更,演绎出了中国数千年的古代军事史。西周的"田猎""讲武"形式,成为我国古代军事训练的主要手段。春秋战国的战争使军事得到飞速发展。实行文武兼治,积极扩充军事力量,习武尚勇逐渐成为社会风气。在临沂银雀山西汉墓发现的《孙膑兵法》中,就有技击的记载。兵种已有步兵、骑兵、水师等多种类型。武器形成了一个包括弓、弩、刀、剑、戈、矛等的庞大家族。齐、鲁两地尤崇剑道,剑几乎是每个男子必备的自卫武器,佩剑成为时人尚武的标志。青铜器纹饰对这些情况都有所表现。战国以后军事不断发展,奖励军功等政策使得射御、游泳、角力、蹴鞠等军事技艺与军事体育项目不断增加,对射技、弩法、剑术和其他兵器技法的理论总结以及"侠客""击剑"之风促进了中国武术的形成。

到了唐代,大唐盛世的武举制开辟了以武取士、选择武勇人才的途径,调动了人们习武的积极性。武举制制定了比较科学全面的考核标准,扩大了武勇人才的来源,同时又推动了民间习武风气的发展,后世沿用了千余年。武举制的作用在于它在尚文轻武的传统文化下,使体育的延续有了制度依据和评判依据,也使官办的为军事服务的体育形式和手段存在下来。

(四)文化娱乐

伴随着经济文化的不断发展,人们的生活水平有所改善,从而促进了娱乐体育的发展。原始时期的祭祀舞蹈经过加工,在西周时形成经典系列。在这些舞蹈中,健身的内涵得到进一步的艺术升华和张扬,逐渐形成民俗活动。春秋战国开始,民间游戏与竞技活动已成为日常娱乐手段。在宋朝的都市中出现了"瓦子""瓦肆"等娱乐的场所。在涿州、定州等前线地区出现了"弓弩社"等民间俱乐部组织。

《礼记·杂记》记录了子贡在观"蜡"以后对跳蜡舞时万人沸腾的热闹场面发出"一国之人皆若狂"的感慨;《列子》中记载了宋国有人能踩着高跷舞弄七支剑的绝技;《史记·苏秦列传》记载"临淄甚富而实,其民无不吹竽、鼓瑟、击筑、弹琴、斗鸡、走犬、六博、蹴鞠者";《墨子·鲁问》载有"公输子削竹木以为鹊,成而飞之,三日不下。公输子以为至巧";"田忌赛马"的佳话至今广为流传;《论语·述而篇》中"子钓而不纲,弋不射宿";《淮南子·人间训》曾提及鲁国统治阶级热衷斗鸡;《战国策·齐策》也曾提到齐国人民喜欢"斗鸡、走犬"。娱乐体育在齐鲁大地得到广泛开展。战国时期则形成了带有社会化性质的群体活动,如春游、钓鱼、斗鸡、斗牛、走狗、赛马、高跷、象棋、六博、牵钩(拔河)、田猎、武舞、摔跤、赛龙舟、打秋千、放风筝和男女无拘无束参加市井舞会等许多中华民族所特有的带有祭祀、生育、教育、益智、娱乐、社交、军事内涵的体育文化娱乐活动。

秦汉时期,首先是社会教育形式逐渐冲破旧的束缚,朝娱乐化方向发展。其次是部分军事训练项目逐渐从军事中分化出来,朝竞技、表演的方向发展。当时较为流行的角抵戏,就是由"讲武之礼""举重"等内容经过传承和演变而来。秦始皇命令收缴天下武器铸成十二金人，百姓只能进行徒手活动，使得角抵在汉代特别流行。《汉书·武帝本纪》记载了"元封三年春作角抵戏，三百里内皆来观"的盛况。到了汉代，上自天子诸侯，下至豪门贵族，无一不对田猎沉醉入迷，以至相习成风。魏晋南北朝时期，骑射有很好的发展；北齐皇帝常于每年三月三日亲诣射所，与群臣行射礼，皇帝先射，再由群臣依次行射。

在汉代，蹴鞠作为一项娱乐活动受到上至皇帝下到市井子弟的广泛喜爱，普及范围进一步扩大。汉刘向《别录》云："蹴鞠兵势也，所以武士，知有材也，皆因嬉戏而讲练之。"《资治通鉴·汉纪十一》载："其在塞外，卒乏粮或不能自振，而骠骑尚穿域蹴鞠。"在秦汉时期，研究蹴鞠的人越来越多，相关理论著作在当时形成一定的影响。山东济宁喻屯镇城南张墩鞠图刻画的是多人蹴鞠。到了唐代，蹴鞠十分兴盛，一度颇为统治阶级所推崇，成为宫廷体育内容。《剧谈录》载："有三鬟女子穿木屐于道侧槐树下，值军中少年蹴鞠，接而送之，直高数丈，超独异。"唐代以前的蹴鞠多为男子喜好。到唐朝时期，民间女子开始参与蹴鞠活动，足见这一活动的普及。在宋代，蹴鞠用球的质量有所改进，以猪的尿泡灌气而制成的跳球，要比前几代"以皮为之，中实以物"制成的嫩球更富有弹性，所以在宋代出现了很多蹴鞠高手，如《水浒传》中的高述等。明清之际，蹴鞠传入民间，并沿传不衰。如冯梦龙在《桂枝儿·戏球》写道："戏球儿，我爱你一团和气。我爱你有分量知高识低。知轻知重如人意。人说你走滚，其中都是虚。只这脚尖儿上的风情也，教人爱杀你。"足见蹴鞠活动与生活的密切关系。到近代，尤其是民国年间，西方竞技体育足球运动传入我国，这一古老的运动逐渐被现代足球所取代。但是，现代足球运动就是起源于蹴鞠。

风筝相传由鲁班所创，已有两千多年的历史。唐宋时期，潍坊各地扎放风筝已很普遍，宋代在民间流行甚广，明清达到相当高的水平。潍坊位于渤海莱州湾南岸（过去叫潍县），是风筝活动盛地，也是中国风筝主要产地之一，在国内外享有盛名。潍坊风筝历史悠久，据《潍县志稿》记载，民间自古就有清明时节放风筝的风俗。清朝乾隆年间，潍县城里的白浪河两岸就出现了放风筝的盛况，当时的潍县县令郑板桥留下了"纸花如雪满天飞，好将蝴蝶斗春归"的诗句。同时期的县人郭麟也有"纸莺儿子秋千女，乱草新来春燕多"的诗句，描述了当时潍坊人民放风筝的情景。如今风筝不仅是人们的娱乐健身之物，还是供人们欣赏的艺术佳品。潍坊风筝以精湛的工艺和放飞效果著称于世,成为国际友好交往的使者。

秦设立了专门管理宫廷乐舞的太府令,并以体育技能"射"为官职称谓。到了汉唐时期,中国封建社会向上发展并且达到了鼎盛时期,经济繁荣,文化发达,社会相对稳定,加之各种社会交往与外交活动增多,舞受到了高度重视,亦发展到鼎盛时期,在中国历史上写下了光辉灿烂的一页。汉朝重视歌舞的发展。唐代,舞发展到了鼎盛时期,唐代宫廷极重视歌舞,设置了一定规模的演舞机构和场所,训练了一大批舞工歌伎。唐朝是我国古代体育文化发展史上少有的强盛时期。唐太宗李世民亲创"秦王破阵乐",将武舞提高到一个新的高峰。到了宋代,舞蹈又有所发展,出现了许多新的舞蹈。舞蹈是一项传统的体育活动,简便易行,刚柔优美,具有广泛的适应性,加之强烈的趣味性、娱乐性,是一种美的欣赏与享受。古代朝野非常重视,群众喜闻乐见。经常跳舞,可以活动筋骨,疏通血脉,锻炼身体,御病健体;可以陶冶情操,宽敞心胸;更主要的是,可以加深人们的思想感情,增进相互了解,是体现情谊与友好交往的一种手段。

荡秋千活动历史悠久,秋千活动也是一项娱乐性的体育活动。古代一些文人多有描绘。《三才图会》记载:"百戏起于秦汉,有吞剑、走火、缘竿、秋千等类,不可枚举。"可见,秦汉时期,各地文化艺术得到了交流,秋千也在全国各地发展起来。在唐代,秋千逐渐传至民间。唐玄宗称宫女荡秋千为"半仙之戏",都中士民竞相模仿,形成"万里秋千习俗同"的局面。打秋千成为古代反映女性体育活动的诗词、歌赋、绘画作品中的重要题材。随着时代的发展,元朝、明朝秋千运动也很盛行,直至清朝。明清时期,山东济南府新城县,"清明前一日墓祭,至日……出郊秋千、蹴鞠"。东昌府堂邑县,"清明士女戏秋千名疨"。"疨"即除去疾病。古人认为秋千可以去病。《济南府志》记载:"季春三月……妇女宁归做秋千戏,士女盛饰结伴游春。"《中华全国风俗志·济南风采记》记载:"清明日妇女忌作针凿。东府盛行秋千,是日皆艳妆结队出游,打秋千,谓之踏青。"《中华全国风俗志·惠民县之岁时》也有"清明,各插柳枝,扫墓……架秋千,放纸鸢"的记载。山东秋千传入时间早,而且持续时间长,范围广。山东秋千盛行在古时齐国地域,其中最负盛名者为山东胶州。

清代,中国的传统武术发展达到高潮,民间的摔跤、滑冰、导引养生、棋类等娱乐、体育活动有较大的发展,但蹴鞠、击鞠、投壶等项目则日渐衰微或已经湮没,并在西方列强的侵略下,国家政治、经济、文化遭受了新的磨难,使得我国体育文化发展失去了其发展轨迹,成为体育文化发展的弱者。

二、宋明理学对中国传统体育的影响

(一)宋明理学的理论体系

宋明理学是传统儒家思想体系的哲学化。其基本内涵是以道体为核心,以穷理为精髓,以居敬、明诚为存养工夫,以齐家、治国、平天下为实质,以成圣为目的。

第一,以道体为核心。所谓道体,就是指在自然和社会在场背后或之上,有一个隐在的、根本的原理、道理,即形而上的存有。这便是理学家所说的"所当然之则"和"所以然之故"。此"则"与"故"即是原理、道理。"理也者,形而上之道也。"形而上存有自身是"寂然不动""无造作""无计度",然却能"感而遂通",或"感应之几",是自然最终根据和社会的终极关怀。

第二,以穷理为精髓。"穷理尽性以至于命",无论是对于自然、社会形而上存有天理的体认,或是人生伦理道德的践行和人格理想的完成,穷理是其根基。在某种意义上说,穷理不仅是对理(道体)的自省和回归,而且是"圣贤气象"的人格理想的自觉,即所谓"脱然有悟处""豁然有个觉处"。穷理既是"欲知事物之所以然与其所然者而已",亦是"尽性至命""寻个是处",追求性命的根源。因此,理有未穷,知有未尽;不能穷得理,不能尽得性;不能穷得理,不能尽得心。穷理是贯通道体、理、性、命、心的枢纽,是明德的工夫。所以后来陆世仪概括说:"居敬穷理四字,是学者学圣人第一工夫,彻上彻下,彻首彻尾,总只此四字。"理既是超越的形而上存有,又是一种条理、法则、规范;它是普遍地统摄一切的所以然,与建筑在所以然基础上的作为行为准则的当然。

第三,以存天理,去人欲为存养工夫。理作为人和物之所以为人和物的真正的内在根据,是因为它在神化伦理纲常的同时,把人的存在、人的本性和价值,提升为形而上存有的理,而赋予人生和世界真实、永恒、崇高的价值。这样人生和社会便获得真、善、美、光明的意义,这便是"天理";与它相对应的便是人欲,是人的存在、本性、价值未提升的感性情欲的生理层面,处在这个层面的人之所以为人的尊严和价值,并没有获得自觉或自由,这便是"人欲"。尽管人欲并非都是恶或不好,但亦属于居敬、诚身的存养工夫所需要除去之列的东西。

第四,以齐家、治国、平天下为实质。理学既具有超越的理性精神,又具有当下的实践精神。他们推崇《论语》《孟子》《大学》《中庸》四书,并非以正心诚意、修身养性为独善其身,而是以齐家、治国、平天下为匹夫之责。

第五,以成圣为目的。宋明理学家大多都以辟佛老,辨异端,弘扬圣人之道为文化使命,"谓孟子没而圣学不传,以兴起斯文为己任"。只有兴起圣学,才能学做圣人。在中外文化融合中,特别在佛教文化挑战下,出现儒衰佛盛的形势,理学作为对佛教挑战的回应,是民族理论思维的自觉。理学批佛,是民族文化思想精神的自省。理学家这种自省,不是封闭地拒斥,而是开放地接纳,所以理学家都出入佛老,又融佛老于儒,从而建构了有别于佛老的新儒学的理论形态。"成圣"是理学的人格理想和终极关怀。

(二) 宋明理学对体育文化的影响

理学是以儒学为核心,援释、道入儒的唯心主义思想体系。理学的思想要点:"理"是永恒的;"存天理,灭人欲";居敬穷理。它主张生死寿夭天所命;非武尚文;主静倡敬非动;"主静""无欲"。自理学形成以来,便成了统治阶级的官方哲学,成为宋以后封建王朝严守的正统思想和思想的支柱。它在思想界占绝对统治地位,成了不可触犯的思想法律。汉唐王朝那种健康活泼、开放明朗、兼容并包的博大气魄,转而被萎惰脆弱、内向禁锢、封闭僵死的教条主义所代替,酿成了前所未有的"文墨之祸"。体育更是受害匪浅,对代表积极、活泼、主动的体育活动从思想到行动进行压制和禁锢。

重文轻武。正是因为这一方针,对整个宋朝乃至整个中国国民都产生了深远的影响。从宋朝立国开始,限制武官、防范武臣是宋朝的重要特点,宋朝官吏中武臣从属于文臣,宋朝重视文科的选拔,而对军事人才的培养几乎是零,宋朝文武兼备的武臣很少,宋朝对文武兼备的人才多猜疑,能够得到信任赏识的往往是那些有勇无谋的勇夫。宋朝统治者重文轻武的思想对社会也产生了巨大的影响,学而优则仕成为导向,习文之风日盛,而尚武之风日衰。失去了主流社会的支持,导致整个国民体育素质的降低。

但是由于宋朝经济繁荣,休闲、娱乐体育从宋朝开始日渐朝着表演化、舞台化的方向发展而逐渐融会于新兴的戏剧艺术之中,使得体育娱乐文化发展成为体育主流文化,体育艺人的行会组织大量涌现,北宋有"角力社""圆社",南宋则有"齐云社""角抵社""锦标社"等。蹴鞠、马球、女子驴球、相扑、摔跤等娱乐化项目成为看点,我国许多传统形式的体育活动依靠民间迎神赛会和各种节日活动得以开展,并依附着民众习惯而得以沿袭。

三、以养生、武术为代表的中国体育

中国传统养生文化源远流长。"养生"一词,最早出现于《庄子·养生主》中,其渊源则是出自《老子》:"摄,养也。"养生,又称摄生,有保养生命、护利御害、扶正祛邪的意思,也就是保证人的生命体在自然和社会大环境中保持平均和适应,达到健康长寿的目的。中国古代产生的养生实践,是中华民族传统文化中的一项重要内容。

(一)道家思想孕育滋养的养生体育

追求健康长寿是养生体育的根本目的,自然也为古今中外的各种思想派别所重视。在众多思想流派中,道家思想对养生体育的影响最为明显。道家在对待生命态度问题上,追求的是现世人生价值,即把延年益寿、长生不死作为探求的终极目标。老子明确提出"长生久视"。《西升经》更是鲜明地提出"我命由我不由天",表现了道家先哲渴望掌握生命规律,延长寿命的人生价值取向。正是基于对生命的认识,所以道家思想在养生体育方面做出了举世瞩目的贡献。养生的内容涉及的范围非常广泛,包括外在与内在的养生思想:内在的注重道德修养、意志品格;外在的注重活动、身体蓄精养神。养生的主要目的是强身健体、延年益寿,所以古人很注重养生。早在三千年前的商代,反映商代社会生活的《尚书》中就有记载养生的思想。如《尚书·洪范》中提及"五福""六极",正是养生思想的总结。中国《周易》中的"阴阳动静""刚柔相济"等观点,对于以后人们顺应自然和利用自然规律去修身养性有着重要的指导作用。

在长期的社会实践中,养生思想形成不同的派别,有以"静"为主的养生思想,有以"动"为精髓的养生思想。老子哲学思想中心是"无"。他主张"好静""无事""无欲""致虚极,守静笃""贵柔""守雌";反对刚强进取,主张保持原状,"去甚、去奢、去泰"要从"无为"达到"无不为"。这就为后世"持静""内养"

等主静的体育、养生思想定了理论基础。庄子把世间一切事物都看成是相对的,因而对于生死、寿夭、祸福等无好坏之分,不必过多计较,也不必用有限的生命去追寻无限的知识,一切听其自然,安然处之。他幻想达到彻底忘掉一切矛盾和差别的"坐忘"境界,不主张炼形养体,要求做到"目无所见,耳无所闻,心无所知""抱神以静,离形去知",使静坐结合呼吸运动以强身。

由于老子、庄子的思想体系以"静"为主,所以在他们的养生思想中主张"静"。之后的魏晋时期在道教、玄学中的养生思想,隋唐时期佛教传入后的养生思想,多是以"静"为主的养生思想。

以"动"养生的代表人物是荀子和《吕氏春秋》的作者。荀子在哲学观上提出了"知天命而用之"说,即"人在顺天的前提下可以提出胜天"的思想,对养生思想提出了以动为主的养生思想。《吕氏春秋》中对"动"的养生思想作了进一步的阐述,"流水不腐,户枢不蠹,动也,形色亦然。形而不动则精不流,精不流则气郁",认为"凡人三百六十节,九窍五脏六腑,肌肤欲其比也,血脉与其通也,筋骨与其固也,心之欲其和也,精气欲其行也。若此病无所居,而恶无由生矣"。它强调了身体运动对健康的影响。之后的华佗的"五禽戏"法,宋、明、清的养生思想,多是以"动"为主的养生思想,到了明、清时期养生思想和理论有了新的发展和创新。

中国传统的养生体育主要方法有行气、导引、坐忘。春秋战国时期出现气功的原始状态——导引。这一时期的导引有三个特点:主动、节欲、主静。秦汉三国时期,养生体育有了进一步的发展。1973年在长沙马王堆汉墓中出土的《导引图》中,描述了一些基本站立、模仿动物的导引姿势,图中的动作充分反映了导引的功能、形式;三国时期的华佗的"五禽戏"的出现,标志着导引术进入一个新的阶段。华佗继承了前人导引术的精华,创编了"五禽戏"。"五禽戏"对我国的养生体育具有深远的影响。两晋南北朝时期的葛洪认为"气"是万物的本体,养生是要形神统一,动静结合。之后,陶弘景提出了服气疗病和导引按摩法。隋唐时期随着医学的飞速发展,促进了导引、按摩等养生术的发展。宋元在总结前人养生思想的基础上,创编了更简易便行的养生功法、十二月坐功和八段锦。明清时期新的养生方法不断出现,如易筋经、太极拳。它们把拳术、导引术、行气术联系在一起,把中国古代的养生思想发展到了新高峰。

（二）中国传统体育的标志性项目——武术

武术亦称"国术"，武术是以技击动作为主要内容，以套路和格斗为运动形式，注重内外兼修的中国传统体育项目。它以传统文化为理论基础，是在广泛吸取了诸如古代哲学、兵学、中医学和导引养生学等学科领域的理论成果而形成的。在发展的过程中，武术融技击性、艺术性、健身性、娱乐性等多种功能于一体，是中国传统体育项目的代表。在我国各民族均有自己独特的武术风格和套路。

武术的文化内容丰富，在其流传的几千年中，武术也在不断地发展、创新，同时在不同的历史条件下，表现出对社会的多方面的积极作用，呈现出旺盛的生命力。武术的特点一是"击"，二是"舞"。"击"就是"技击"，即从徒手搏斗的拳术发展为搏击敌人的武艺，在民间有根深蒂固的传统；"舞"就是"武舞"，即现在流行的套路，它与"技击"的搏击性不同，而具有表演性。

武术体系形成于宋代成熟于清代，是由用于军事目的的武艺转化而成。宋代已出现"十八般武艺"之名称。由于火器在军队中的使用，武艺的军事价值逐渐降低，陆续退出了战场，但其健身和艺术表演价值日益增强。"套子武艺"的出现是其标志之一。这种表演，使武艺内容日益繁多，远远超过战场的实战需要。中国古代武艺发展至明清时期，其拳械之术不下千百种。"十八般武艺"有共性，也有个性，既互相联系，又各成体系，纵横交错，交织成网，成为中华民族区别于世界各国、独具风格的体育项目——武术。

中国传统武艺（武术）自宋代以后日益发展，到明清出现了高潮。不但技法精湛而且套路繁多，形成与世界其他民族体育风格不同的一朵绚丽多彩的奇葩，其特点如下：

第一，与中国古代朴素的唯物主义哲学（主要是阴阳五行学说等）结合，因而才有阴阳、太极、四象、六合、八卦、形意等名称和形式。运用阴阳开合、刚柔相济、相生相克、动静相间、幻化无穷、衍生不已等理论以造拳，使中国武术成为一项富有哲理和文化内涵的体育运动。

第二，与仿生学相结合。这是中国古代医疗体育与军事武艺的传统之一，因而就形成了种类繁多而又生动活泼的技法与内容，使中国武术颇具艺术魅力。

第三，融会古代导引、气功于武术练习过程之中。也就是内气与外功相结合，以达到内外兼修、身心并完，并使武技达到炉火纯青的程度，甚至练出许多"绝技"。

第四，用古代经络学说于攻防技击之中。也就是武术常用的"点穴"。通此道者既可攻敌，亦可避害。

四、中国传统体育文化的特征

中国传统文化博大精深、源远流长。中国传统体育文化是中国传统文化的重要组成部分，它是随着社会文明的发展而形成和发展的，在中国传统文化的浸润下，传统体育文化也同样具有中国传统文化的特质：①中国传统文化具有无与伦比的生命延续力。②中国传统文化所推崇的天人和谐的思想。③中国传统文化非凡的包容会通精神。④中国传统文化中所贯穿的以人为本的精神。

中国传统体育文化是以汉族文化为主体，融合多种民族文化形成的一种文化形态，是各民族的养生、健身和娱乐体育活动的总称，中国传统文化的特质决定着传统体育文化所表现出来的种种特征。

（一）中国传统体育文化内容丰富，源远流长

中华民族在几千年的发展过程中，以自己的聪明才智创造了极其丰富灿烂的中国体育文化。对人类的体育文化做出了巨大贡献的中国传统体育文化，经历了漫长的历史发展过程，兼容了各个历史阶段的优秀体育文化的成果。

中国原始社会是处在人类文化的萌芽时期，还没有形成独立的文化形态，所以，更谈不上有体育文化的存在。当中国步入文明社会之后，体育随着社会的进步逐渐形成，同时，又随着社会的发展而发展。中国传统体育文化也是中国历史发展的产物，是与中国历史发展的进程同步发展和演变的。中国古代体育、近代体育文化、现代体育文化都有优秀的体育文化成分渗入中国传统体育文化的内容之中，经过历史的洗淘和筛选的中国传统体育文化，在内容上更加完美和丰富多彩，在运动形式上更加富有情趣、多样化和规范化，保证了中国传统体育文化在漫长的历史进程中经久不衰、青春常在。

自古以来，中国就是一个多民族的国家，各民族经历了漫长曲折的发展过程，由于生活环境、习性、宗教信仰各不相同，且政治、经济、教育发展不平衡，创

造了光辉灿烂的民族文化,各民族都创造出了带有民族特色的体育文化,而各民族传统体育在内容、形式上的多样性,又被不同民族借鉴,从而使得各民族的体育项目在其他地区和民族中得到发展。民族传统体育在历史发展过程中,受到了传统文化的影响和制约,其中风俗习惯、生活方式、道德观念、行为规范、文化模式和民族心理结构等因素,在一定程度上决定着每个民族的文化形态特征,因而呈现出特异的民族风格。中国传统文化比较重视人与自然、人与人之间的和谐统一关系,并注重自然、和谐,以及内心的修为和愉悦,如武术、舞龙、摔跤、放风筝、龙舟等都是在传统文化的影响下得以形成与发展的,是中华民族的文化的展示,更是中华民族精神的体现。它的特点就是通过体育活动来锻炼心智、启迪灵性、进行人格修养,使身体修养和谐统一发展,进而形成理想的人格。中国传统体育主要通过自身的修养来完成对内在精神的培养,重在养气、养生、养心、养性。不论是武术还是养生等传统体育,都追求德与体的高度统一、身与心的协调发展。文化以民族为载体,民族以文化为聚合体。一项民族传统体育活动之所以能在一定的历史阶段得以产生,并随着社会的发展而发展,正是因为它真实地、全面地反映了民族的精神面貌,符合民族成员的审美情趣和娱乐需求,使民族传统体育文化在文化层次上进化、延伸,在内容上拓展、充实,在形式上丰富多彩。

中国传统体育文化融合了各民族体育文化的优秀成果,使中国传统体育更加丰富更具有广泛性,是中华民族共同拥有的宝贵财富。中国传统体育文化多样性与适应性的特点是传统体育得以继承和继续发展的重要基础。

(二)中国传统体育文化以中国传统哲学思想为理论基础

中国传统哲学是传统文化思想的源泉,而"天人合一"思想又是传统哲学中一个极为重要的观点。著名学者张岱年先生说:"中国哲学有一个根本观念,即'天人合一'。"钱穆也指出:"中国文化的特征可以用'一天人,合内外'六字尽之。"中国传统体育是一种在农耕文化状态下所孕育出来的体育活动形式。在其形成过程中受到儒、释、道、墨等多种文化的影响。古代哲学的重要思想也深深地渗透到脱胎于传统文化的传统体育之中,并成为其思想基础。在中国的哲学史上,"天人合一"思想认识的形成完善与发展,与中国古代先哲整体化认识模式有关。《易传》云:"乾,天道也,父道也,君道也。"由天道引出人道,把天道、地道、人道统而为一,构成了一个天人合一的世界图式。《孟子·尽心上》说:"尽其心者,知其性也。知其性,则知天矣。存其心,养其性,所以事天也。"也将天与人统一起来。到了汉代,董仲舒明确提出"天人之际合而为一"的思想。到了宋代,天人合一思想在理学中达到成熟。张载的《西铭》是其重要代表作,《西铭》说:"天地之塞吾之体,天地之帅吾之性,民吾同胞,物吾与也。"认为人性与天道,人与自然,全都融为一体,构成了完整的天人合一观。此外,天人合一作为在哲学层面的思想,也存在于阴阳五行、道家、儒家等诸子百家的学说中,《老子》云:"人法地,地法天,天法道,道法自然。"庄子提出:"不以心捐道,不以人助天。""天人合一"这一运动思维模式的深刻含义是,天与人是具有统一法则和变化规律的有机整体,人与天地万物不是敌对关系,而是共生同处的关系,应该和谐相处。"天人合一"作为一种哲学思想对中国传统体育在体育活动中也具有深远的指导意义。传统体育强调人与自然的和谐统一,倡导在发挥人的主观能动性进行强身健身的同时,强调要顺应自然,依时而行。例如,《黄帝内经》曰:"春夏养阳,秋冬养阴。"要根据不同季节的自然变化,调节机体适应环境、自我锻炼的能力。古代的导引术多为模拟自然界中动物的形态动作,创造出把呼吸运动与身体运动合为一体且具有保健性质的多种体育运动项目。

以"天人合一"和"气一元论"等为指导思想,具有典型的整体观,把人与自然看作是一个整体,强调"天人合一",把"神"与"形"视为一个整体,强调神形合一。正是由于有传统哲学思想作为理论基础,所以使得中国传统体育呈现出丰富的文化内涵和广博宏大的理论体系。

(三)中国传统体育以防病健身、竞技表演、文化娱乐为基本模式

由于中国传统文化的影响,中国体育没有发展成为像西方以竞技体育为主的体育文化,而在传统文化的熏陶下产生了与之吻合的传统养生体育文化。中国传统养生体育受儒、道、佛的文化哲学思想影响,特别注重形神兼备,讲究在"天人合一"的思想指导下,通过悟道,达到与"天、地、神"相通的境地。要"一心会意、以意调气、以气促形、以形合神",使"心、意、气、形、神"相和谐于一个整体,并要使人的身体与整个天地自然和谐,与四季变化相适应。所谓"和于阴阳、调于四时、春夏养阳秋冬养阴",即是不主张通过双方对抗来表现自己的"悟

道、意念、行气、练功",达到养生之目的,而是在"修身养性"中去培养自我特殊的生存能力和对外界物质世界的调理引导能力。三国时的嵇康在其《养生论》中提出:"形须神以立,神须形以存。"形神是相依的,要养生就要"形神相亲,表里俱济"。陶弘景在《养生延命录》中说:"生者神之本,形者神之具。神大用则竭,形大劳则毙。"形或神的疲竭,都会使生命危殆。因此养生必须是形神兼顾,内外同修,以外练身,以内修心。古代的养生早已经认识到了心理在健身中的重要作用,没有健全的精神,则没有健全的身体。这种独特的养生体育正是在传统文化的孕育中产生的,它与"更高、更快、更强"的奥林匹克精神是相悖的,一个追求生命的延续,一个追求生命的质量,这正是中西方体育文化不同的价值取向。

中国民族传统体育强调人与自然的和谐,追求内外合一、形神合一和身心的全面发展,以静为主,动静结合,修身养性,以"健"和"寿"为终极目标。古代的养生早已认识到了导引行气、熊经鸟申、五禽戏、天竺按摩法、小劳术、八段锦、易筋经、太极拳等,其本质属性都是"为寿而已","亦以除疾,身体轻便""每日依此三遍者,一月后,百病除""详推此意终何在,延年益寿不老春"。《吕氏春秋》用"流水不腐,户枢不蠹"形象地告诉人们,要经常从事身体运动,才能保持健康。老子在《道德经》中则提出"归真返璞""清静无为"等养生理论,奉行导引、吐纳等养生方法。《三国志·华佗传》云:"晓养生之术,时人以为年且百岁而貌有壮容。"这些都是古人总结出的宝贵的强身健体、延年益寿的活动,是人类的自养其生之道。

中国民族传统体育,是寓竞技性和表演性、游戏娱乐性、艺术观赏性、趣味性于一体的综合运动形式。在春秋战国之后,某些体育活动逐渐出现了娱乐化的趋势。如蹴鞠,就包括表演性和竞赛型两种形式,其中表演性的蹴鞠,是在鼓乐伴奏下进行的踢、控球技巧的表演,在汉画像石等文物资料中,它多是以"蹴鞠舞"的形式出现,其娱乐性的特征得到了充分的体现。在舞蹈方面,苗族的"芦笙舞",舞者边吹边做快速旋转、矮步、翻滚、倒立等技巧动作,没有一定的训练基础是很难完成的;黎族的"跳竹竿",击竿者跪、蹲交替,节奏越打越快,难度越来越大,跳竿者随竿的分合与高低变化灵巧地跳跃其间,展现出各种优美的姿势。这要求参与者不仅具有良好的身体素质,还要具有较高的音乐素质和舞蹈技巧。傣族的刀舞、棍舞、孔雀舞,彝族的跳月琴,哈尼族的竹筒舞,壮族的铜鼓舞,土家族的摆手舞等,都表明了舞蹈与体育活动是密不可分的,既是表演,又是一种增强体质的体育活动。民族传统的戏剧,如藏戏、白族的壮戏、布依族的灯花剧、侗戏、苗戏以及杂技、"百戏"等表演艺术,都对民族传统体育有着深刻的影响,并丰富了民族传统体育的内容。现代武术所展示的造型美、体态美、节奏美、和谐美都是中华民族气质、力量、情操的象征。

（四）中国传统体育文化以宽厚、礼让、和平为价值取向

传统的农耕社会使中国人形成了注重节制、追求和谐的文化性格。正如梁启超先生所说:"中国哲学专注重人与人的关系",而"希腊及现代欧洲,专注重人与物的关系"。传统文化中,把协调人际关系放在首位,"礼之用,和为贵"。儒家的"中庸""中和"的价值原则和人格标准成为对中国人的具体要求。"中庸的核心便是思想行为的适度和守常,归结到对个人人格的具体要求,则是要为人庄重、谨慎,节制个人的情感、欲望,反对固执一端的偏激片面,以达到处世通达圆融。"与儒家的中庸思想相对应,道家所提倡的守雌、处下、不争、无为的中道观对中国人文化品格的养成也有着至关重要的影响。

贯穿几千年中国文化的核心是"中庸之道""不偏不倚,无过不及"。孔子指出:"己欲立而立人,己欲达而达人""己所不欲,勿施于人"。这就使得中国体育文化更多是强调整体和谐,淡化体育的竞争性,竞技的胜负本身是无足轻重的。"对御不争第一筹""胜亦可喜,败则无忧"。即使是较为激烈的武术竞技中,也只能是"点到为止",讲究"和为贵"。

古代中国注重情感和尊崇道德观念,这种观念在体育运动领域得到了充分体现。儒家的"尚仁",墨家的"兼爱"等思想在规范人们的体育行为、平和体育气氛方面具有积极意义。传统文化中重义轻利的价值观念历代相传,反映在体育上即是崇尚体育的伦理价值而贬低体育的实用价值。这种思想使中国体育有了更深层次的文化内涵,使中国传统体育呈现出以宽厚、礼让、平和为特征的伦理化价值取向[1]。

---

[1] 杨弢,姜付高.中西方体育文化比较[M].北京:社会科学文献出版社,2008:10.

第三节 西方体育文化

由于地理环境和社会经济条件的差别,西方社会形成了与中国截然不同的传统文化和民族性格。西方体育文化源于古希腊、古罗马的西欧文化。它是在工业生产、市场竞争的社会条件下,以城市为中心发展起来的、以竞技运动项目的竞赛为特征的一种体育文化。到了近现代,由于资本主义的扩张和殖民主义的侵略,这种体育文化逐渐传播到世界各地,成为当代世界体育文化的主干[1]。

一、观念形态的体育文化

(一)追求"力与美"的健康身体

西方文化与东方文化传统有着明显的不同,西方文化严格地划分人与自然、社会与个人、自我与他人、物质与精神、灵与肉等界限。他们把"自我"视为一种客观化的认识对象并从多方面去论证,这种方法加深了对"人"自身的了解,也对培养全面发展的"人"产生了深远的影响。

西方文化认为培养人的首要任务是追求个体的身体健康。著名哲学家苏格拉底说过:"所有事业都需要身体,健壮的体魄是极为重要的……从体育训练的角度讲,任何一个公民都不能是业余级选手,一个人到老都没能看到他身体的力量和优美是很丢人的事情"[2]。著名哲学家柏拉图本人就是一个优秀的运动员,他在当时就提倡女性参加体育活动。另一位哲学大师亚里士多德也对身体发展不均衡者极尽批评之词。

作为西方古代体育的典型代表,古希腊体育并不像中国古代体育重人格胜于重人体。尽管古希腊也强调身体美须与精神美相衬,但与中国相比,他们更强调人体的"力"与"美",他们心目中的理想人物不是看不见摸不着的某种内在人格,而是血统好、发育好、比例匀称、身手矫健、擅长各种运动的人体。希腊

---

[1] 卢元镇.体育社会学[M].北京:高等教育出版社,2001:133.
[2] 谭华.体育史[M].北京:高等教育出版社,2009:100.

对人体的崇拜和重视对它的文化、教育、艺术都产生了巨大的影响,并导致人体艺术和雕塑艺术的兴起。这种注重人体本身价值的文化风气,直接影响到希腊人的体育价值观。他们更注意把体育的价值取向放在对人体的塑造和培养上,围绕着培养理想人体这一目标,古希腊体育发展出了各种完全不同于中国的专门锻炼身体的运动形式和运动手段。

西方体育文化的健康目标是身强体壮,充满活力,途径是以人体解剖学为基础的各种竞技性的身体运动,并着眼于发展人的运动器官和肢体肌腱,按一种直观的审美标准来塑造雄健伟岸并充满活力的体魄。"生命就像一团燃烧的火""生命在于运动",是对西方体育最好的诠释。西方体育挑战的是人类的体能极限,这与东方体育挑战人类的寿命极限的目标是有区别的。

西方体育文化也追求心理健康和道德健康。心理健康主要是指顽强的意志品质、拼搏进取的精神以及积极的生活态度。团队竞技最能磨炼克服困难、百折不挠的心理品质,还可以不断完善自我,增强个体对社会的适应能力,促进人格的社会化,养成积极的生活态度;在道德健康方面,西方体育文化也重视人与人之间的公平、友谊、相互尊重的教育,并力图在体育竞技活动中构建一个小的社会环境,以教导社会规范,促使参与者成为符合社会道德规范的合格公民。

(二)体育是教育的重要内容

体育在希腊社会中占有重要的地位。希腊人认为,只有通过身体和智慧的合作和训练,人的潜力才能得以发挥。这样的哲学思想经过文艺复兴、宗教改革和启蒙运动的洗礼与近现代资产阶级的教育改革,已经进一步上升为体育是教育的一部分和德、智、体全面发展的教育观和体育观。

早在文艺复兴时期,资产阶级教育的代表人物、意大利人文主义教育家维多里诺,就于1423年创立了一所新式学校,实行体育、德育和智育并重的方针,开展了丰富多彩的体育活动。与此同时,宗教改革和启蒙运动中对教育的探索又进一步确立了体育的地位。资产阶级宗教改革的代表人物马丁·路德就主张体育成为教育的一部分。被誉为"学校体育之父"的捷克教育家夸美纽斯主张学校设立宽广的运动场,开展广泛的体育活动,并鼓励学生通过参加体育活动使身心健美发展。作为学校体育班级授课制的首创者,他还建议学生学习一小时后做半小时体育游戏——这是现代学校课间操制度的雏形。英国著名教育家洛克在其"绅士教育"体系中,明确地把教育分为德育、智育、体育三部分,指出体育是一切教育的基础,体育是学校教育中不可缺少的组成部分。法国启蒙思想家卢梭主张按自然法则实施体育教育,按儿童各个年龄阶段的不同特点,以及儿童的兴趣和爱好组织体育活动,以培养"身心两健"的人才。卢梭的教育思想和体育思想在18世纪末得到了欧洲各国教育家和体育家的赞赏,他的体育主张直接促进了近代体育在欧洲的正式实施。被誉为"德国体育之父"的古茨姆斯总结了古希腊竞技和德国、法国及自己多年的教学经验,创立了"八项基本运动",它们被德国学校和其他国家学校所采用。英国在19世纪以后进行了一系列教育改革,其中以托马斯·阿诺德（Thomas Arnold, 1795—1842）在拉格比公学的改革最为成功。他创立了"竞技运动自治制度",这是一套学生自己管理自己的运动竞赛制度（每周进行三次竞技运动,每次半天）。它充分发挥了竞技运动的锻炼价值和教育功能,是拉格比公学的一项成功的教育实验。在阿诺德任校长期间,拉格比公学的运动场不但成了游戏、健身的场所,也成了品德修养的场所。学生在充满活力的竞技运动场上,自己管理自己,不仅练就了强壮的体魄,而且培养了公平竞争、团结友爱、遵守规则、勇敢顽强的思想品德,使校风校纪大为改观。"竞技运动自治"原则培养了适应资产阶级需要的新一代青年,为英国及世界其他国家树立了榜样。此后,许多学校、运动俱乐部纷纷仿效"阿诺德方式",它对世界竞技运动的发展产生了重要影响。

（三）崇尚公平竞争的体育竞技

第一,古希腊竞技运动起源于众多宗教仪式。体育竞技运动是"娱神"的重要手段,在古希腊人的观念当中,对神灵的祭祀是非常神圣的。一方面,古希腊人通过祭祀与神灵沟通,企图得到神灵的欢心与庇佑；另一方面,古希腊人会举办盛大的活动厚葬先祖以表达自己的思念与尊敬。体育赛事办得越盛大,就代表信仰的意念越虔诚。不论信仰是什么,运动员都力争赢得比赛的胜利,以证明他们优于其他人。古希腊人认为,体育竞技是凡人与神灵意识沟通的桥梁,只有获得神灵的认同,才能成为最终的胜利者。在体育竞技中,寄托着古希腊人对神灵的敬畏与感激。

第二，重独立、对立和分离的西方价值观认为人是宇宙的中心,是宇宙的主宰,人与天处于对立和斗争的状态。因此,他们将自然界作为人的认识对象和改造对象,主张发挥人的主体能动作用,重视人对自然的支配和抗争。在人与人的关系上,西方首先关注的不是伦理而是竞争,表现在体育运动中则是强调勇敢、顽强、拼搏和向上的精神。西方体育项目如田径、游泳、球类游戏等,无不体现出人与自身能力、与对手和与大自然的抗争,展示了人类在新的历史条件下开拓、进取、超越现实和创造未来的搏击精神,充分体现了西方人在奋斗中求发展、求进步、求幸福,从而实现生命价值的斗争哲学。在对待竞技比赛胜负的态度上,西方体育文化提倡竞争,提倡超越对手,超越自然。竞技场上的佼佼者往往被视作偶像,被人们颂之为英雄。在西方人看来,竞技场上的结果、成绩、名次直接影响到做人的价值以及人本身的尊严,成绩的好坏是他一生成功与否的标志,成功与失败是两种完全不同的东西。

第三,在体育竞技中,格外重视公平。比赛中没有身份地位的差别,只有公平竞争、优胜劣汰的原则。人们利用公平合理的竞争,表现自己的体能及体验征服对手(人、自然和社会)所带来的良好的心理感受。西方近代体育的竞赛规则,是保证公平竞争的法律性文件,是以法律面前人人平等的基本原则为基础构成的,从而保证了人们以一种契约的形式相联系。因此,西方近代体育的竞赛规则的核心是对等,不承认除身体、心理、技术以外的任何不平等。在这种规则制约下的体育竞争中,人与人之间由社会赋予的差异消除了,心理距离缩短了。不同社会制度、不同意识形态的人们进行和平友善、既符合人性又符合人类社会理想的交流,是体育文化的较高级形态。

随着经济社会的发展,在竞争中求生存、在竞争中求提高、在竞争中求完善成了人们的普遍心理。由此,竞争机制必然进入体育领域,成为西方体育文化的灵魂与核心,竞争性强的运动项目成为西方体育活动的主要形式。

二、运动形态的体育文化

早在2000多年前,在古希腊的山崖上就刻有有关跑步运动的名言:"如果你想健壮,跑步吧!如果你想健美,跑步吧!如果你想聪明,跑步吧!①"它不仅深刻地反映了古希腊人对跑步功能的认识,也鲜明地表明了古希腊人的基本运动形态——跑、跳、投等显示外力的"体能类"的运动项目。

西方体育文化追求肌肉健美,体格健壮,注重对人体外形的称颂,强调身体的外部运动。许多活动方式均要求大肌肉群参与,且肌肉运动剧烈。提倡对人体的力量、速度、耐力、柔韧等身体素质的训练,从而促进人体各部分均衡协调发展。通过赛跑、跳跃、投掷、摔跤、体操等方式锻炼人的头颈、手臂、肩胸、腿部等,进而提高人体的机能水平,美化人体的形象,并获得精神上的满足。

在运动形式上,西方体育文化与中国的武术、导引不同,动作姿态表现出人体努力向外部空间伸展的倾向。以艺术体操中的 Arabseque(迎风展翅)为例,它有数种形式,这里仅以具有代表性的第一种形式为例。做动作时,以一足部为支点,另一臂向后侧面抬起,与支撑腿及直立的躯干基本成一直角,从而产生平衡。在这一动作中,人的四肢几乎伸展到了它们的极限,使人体在最大限度内向4个方向拓展。Arabseque造成了在不稳定中求稳定的伸展、升腾的视觉感受,典型地表现出了"开、绷、立、直"的特色②。中国体育运动形式普遍存在脚腕内收与有力的回扣,而在西方的运动形式中则是见不到的,西方采用的是脚用力绷直与手自然前伸,脚与手在整个人体中占据的面积并不大,人体在空中运动起来伸展的四肢向外放射。可见,内倾和外向是中西方运动形式的典型差异。

以西方体育文化为背景的现代竞技运动,已越来越明显地具有两种不同的文化与审美倾向,即强调对抗与冲突的"硬"竞技与强调美感与难度、带有表演性的"软"竞技,前者如田径、球类、击剑、摔跤、游泳、拳击等,后者如体操、冰上舞蹈、花样游泳等。

此外,西方体育文化的运动形态主要是由运动游戏发展而来的团队竞技(如田径、足球、篮球、排球等),有较强的团队性。团队竞技的基础除了队员个人的技能、力量、体能水平之外,队员间的协作、协调能力是胜负的重要因素,因

---

① 罗时铭.奥林匹克学[M].北京:高等教育出版社,2007:8.
② 刘永红."开、绷、立、直"与"拧、倾、曲、圆":中西方传统舞蹈形态及文化精神的差异[J].江西教育学院学报,2002(5):85-87.

此具有明显的团队特征,在培养团队精神、集体协调作战能力等方面,具有突出的功能和价值。这种团队竞技具有群体游戏的色彩,有兴味、有刺激,与青少年的心理特征相符,因而深受广大青少年的喜爱。法国教育家顾拜旦正是抓住了团队竞技的特性与青少年身心特性的契合点,才发起了旨在引导青少年积极参与、从中接受教育、促进社会进步的奥林匹克运动。如今,西方体育中的体操、球类、田径、游泳等项目已成为学校体育的主要内容。

三、西方体育文化的特征

西方文明在开始阶段就表现出了对现实功利的积极追求,讲究竞争,努力获得个人的最大利益和幸福。在这样的基础上,早期西方社会就逐渐形成了功利主义的道德原则、强烈的竞争意识和对力量的崇拜。这在古代奥林匹克运动上有着十分鲜明的体现。

古希腊的竞争精神和对力的崇拜的升华,直接对西方开放的文化精神产生了十分重要的影响。文艺复兴运动以后,变化、超越、革新更是成为西方社会的一时风尚。开放的文化精神直接造就了张扬的西方体育的文化品格。这种张扬的文化品格不仅为古希腊、古罗马所有,也为现代西方体育文化所承袭。张扬的文化品格最终使更高、更快、更强成为西方体育的主导精神。

(一)强调以人为中心——个人本位论

古希腊是西方文化的发源地,由于古希腊三面环海,境内丘陵起伏,气候温和,耕地较少,这就使得古希腊人的生活与大海息息相关。他们选择了生机勃勃的生活方式,具有向大自然挑战的永恒信念,并逐步养成心胸开阔、勇于开拓、敢于进取的注重竞争的民族性格。同时,温和舒适的气候和秀丽的半岛风光,为古希腊人提供了便利的郊外活动的条件,由此形成了他们徜徉户外活动的生活乐趣,造就了古希腊人喜欢户外体育活动的习惯和崇尚自然的审美情趣。希腊社会的世俗化与人格化,同雅典民主制所孕育的崇尚个人成熟、纵欲、享受的社会文化,发展了古希腊独有的人体审美意识、娱乐意识,即从个人原则和人格意识出发形成的体育风尚,构建了以个性发展、个体生命能力弘扬为主体的体育文化精神,并在西方社会世代继承和传播。至中世纪时期,西方社会神权凌驾于王权,宗教和教会支配一切,社会意识形态为宗教所控制,人性在宗教的压抑下消失在神权中,人的世俗价值从根本上被否定,体育被禁,体育文化唯一剩下的东西只有骑士体育和游侠体育。直到近代义艺复兴运动推动了宗教的改革运动,确认了"人肉统一"的关系,从而扫清了体育发展的思想障碍,确立了身心全面发展的原则,为竞争、博爱、平等思想打开了通向现代体育的大门。新兴资产阶级更明确地提出了以人为中心的人文主义教育思想。主张自然的人的全面和谐发展,强调个人才能和自我奋斗,使西方人一直保持了富有生气的生活方式,竞技体育运动最终得到了较好的发展。

西方文化中的个人或自我是独立的,是与他人分离的、具有个人精神的个体。这种以个体人格为主体的社会大力倡导个人奋斗,使"个人主义"成为一种人生哲学和价值标准,是西方文化中的一种主导精神。西方体育文化的核心内容是"利我"性,"勇敢、竞争、自由、平等、节制、谨慎"的对象都是自己,表现出施动者是自己,受动者也是自己,没有他人的位置,是一种典型的以自我发展为中心的做人做事原则,凸显了西方人同样重视处理自己与整个社会的秩序问题。

西方传统价值观中主张竞争为贵,物竞天择,适者生存的信条与德性。在这种理念下也就自然诞生了以个体为本位的体育思想,他们的比赛是代表个人,参加体育活动纯粹是个人的爱好,这些思想也深刻地反映在奥林匹克运动上。西方人从事体育活动坚持的是个人主义,提倡个性解放,宣扬个人独立,突出个人自由,尊重个人权利,重视契约关系。在竞技体育运动中,充分肯定了个人的奋斗与个人价值,将个人英雄主义推向极致。

(二)多元的文化价值观

长期以来,西方体育文化产生与发展的经济基础是以海洋贸易为本的商品经济,商品经济的特点是互通有无,具有开放性和外向性的特点。这种地理环境的特殊性造成了欧洲人的生活方式的多样性,傍海而居的生存条件,其恶劣性造成了其民族的冒险性格和抗争意识,奋发拼搏、向外开拓其生存的社会需要,倡导个体的自由、竞争,个人充分发挥自身的生命潜能和智慧。欧洲历史的发展的特点之一就是它的文化的多元性,民族的多样性和地域上的分散性。特别是文艺复兴以来,民族众多、国家林立,文化各显异彩。西方体育的发展也充分反映了这一特征。不同文化背景、不同民族和国家的体育一经产生,在融入西方体育的过程中,不但没有受到排斥,而且被很好地融为一体,同时在人们选择运用这些体育运动时也体现出鲜明的多元文化特色。不同民族丰富多彩的体育汇集成了西方体育文化大家庭,经过不断地融化,形成了西方体育文化的完整体系,并成为了当今世界体育的主流。令世人瞩目的现代奥林匹克运动,就是西方的多元文化价值观对世界体育的重大贡献。

第四节 奥林匹克文化

奥林匹克文化源于古希腊,是一种以体育为载体、以西方文化为依托的多元文化,是西方体育文化中特色鲜明的体育文化模式。

奥林匹克文化泛指奥林匹克运动在实践过程中所创造的器物文化、组织文化及观念文化。器物文化主要指在奥林匹克实践中发明的各类场馆、器械以及运动项目等;组织文化主要指在奥林匹克实践中创建的各种组织机构、规章制度等;观念文化主要指在奥林匹克实践中总结提炼出来的各种精神财富,包括奥林匹克格言、奥林匹克精神、奥林匹克主义等。这些精神财富还常常以图标的形式展示出来,形成了特殊的奥林匹克标识文化,如奥林匹克标志、奥林匹克旗帜、奥林匹克徽记、奥林匹克会歌、奥林匹克火炬以及奥运会开闭幕式等各项仪式等。奥林匹克文化研究,是当今体育文化研究的重要领域,对引导体育文化的发展具有重大的现实意义。

一、奥林匹克运动文化体系

(一)竞技运动比赛

目前有30个国际单项体育联合会管辖的31个大项是国际奥委会承认的奥林匹克比赛项目,其中夏季奥运会26个大项,即田径、赛艇、羽毛球、棒球、篮球、拳击、皮划艇、柔道、摔跤、游泳、现代五项、网球、乒乓球、射击、射箭、排球、帆船等;冬季奥运会有5个大项,即冰上舞蹈、冰球、雪橇、滑冰和滑雪。夏季奥运会比赛项目必须包括至少15个运动大项,冬季奥运会则没有这种最低限制。此外国际奥委会还规定,只有至少在四大洲75个国家或地区广泛开展的男子项目和在三大洲40个国家或地区广泛开展的女子项目,才可列入夏季奥运会;至少在三大洲25个国际或地区广泛开展的男子项目和在两大洲20个国家或地区广泛开展的女子项目,才可列入冬季奥运会。

(二)奥林匹克仪式

奥林匹克仪式如圣火传递、开幕式、闭幕式、发奖仪式等,不仅给奥运会以浓烈的节日气氛,而且大大提高了奥运会的境界,使它更加庄严、神圣。古代奥林匹克运动会点燃圣火的仪式,起源于古希腊人类自上天盗取火种的神话,在奥林匹亚宙斯(Zeus)神前,按宗教的仪式在祭坛上点燃火种,然后持火炬跑遍各城邦,传达奥运会即将开始的讯息,各城邦必须休战,忘掉仇恨与战争,积极准备参加奥运会的竞技比赛,因此火炬象征着和平、光明、团结与友谊等意义。奥运圣火首次出现是在1928年阿姆斯特丹奥运会。1936年7月20日,在奥林匹亚举行了隆重的火炬点燃仪式。火炬以聚光镜获得,并开始进行火炬接力。从这届奥运会开始,火炬接力便成为奥运会开幕式前和开幕式上的传统习俗。

(三)奥林匹克艺术节

《奥林匹克宪章》规定:"奥运会组委会必须制订一项文化活动计划,这就是奥林匹克文化节。"奥林匹克文化节是奥运会的重要组成部分,是体育运动与文化和教育融合起来的重要活动。在奥运会期间,举办充分展示承办国和世界各国文化特色的活动,如音乐、舞蹈、文学、艺术、摄影、戏剧、建筑艺术、集邮等,五大洲艺术家济济一堂,各种艺术珍品交相辉映,这种全方位的从物质到精神和谐结合的文化魅力,使奥运会更加灿烂夺目。

(四)奥林匹克青年营

奥林匹克青年营是奥林匹克文化活动的组成部分。这项活动的目的是使来自世界各地的年轻人在奥林匹克的氛围中互相学习、互相交流,更深刻地了解奥林匹克的精神。青年营员是由各个国家和地区奥委会根据参加者的成绩、贡献等综合情况推荐的,年龄在18—22岁之间。青年营的营期不超过20天,人数在500—1500人之间,活动内容包括体育、文化和民俗活动。

(五)奥林匹克科学大会

自1956年墨尔本奥运会起,世界性的体育科学大会开始在奥运会开幕前在举办国举行。1972年在德国慕尼黑,第一次用了"奥林匹克科学大会"的名称。科学大会组委会一般由奥运会举办国的国家奥委会确定。组委会通常在会前4—5年就开始进行筹备,如论文征集、经费预算等。奥林匹克科学大会主要是围绕奥林匹克史、体育美学史、奥林匹克理想教育、运动医学、运动心理学、生物力学、生物化学、运动训练、体育管理、人类学、社会学等体育科学及相关学科交流各种论文及成果。奥林匹克科学大会的举行,对进一步促进体育科学研究作出了较大的贡献。

(六)奥林匹克奖

1. 奥林匹克运动会名次奖。各个项目在运动会上获得前三名的优胜者分别获得金牌、银牌、铜牌。

2. 奥林匹克勋章。对奥林匹克事业做出突出贡献和在体育运动中取得优异成绩者,授予奥林匹克勋章。金质勋章一般授予为发展体育运动、宣传奥林匹克理想做出重大贡献的国家领导人和已退休的或健在的国际奥委会前任领导人。银质奖章授予在奥林匹克运动中建立了功勋的奥林匹克优秀选手和国家或地区奥委会与体育界的领导人以及其他知名人士。铜质勋章授予在奥运会或体育工作中取得显著成绩的运动员或体育工作者。

3. 奥林匹克纪念碑。奥林匹克纪念碑发给全体运动员(包括奥运会奖牌获得者)、运动队的官员和其他工作人员、国际奥委会委员和出席奥运会的被国际奥委会承认的国际单项奖,以及在国际奥委会规定名额内有关的国际单项体育联合会正式任命的裁判员、计时员、检查员、司线员等。

4. 奥林匹克荣誉册。每届奥运会组委会都制定一部奥林匹克荣誉册,记载每个比赛项目的奖章获得者(前3名)和获奖者(第4-8名)的名字。荣誉册存放于奥林匹克博物馆,作为奥林匹克运动的史料保存。

5. 国际奥委会主席体育科学奖。表彰在体育科学研究中的优秀成果。从1989年开始,国际奥委会设立了"国际奥委会主席科学奖",按年度轮流对体育生物、医学、体育社会科学的研究成果予以奖励[①]。

---

① 李鹏,凌岩,顾春梅.体育文化[M].兰州:兰州大学出版社,2015:9.

二、奥林匹克文化具体体现

（一）奥林匹克观念文化

1. 奥林匹克主义

"奥林匹克主义"一术语是奥林匹克运动先驱者顾拜旦首先使用的，但是他却从来没有直接为自己创造的这一术语提出明确的定义。顾拜旦在不同的时间和场合对之有不同的表述，如称之为"维护世界和平的强有力的因素"（1896），"强壮的身体文化"（1908），"建立在某种哲学和宗教理论上的学说"（1929），"一种高尚纯洁、耐力和体力的学派"（1931）等。此外，他还称奥林匹克主义是"一种精神状态""信条""青年们崇拜的对象"，"奥林匹克主义的基础是推崇奋斗、蔑视危险、热爱祖国、慷慨、骑士精神、熟识艺术与文学"等。经过多年的讨论，"奥林匹克主义"一语终于出现在1991年6月16日生效的《奥林匹克宪章》中，这也是国际奥委会第一次给奥林匹克主义以正式的定义："奥林匹克主义是增强体质、意志和精神并使之全面发展的一种生活哲学。奥林匹克主义谋求体育运动与文化和教育相融合，创造一种以奋斗为乐、发挥良好榜样的教育作用并尊重基本公德原则为基础的生活方式。"从中不难看出，奥林匹克主义包括这样几个含义：

第一，奥林匹克主义的中心思想是人的和谐发展。第二，奥林匹克主义强调人的和谐发展的关键是生活方式的改善。第三，奥林匹克主义将体育运动作为实现人的和谐发展的途径。第四，为达到人的和谐发展的目的，体育运动必须与教育、文化相结合。第五，奥林匹克主义强调奥运选手的榜样作用。

2. 奥林匹克格言与名言

（1）奥林匹克格言

奥林匹克格言亦称奥林匹克口号，即"更快、更高、更强。"1920年，国际奥委会正式确认其为"奥林匹克格言"，并在安特卫普奥运会上首次使用。奥林匹克格言充分表达了奥林匹克运动所倡导的不断进取、永不满足的奋斗精神。2021年7月，国际奥委会第138次全会投票表决，同意在奥林匹克格言"更快、更高、更强"之后加入"更团结"。四个词在一起的呈现形式是"更快、更高、更强——更团结"。

(2)奥林匹克名言

"重在参与"是奥林匹克运动广为流传的名言。在伦敦举行的第4届奥运会期间(1908年7月24日),顾拜旦在英国政府所举行的招待宴会上发表重要讲话时所引用的在圣保罗组织的运动员颁发仪式上宾夕法尼亚主教的一段话:"对奥林匹克运动会来说,参与比取胜更重要。"对此,顾拜旦还做了精辟的解释:"生活中重要的不是凯旋而是奋斗,其精髓不是为了获胜而是使人类变得更勇敢、更健壮、更谨慎和更落落大方。这是我们国际奥委会的指导思想。"奥运会正是因为有众多获奖无望的运动员的参加,才推动了奥林匹克运动的成长和壮大,同时通过各国运动员的友好交往,也促进了世界的和平。

(3)奥林匹克精神

《奥林匹克宪章》指出,奥林匹克精神就是"相互了解、友谊、团结和公平比赛"的精神。奥林匹克精神对奥林匹克运动具有十分重要的指导作用,概括起来,奥林匹克精神的基本内容有:

①和平友谊精神

奥林匹克运动会是奥林匹克运动的最高层次活动,是一个象征和平的盛会,这已为世人所共识。而和平友谊精神,如果溯本寻源,则是古代奥运会期间的"神圣休战"。现代奥运会复兴初期,顾拜旦就将"建立一个和平的更美好的世界"写进了《奥林匹克宪章》。可以说,维护与促进世界和平,是顾拜旦及其后来者复兴与发展奥林匹克运动的动机之一。

奥运会上,来自各国的运动员、教练员、体育官员以及观众,有着不同的肤色,穿着不同的服装,说着不同的语言,有着不同的生活方式,用不同的行为方式表达自己的喜怒哀乐。奥林匹克精神强调互相了解、友谊和团结,并主张形成一种精神氛围。因为只有在这种氛围中,人们才能打开各自狭窄的眼界,以世界公民的博大胸怀,去认识和理解自己民族以外的事物,学会尊敬其他民族,虚心地汲取其他文化的优秀成分,不断丰富自己,从而使奥林匹克运动所提倡的通过了解增进友谊、加强团结,进而促进世界和平的设想得以实现。和平与友谊是奥林匹克精神的基本内容,这也是现代奥运会有别于其他大型运动会的根本所在。

②公平公正精神

顾拜旦在1912年发表的《体育颂》中曾明确指出:"啊,体育,你就是正义!你体现了社会生活中追求不到的公平合理,任何人不可超过速度一分一秒,逾越高度一分一厘。取得成功的关键,只能是体力与精神融为一体。"在《奥林匹克宪章》中,也提到了"公平的精神"。可见,公平合理、公平公正,也是奥林匹克精神的重要内容。究其根源,也源于古代奥运会竞技者在"神"的面前平等竞赛的法则。

顾拜旦继承了古代奥运会竞技的公平公正精神,并付诸很多努力,力求奥运"精英"从"绝对平等的条件下产生"。虽然现实离"绝对平等"还十分遥远,甚至只是乌托邦式的空想,但是顾拜旦及其后来者在这方面的努力,还是有目共睹的。如对竞赛规则的不断修改和完善,与服用兴奋剂等弄虚作假行为的坚决斗争等,都体现了对公平公正的渴望与追求。

③拼搏进取精神

鼓励人们拼搏进取、永不满足、竞争向上,从而战胜自我、求得进步,是现代奥林匹克运动会体现出来的非常明显、突出的精神财富。这种拼搏进取的精神,也源于古代奥运会"只取第一名"的竞赛制度。

顾拜旦曾经指出:"奥林匹克主义的基础是推崇奋斗、蔑视危险、热爱祖国、慷慨、骑士精神……"1920年,国际奥委会将"更快、更高、更强"确定为奥林匹克格言,这些都表明了奥林匹克运动对拼搏进取精神的倡导。拼搏进取精神是优秀运动员的基本素质,也是人生旅途应当具备的品格。将优秀运动员作为"精英",以他们那种拼搏进取、竞争向上的精神去影响和教育青年,鼓励他们在生活中百折不挠、顽强拼搏,努力去创造更加美好和平的世界,是奥林匹克运动的精髓所在。

(二)奥林匹克标识文化

为了表达和有利于宣传奥林匹克的崇高原则及理想,在奥林匹克运动创立之初,顾拜旦就根据古代奥运会的历史遗产,亲自设计了许多标识和仪式。在奥林匹克运动的发展过程中,这些标识和仪式日益完善、定型,逐渐形成奥林匹克运动和奥林匹克精神的一种象征。它们集中体现了奥林匹克文化的各种特征,是奥林匹克文化中最有特色、最具魅力的部分。

1. 奥林匹克标识

奥林匹克标识最为突出的是五环图案,它是顾拜旦于1913年亲自设计的,在1914年经第6届奥林匹克代表大会批准而被正式采用。它由5个不同颜色互相套接的圆环组成,五环的颜色规定为蓝、黄、黑、绿、红。整个图案形成一个上大下小的规则梯形。环从左到右依次互相套接,上面是蓝、黑、红环,下面是黄、绿环。当时顾拜旦的设计用意是:蓝、黄、黑、绿、红五色的环圈代表全世界五大洲联结在一起,共同为推进奥林匹克运动的发展而不懈努力,代表着奥林匹克友谊的精神及全世界运动员之间的平等;6种颜色(包括白底)则代表着当时全世界各国国旗的颜色。根据奥林匹克宪章的正式解释,五环图案的含义是:"代表五大洲的团结和全世界的运动员在奥林匹克运动会上相聚一堂。"

2. 奥林匹克仪式

奥林匹克仪式是指围绕奥运会而举行的一系列礼仪性的活动,主要有圣火传递仪式、奥运会开幕式和闭幕式、发奖仪式。它们集中体现了奥林匹克运动的各种文化特征,是奥林匹克文化中最引人瞩目的部分。

(三)奥林匹克组织文化

100多年来,奥林匹克运动之所以蓬勃发展,主要原因之一是有一个结构比较完善、功能比较齐全的组织体系。组织体系是奥林匹克制度文化的重要组成部分。这个组织体系主要由国际奥林匹克委员会、国际单项体育联合会、各个国家或地区的奥林匹克委员会三部分组成。它们相互配合,相辅相成,维持和保证着奥林匹克运动的正常运行,被称为奥林匹克运动的三大支柱。在奥林匹克运动中,奥林匹克组织之间的基本关系是互相协调、互相配合的关系。其中,国际奥委会是奥林匹克的领导机构;国际单项体育联合会,主要对奥林匹克竞技进行技术辅助;国家奥委会是开展各种奥林匹克活动的基本单位。

课后练习与能力提升：

1. 东西方体育文化模式的区别与联系。
2. 奥运百年沧桑对人类社会发展的启示。

拓展阅读与资料库链接：

3. 了解：中国体育博物馆官网、中国奥林匹克博物馆官网（http://www.olympic.cn/museum/）
4. 查阅体育史、奥林匹克运动相关书籍。

第三章 体育文化价值

导读：

体育文化是人类文化的一部分，它是人类在体育方面创造的一切物质文明与精神文明的总和。体育作为一种独立的文化形态，它的作用是其他任何文化形态所不能取代的，甚至其他文化形态的发展，还不得不从体育文化中借鉴一些具有特质的东西。因此，体育一旦成为当代文化的重要组成部分，它的存在和发展便有助于完善和健全社会的文化，也有利于人类自身的协调和发展。随着体育国际化与体育文化的普及，各民族间体育交流与融合日益加快，中国体育文化仍独树一帜，体现出修心、正心、和平等特色。文化是进行价值判断的重要依据和尺度。不同的体育文化具有不同的价值，价值可体现在文化的不同层面，其中，精神文化的价值处在体育文化的核心位置，它规范着体育文化的核心价值观，是一种体育文化与另一种体育文化相区别的主要标志。本章让我们一起了解体育文化在政治、经济、军事、教育等方面的价值。

第一节 体育文化与政治

体育是人类社会所特有的一种社会现象。但是体育作为社会文化的组成部分并不是孤立存在的，它总是与一定社会的政治经济有着密切的联系。体育与政治之间的关系，始终是国际体育界关心的一个问题。有人主张体育与政治无关，提出"当你把一只脚跨进奥林匹克大门的时候，就把政治留在了门外。"其实，将体育和政治二者完全分离的想法是非常幼稚的。体育是无法在一种社会政治"真空"中生存的。有组织的体育活动长期以来就与政治、政府和国家联系在一起。因此,体育与政治有着紧密的联系。体育运动日益成为没有军事装备、没有硝烟的"战争",出现了体育运动进一步为政治服务、向政治靠拢的现象。体育与政治的关系不能用定式化的思维加以理解,应该具体问题具体分析,毕竟体育与政治并不处于同一层面,但体育作为社会文化现象,更多受制于政治的统领和决定。[①]

一、体育文化是国家文化软实力的重要组成部分

体育文化作为国家文化总体的一部分,是国家文化的一个方面,是国家文化软实力的重要组成部分。体育文化软实力可以从广义和狭义两个层面理解。从广义上来说,它与各种文化、艺术、教育、宗教、新闻传播、医疗卫生等领域并驾齐驱,指整个体育事业及其所辐射的相关领域。它既包括国民普遍的体质和健康素质,各专项运动项目的理论研究、竞技训练、竞赛和运动成绩,又包括由体育衍生、与体育密切相关的经济、文化、社会活动等,以及人们在开展这些活动过程中所表现出的价值取向和思想、道德、精神风貌。从狭义上来说,它是相对于体育中那些可感、可触、可量化的刚性指标和科技要素、硬件设施等而言,在体育运动和与体育相关的活动中表现出来的思想文化、意志品质、制度机制等的影响力。它虽然看不见、摸不着,具有非物质、不可度量的属性,但是一种内涵丰富的合力,具有强烈的民族、地域色彩,鲜明的历史传承性和个性特征,既包括一个国家的体育文化、体育观念、体育道德,又包括运动员在赛场上的精神文明表现及健康文明的心态等。

全球化的发展,使一个国家的影响力,如地缘政治力量、经济力量、国际话语权、对国际机制的控制力、民族凝聚力等逐渐上升到了主要的位置。而文化作为最具活力的独特人类活动,以其特有的力量影响着一个国家的综合国力。体育文化在维护国家形象、体现国家综合国力、凝聚社会力量、促进经济发展、引导社会习俗、风气等诸多方面发挥着日益重要的作用。

---

① 何劲鹏,柴娇,姜立嘉.体育社会学导论[M].北京:中国社会出版社,2009:7.

二、体育实力是国家综合实力的具体体现

综合国力指一个国家在一定时期内所拥有的各种力量的总和,包括政治、军事、经济、科技等硬实力,也包括外交、制度、管理、文化等软实力。一个国家文化软实力的发展与其国家物质硬实力有着极大的关联。硬实力是一个国家文化软实力发展的物质基础,是国家软实力的有力保障;而文化软实力又从政治、精神、管理等层面对硬实力予以反馈,两者互相促进、相得益彰。改革开放以来,我国经济快速增长、国内外环境相对稳定,促使我国硬实力快速增长。硬实力的快速增长又为我国文化的快速发展提供了良好的物质保障。目前我国的文化事业蒸蒸日上,竞技体育所取得的成绩就是文化发展的有力佐证。我国竞技体育连续在悉尼奥运会、雅典奥运会、北京奥运会、伦敦奥运会、里约热内卢奥运会上取得历史性突破,群众体育蓬勃开展,体育产业不断发展,体育制度不断改革与发展,中国体育的影响力日渐强大,这一切都表明我国综合国力不断增强。

我国体育文化中所体现的爱国主义、热爱和平、以人为本、公平竞争等价值观对树立国家形象、提高国家综合实力、建设社会主义核心价值观来说具有深远的影响。尤其是对建设社会主义核心价值观,体育文化起着非同小可的作用;同时,社会主义核心价值观又体现着国家的综合国力和文化软实力。爱国主义能增强国民自信心和凝聚力,维护着国家的形象;热爱和平体现中国勇于担当国际责任,和谐共处;以人为本强调的是全面提高国民品质与素质,并保护人的个性化发展与创新;公平竞争指的是在个人进取奋斗竞争的同时能保持社会的公平公正。我国体育文化所呈现的这些原则在增强世界对中国认同的同时又能在一定程度上促进中国综合实力的提高。

三、体育文化在国家外交活动中的功能

外交地位是国家综合实力最为重要的体现之一。体育文化的功能之一就是在国际体育活动中发挥文化的力量,实现国家利益。中华人民共和国成立以来,体育事业围绕着国家政治利益来促进国际交往,发挥体育文化在政治活动中的力量,实现国家利益,运用体育交流来促进国际文化的交流。特别是新中

国成立初期,体育为维护国家政治利益,维护国家的统一与主权,做出了重要贡献。改革开放后,我国体育围绕国家改革开放、发展经济的新的战略利益,走上了服务经济建设的轨道。体育的国际交流,一方面体现了世界一体化的发展趋势,另一方面通过运动员之间的国际交流,促进了不同国家、不同民族、不同信仰、不同文化、不同传统、不同习俗的交流与碰撞,有利于人们之间的了解,减少因不同文化与习俗而引起的矛盾与误解,促进世界和平。我国体育外交文化始终围绕国家独立自主的外交路线,在维护国家统一、推进国际关系的正常化、通过体育人员交流促进国际文化交流、加强文化外交等方面做出了巨大的贡献。

四、体育文化在维护国家形象方面的意义

体育作为国家文化软实力的一部分,在维护与树立国家形象上具有特殊的意义。旧中国被西方称为"东亚病夫"。这不仅是对中国人的侮辱,也是对中国国家形象的严重诋毁。

在20世纪50年代,我国有效地改造了半封建半殖民地的旧体育,创建了社会主义的新体育;在20世纪60年代,我国果断地采取了缩短战线、确保重点的正确措施,保障体育运动技术水平取得了历史性突破,中国迅速甩掉了"东亚病夫"的帽子。特别从1979年我国恢复在国际奥委会的合法席位后,中国人在各项体育赛事上取得了丰硕的成果。1981年11月16日中国女排获得第3届世界杯赛冠军,标志着我国不仅在小球与个人项目上取得了突破,而且在大球与集体运动项目上也获得突破。1982年9月26日中国女排又荣获第9届世界女子排球锦标赛冠军;1984年8月8日在洛杉矶奥运会上,中国女排战胜美国队获得奥运会冠军;1985年,中国女排再夺世界杯冠军;1986年,中国女排获得第10届世界女子排球锦标赛冠军。至此,在短短的5年间,中国女排连获5个世界冠军(常被称为"五连冠")。这一系列冠军,极大地振奋了中国人民的精神,在全世界树立了新的形象。为此,全国人民学习女排,"女排精神"成为奋发图强,勇攀高峰的代名词。

2008年北京奥运会期间,各国政要齐聚北京,表明了我国的国际地位在不断提升,也向世界表明中国是一个开放、民主的国家;"同一个世界,同一个梦

想"这一主题口号则表明我国是一个追求和平、合作、发展和负责任的大国;同时,我国运动员团结奋斗、顽强拼搏、公正比赛、遵纪守法,为世人树立了健康、活泼、勇敢、开放、文明、团结的良好形象;北京奥运会展示了我国体育科技实力,尤其是在反兴奋剂方面的努力,向世界展示了中国人尊重科学、公平竞争的信心与决心,以及中国的科技进步;北京人的热情好客、我国政府卓有成效的会议组织、热情友好的接待工作、运动员表现出的友爱精神都向世界表明中国是一个文明的礼仪之邦,运动员、志愿者、好客的北京市民以及全国各地的中国人都成为我国同其他国家友好交往的使者;而奥运会期间的媒体开放,以及奥运会前后对各种不同声音所持的包容态度,充分显示了中国已经是一个充满自信的开放国家。[①]

第二节 体育文化与经济

体育在千百年的历史发展中与社会的诸多方面都发生着各种联系,体育与经济就是其中之一。体育与经济的相互联系来自现代性对人类生活世界的影响。所谓现代性,就是资本主义和工业化对人类生活的改造。也就是说,自从资本主义工业化以来,体育受其影响与经济相互联系,成为现代社会中较突出的特点。在工业社会的经济背景下,社会对体育的期待便从农业社会中的"精英的要求"逐渐转变为公民"自觉的期待"。此时的社会需要体育一方面为竞技体育培养精英人物,另一方面要提高劳动者的身体素质,以便更好进行社会再生产。劳动力的专门化培养(包含身体素质,如体育在教育中的重要地位,体育课程的设置)与训练是工业社会的科学技术含量日益增多的经济结构迫使教育不得不承担的一项新的社会职能。

一、体育文化产业的缘起与体育产业经济的发展

经济学认为,劳动生产力水平的提高是社会经济发展的重要标志,在对生产力水平进行评价时,人的素质往往是最主要的衡量标准。在人的诸多素质

[①] 薛有才.体育文化学[M].北京:航空工业出版社,2013:3.

中,身体素质显得尤为重要,这就使得世界各国都格外重视增强劳动者体质,减少发病率,达到促进社会生产力发展的目的。这表明体育与经济的关系最初是由经济本身的发展需要引发的,并间接通过提高国民身体素质,再转化到体育中来的,并伴随体育社会化、娱乐化和终身化程度的不断提高,为满足体育人口不断扩大的需要,体育产业的发展已成为经济的必然现象。

从经济学角度理解体育,体育更应该体现生活质量,并融入生活方式之中。学校中的体育不仅是规范的教育,更是生活的教育。各种运动器材,体育场地、设施,体育用品不断生活化、平民化,体育健身、体育娱乐和体育旅游业在迅速发展,已有可能在国民经济中逐渐形成一个庞大的体育产业体系。社会闲暇时间越来越宽裕,竞技体育中的各种身体技艺表演和商品经济的联系更为密切,体育职业化和商业化成为体育形式发展的一种必然。一场精彩的体育比赛可以吸引成千上万的观众,并可直接获取门票收入。一些大型运动会,除可带动旅游、商业、交通、电信和新闻出版等行业发展外,还可以通过出售电视转播权,发行彩票、邮票、纪念币,收纳广告费、印刷宣传品等途径,从中得到相当可观的经济效益。

目前,随着世界经济的发展和产业结构的调整,体育产业不断发展壮大,在国民经济中的地位不断提高。体育文化产业包括体育健身业、体育竞赛表演业及体育生产业等几个部分。这几个部分虽然运营方式、管理模式、产业结构等存在差异,但是在社会责任履行方面具有共性,即须承担道德责任。发展体育文化产业可以满足广大群众的精神文化需求,是培育国民经济新增长点的有效措施。体育文化产业具有一个吸引产业界关注的属性,即具有资本增殖的责任。如早在20世纪80年代,美国体育文化产业总产值就占到GDP的1%;而其他国家,如日本、丹麦、法国、芬兰、德国、韩国和意大利等发达国家,体育文化产业总产值现在已占GDP的1.5%。有些国家甚至达到4%,奥地利与体育相关的总产值就占到GDP的4.12%。党的十九届五中全会提出,繁荣发展文化事业和文化产业,提高国家文化软实力。提升公共文化服务水平,健全现代文化产业体系。体育文化产业作为具有巨大发展潜力和较高产业关联度的新兴产业,其发展与责任履行关乎我国文化产业发展水平与社会责任。按照我国的体育强国战略、体育产业及消费发展战略部署,体育文化产业正在由经济增长点逐渐向国民经济支柱性产业迈进。

体育产业不仅是经济增长的源泉和动力,而且在吸纳社会就业方面正发挥着越来越大的作用,是解决就业问题的重要途径;同时对促进国民经济的发展,带动相关产业的发展,对经济结构的改善等都具有十分重要的作用。为推动体育产业发展,我国自从1995年出台《体育产业发展纲要》起,就极为注意发挥体育产业的经济效益和社会效益。国务院46号文件的出台为体育产业的发展提供了强有力的政策支持。文件明确提出,到2025年,体育产业总规模要超过5万亿元,成为推动经济社会持续健康发展的重要力量。最近10年来,体育产业迎来前所未有的发展机遇,中国体育产业总规模、增加值增速分别达到13.2%、15.4%,远高于同期GDP年均增速。体育产业已成为国民经济的重要组成部分,对经济增长的贡献逐年增加。互联网、大数据、人工智能等新技术在体育领域的应用日益广泛,极大提升了体育产业的服务水平和用户体验。互联网平台的兴起改变了体育消费的方式。根据艾瑞咨询的数据,2023年,中国在线体育用户规模超过5亿,市场规模超过1000亿元。

体育产业已成为我国经济的重要组成部分,这也反映出今天的体育不仅为国争光更为国增利,已经前所未有地与国家富强、民族复兴紧密联系在一起,与国家经济社会发展、与每一个人的健康幸福紧密联系在一起,不断展现着多元功能与价值。未来,随着科技的不断进步和市场的进一步拓展,中国体育产业将迎来更加广阔的发展空间。

二、体育文化产业的社会经济价值

(一)体育产业增加就业机会

在体育产业的发展过程中,在体育产业与其他产业的互动过程中,无疑会促进就业。"体育产业的市场化运作需要各种各样的劳动者,这为拓宽社会就业渠道提供了机遇。"例如,"英国的体育产业为经济提供了76万个就业机会,这个数字相当于英国整个化学工业和人造纤维工业的就业人数,超过了英国煤炭、农业、汽车制造工业的就业人数。"再如,浙江省2007年全省体育及相关产业的从业人员(不包括个体制造业和销售业)为22.56万人,而福建省2008年全省体育产业从业人员达 55.64 万人。另外,由于体育活动与建筑业、交通业、电信业、旅游业、餐饮业、服务行业及商业密切相关,在体育产业发展的同时,会给这些行业带来更多的就业机会。"1988 年,汉城奥运会为服务业提供了 16 万个工作岗位,为制造业提供了 5 万个工作岗位,为建筑业提供了 9 万个工作岗位;1996 年,亚特兰大奥运会提供了 37.7 万个就业岗位;2000 年,悉尼奥运会提供了 15 万个就业岗位,其中 3 万多人投入了设施建设,超过 10 万人被雇佣组织各项赛事。"

自 2001 年北京取得 2008 年夏季奥运会主办权以来,北京进行了总体建设,包括加大城市的基础设施、能源交通、水资源和环境建设的投资,建成了宽阔的街道、崭新的场馆……北京奥运会的成功举办,推动和促进北京的市政建设,使其在各方面都有了提高,也使北京的老百姓直接受益。北京同时对机场、火车站、城市道路、电信系统、新闻中心等大型基础设施和其他辅助设施进行了建设。这些建设对于促进相关行业的就业起到了极大作用。

(二)体育产业与其他产业的互动功能

体育产业提供的社会消费促进了建筑业、交通业、电信业、旅游业、餐饮业、服务行业及商业等多种经济的发展。发展体育运动,组织各种国内外大型体育比赛,不仅需要建设规模巨大的各种体育场馆设施,而且需要各种各样的生活服务设施与之相适应(如道路、机场、宾馆、饭店、邮电通信、电视转播、旅游景点等设施配套),这就必然促进交通运输业、邮电通信业的发展,例如 1990 年,我国举办第 11 届亚运会更能说明体育的发展促进第三产业发展的作用。亚运会筹备期间,新修 5 条道路、3 座立交桥,首都机场进行了整修扩建;建了 31 个现代化的场馆,全是我国自己设计施工的,有周长 400 米跑道的有屋顶的练习馆、333.33 米一圈不同坡度要求的自行车赛场、有中国民族风格和 21 世纪先进技术结合的游泳馆,都是亚洲乃至世界有名的。为了电视转播成功,修建了 405 米高的电视塔。在短短几年亚运会的筹建中,在北京北郊,一座具有现代化水平的奥林匹克体育中心和体育城市巍然屹立。再如,2008 年北京奥运会新建和改扩建比赛场馆 36 个、独立训练馆和国家队训练基地 66 个,共涉及 102 个奥运项目,分别位于北京、天津、上海、沈阳、秦皇岛、青岛等城市。这些对国民经济的促进作用是显而易见的。据2008年8月25日《广州日报》报道,2001年北京申办2008年夏季奥运会成功为中国经济的持续增长增添了奥运因素,推动了奥运会筹办城市基础设施投资的增长,进而对其他区域和相关行业的投资产生关联影响。如旅游、商业、地产、建筑、交通、体育、科技信息和电信等是受益的外延产业。同时,让更多的城市参与奥运会举办,能够提升整个区域内产业结构水平、城市基础设施和人们的生活水平,也推动整个区域发展。中国的一些企业也在奥运会期间进行着自身的完美转型——最大限度地利用奥运赞助商的身份,提高在国际上的地位,并借此提高在中国和全球的品牌声誉和市场份额。

体育运动的发展,对旅游业、饮食业、服务业和商业发展的促进作用,是第三产业中第二组相关互补的行业关系。因为,各种大型体育运动,特别是国际性、世界性的体育竞技,如奥运会参赛运动员达万人之多,加上裁判员、新闻记者、各国贵宾、其他工作人员,要超过几万人之多,再加上观众、游客、各国啦啦队,可多达几十万乃至上百万人之多。要解决这么多人的吃、住、用、行、参观、游览的需要,就必须开设旅馆、饭店、开发旅游区、兴办各种服务业、饮食业和商业,才能满足上述人员的生活需要。如果这些行业不发展,体育运动比赛也只能是空中楼阁。所以体育发展对这部分第三产业起着促进作用的同时,这一部分第三产业也对体育的发展起着同样的促进、辅助作用。[①]

第三节 体育文化与军事

体育的产生与军事密切相关,体育与军事,既有密切的联系,又有明显的区别。它们相互影响和促进,在人类漫长的历史进程中保持着特殊的亲缘关系。军事借助体育手段训练战士的身体,体育借助某些军事手段发展自己的项目。自古以来,人类为了在战争中获胜,就要大量使用兵器,而其中就包含丰富的军事武术内容。而在平时的军事训练中,如游泳、长跑、跳跃、各种比武等,都是体

[①] 钟天朗.体育经济学概论[M].上海:复旦大学出版社,2004.

育在军事上的表现。

一、军事与体育发展历史

（一）体育的萌芽、起源与军事有着密不可分的关系

原始社会的发展使人们对资源的需求越来越多,资源分布不平衡导致了各个部族对资源的争夺。在部落斗争之中,更加强健有力的人往往能够取得斗争的胜利从而占有资源。因此,对具有一定军事技能和强壮人力的需求产生了原始的军事训练,亦即体育的萌芽。[①]

早在我国先秦时期,各部落之间就经常出现械斗。当时的军事训练比较简单,以操练为主,作战中尚有徒手搏斗,械斗中所使用的一些兵器即为后世武艺所用器械之起源。在宋朝,为了迅速传递军情,官府十分重视寻找和训练善于长跑的人。宋代在民间武艺组织"弓箭社"中选出能长跑的人,名为"急脚子"。元代的急地辅兵,甚至达到"一昼夜行四百里"。这属于职业性质的长跑。宋太祖赵匡胤重视水军训练,自即位后,"观习水战者二十有八"。太宗赵炅任下修筑的"金明池",不仅是水军训练的基地,亦是水嬉的场所。大型画舫尾部设有秋千,表演者荡至与支架齐高时,"筋斗掷身入水,谓之水秋千",实为一种别开生面的跳水活动。我国的国粹——武术,也起源于军事战争中。明代多次大规模的农民战争,彻底冲破了不许民间练习枪棒的禁令,出现了武艺大发展大提高的盛况,主要用于军事作战技术的武艺,分化出一个专门的运动形式——武术。从武艺演进到作为运动项目的武术,到明代才基本完成。

除上所述,当今流行于世界的许多体育项目,如标枪、铅球、射箭、摔跤等,都是从战争衍生和演变出来的。这无数史实充分说明了体育与战争的血缘关系,也可以看出远古体育的萌芽与军事有密切的联系。

（二）体育是现代军事训练的主要内容

在非战争军事行动中,不论是抗洪救灾、反恐制暴,还是参与国际维和,军人的体质状况、体能水平也是不能忽视的重要因素。体育不仅是直接锤炼人的身体素质、心理素质、意志品质的最佳途径和最有效的方法,对思想道德素质和

[①] 李金龙,刘坚.体育社会学[M].桂林:广西师范大学出版社,2006:8.

文化科学素质的提高也具有积极作用。因此,体育在现代军事中处于不可或缺的地位,体育训练自然成为现代军事训练的主要内容之一。随着军事与体育两大领域之间的交叠不断扩大,"军事体育"应运而生。

军事体育是有关军事知识和军事技能的体育运动,是国家体育的有机组成部分。我国的军事体育主要包括三方面:第一,为提高军队战斗力服务的军事体育训练。这是战争发展到一定阶段的产物,是人类为了国防安全和战争准备,全面提高作战主体战斗力而采取的一系列与战斗技能紧密相关的、以军人身体训练增强身体素质为主要内容的教育训练活动;第二,不断满足广大官兵需要的群众性体育活动。这是从业余生活管理方面进行的军队大众体育;第三,着眼奥运会和全运会,体现国家体育战略的"奥运争光计划"和"全民健身计划"的基本思路,通过建立军队体育职业运动队和俱乐部培育高水平的竞技运动队伍的体育训练。这三方面相辅相成,都在脚踏实地地为打赢现代高技术条件下局部战争,提高作战主体全面素质和部队战斗力贡献着力量。

军事体育的具体内容广泛,与军事有关的体育运动项目有滑翔、飞行、射击、跳伞、潜水、航空模型、航海模型、摩托艇、航海多项、三防、野营拉练等,军事体育训练还包括刺杀、格斗、攀登等。在很多世界著名的军官学校里还设有拳击、摔跤、游泳、体操、球类(足球、排球、篮球、橄榄球、棒球、高尔夫球、手球和网球等)、越野、障碍等多种训练项目。除了体育训练,军事体育还包括军事体育竞技项目。军事五项是国际军事体育理事会确定的军事体育竞赛项目,分为陆军五项、海军五项、空军五项。陆军五项设射击、通过障碍、游泳、投弹、越野;海军五项设通过障碍、救生、航海技术、实用游泳、两栖越野;空军五项设射击、击剑、游泳、篮球、脱离(通过障碍和识图越野)。

只有通过军事体育训练,才能增强战斗者的体质,培养军人坚强的意志品质和革命英雄主义精神;只有士兵具备了与现代高技术武器装备发展相适应的素质能力,武器的先进性能才会得到充分发挥,从而提高部队的战斗力。因此,体育在培养战士的生理和心理健康、发展智力和体能,提高战士在复杂环境中的适应能力,丰富他们的精神文化生活,促进军人全面和谐发展乃至促进各国军队的交流和友谊等方面的地位和作用将不断提高。军事体育是国家实力的基础因素之一,并会伴随着社会文明的进步而不断改革和创新,以求适应其总体目标和全局战略。

二、军事与体育的相互作用

体育和军事在人类历史进程中保持着特殊的亲缘关系,相互影响和促进。在不断地发展中形成了特征鲜明,区别明显,又相互联系的两个体系。

体育和军事有着明显的差异。体育是一种社会文化活动,以身体活动为基本手段,促进人类身心健康发展,满足人们的精神和物质需求。与此相反,军事是一种社会实践活动,以暴力手段为基本特征,为了实现国家的安全和利益而进行斗争。此外,体育的本质是强调非功利性和娱乐性,而军事的本质是强调功利性和暴力性。体育和军事在目的、手段、结果等方面也存在明显的区别。

体育和军事是相互联系的。军事影响体育的内容和手段,推动体育的发展。从古至今,武器和作战方式的演变不断对士兵的体质及军事技能提出新的需要,影响到体育的内容和手段。如从弓箭、车战、骑战、步兵阵战、散兵野战到现代化的战争,训练的方式也有射、御、战车赛、马球、队形队列、奔跑、格斗、越障碍、投掷、射击等变化。许多为军事所淘汰的训练项目,却在民间保存下来并广泛开展,从而极大地丰富了体育活动的内容与手段。

军事影响体育的规模,客观上锻炼了人的体魄。从古至今,许多国家面临战争的威胁时,都采取"全民皆兵"体制,对所有能作战的人进行身体及军事技能的训练,实际上是强制性地扩大了体育的规模,虽然其目的不是为了提高人们的健康水平,但客观上起到了增强整个民族体质的作用。此外,大规模军事训练的组织管理方面的某些经验,如设置层层机构、制订锻炼标准、体质调查等,为体育制度化提供了借鉴。

军事同样给体育带来一些负面的影响。军事活动与体育活动虽然同属社会活动,但二者的目的绝不相同,军事的需要和体育的要求也是有区别的。军事活动往往干扰体育的发展,频繁的战争破坏了体育发展所需要的安定环境。比如,在世界大战中,奥林匹克运动会便无法举行。还有,战争造成大量伤亡,这与体育增进人类健康的宗旨是背道而驰的。

体育对军事的传统作用主要表现在体育增强体力,提高战斗技能。体育是增强士兵体力最积极有效的手段,而体力是直接的战斗力,是军事实力的一部分。行军、射击、拼杀、格斗、潜伏、越过障碍……,都需要体力。体力的强弱,往往决定战斗的胜负,这在冷兵器时代尤其如此。在现代战争中,复杂的野战条件,严格的时间要求,精密的武器装备,要求作战人员有充沛的体力和掌握军事技能的各种良好的身体素质。体育培养意志品质,活跃军营生活。体育对培养战士的集体意识、勇敢顽强和坚忍不拔的意志品质有良好作用,是其他训练手段所难以代替的。体育活动是部队文化娱乐活动的重要组成部分,对活跃军营生活,特别是对边海防部队和广大基层连队的军营生活作用更大,这正是纪律严明,严肃紧张的军营生活所必需的。

然而,我们也遗憾地看到,人类社会在进入信息化后,未来的战争将超越军事的界限,成为外交、传媒、金融等各种手段综合运用的行为。体育在发展直接战斗力方面的地位和作用降低,而在培养战士的生理和心理健康、发展智力和体能,提高对复杂环境适应力,丰富精神文化生活,促进军人全面和谐发展乃至促进各国军队的交流和友谊等方面的地位和作用将不断提高。军事体育的内容和形式都将发生重大的变革。有些内容需要我们根据新时期的要求进行进一步的研究。

第四节　体育文化与教育

我国现代化建设的进程,很大程度上取决于国民素质的提高和人才资源的开发。重视受教育者素质的提高,培养德、智、体全面发展的社会主义事业的建设者和接班人,是培养全面发展的跨世纪人才的需要。体育运动是向人们提供社会规范教育的场所和实践社会规范的模拟机会,可以引导人们融合进社会共同的价值观念体系,可以给少年儿童分配"社会角色",提供尝试社会角色的各种机会,可以促进个性的形成和发展。

一、体育与教育的关系

(一)同为人类社会有目的的培养人的活动

在人类实践中产生的体育与教育,通过人类对其的认识与挖掘,其凭借自身拥有的功能与价值,又为人类的发展需要提供了认识的工具。一方面,人类社会的劳动实践把人类抵御猛兽的本能转化为狩猎的能力,把自身生产的基本活动能力转化为竞争的能力,人类这些对身体活动的需要促使了体育的形成与发展;另一方面,人类对精神文化、道德规范、伦理信仰等的追求同样也促使了教育的形成与完善。因此,体育与教育同为人类社会有目的的培养人的活动。纵观人类演进的过程,体育与教育对人类的进化与发展起着积极的重要作用。虽然在历史上的某个时期侧重点不同,有时偏重体育,把它作为强国强民、优生优育、抵御外侵、征服自然的必要手段与途径;有时更侧重于教育而忽视体育的重要性,认为人的聪慧来自教育而非体育;有时两者却是难舍难分融为一体,是全面发展的必然结合。但是无论两者如何发展,体育与教育都是人类意识活动的载体,是人类有目的、有计划发展、完善自身的活动。

(二)体育是教育的重要组成部分

1. 体育与德育的关系

德育旨在使受教育者具备高尚的思想品德。在社会主义中国包括思想教育、政治教育、道德教育。在西方,一般指伦理道德教育以及有关价值观的教育。德育在巩固一定的社会制度、形成统一的社会规范、确立稳定的社会秩序等方面具有重要作用,它与智育、美育、体育有密切的联系,对受教育者各方面素质的发展具有导向和促进作用,是学校教育的重要组成部分。

体育作为学校素质教育不可缺少的组成部分,担负着提高青少年身体素质的重要任务,而思想品德教育也是体育的教育目标之一。体育与德育两者有机联系,相互促进,体育蕴含着德育,德育的目的在于提高人的思想道德素质,培养人的创造性。体育教学过程中蕴含了德育的因子,不仅为德育对象提供了一个健康的体魄,甚至体育本身也具备了德育的功能。体育是德育发展的重要保障。事实证明,体育是培养和发展高尚思想品德及完美个性的重要手段。其一,体育以它丰富多彩的活动内容,吸引着青少年,通过体育活动进行思想品德教育,更适合青少年学生的年龄特征,特别是结合各种不同运动项目的特点和要求,能较全面地实现对青少年的思想品德和个性的培养。其二,学校体育活动,经常采用竞赛、评比和奖励优胜等方法,有助于培养学生的责任感和集体荣誉感;体育比赛对优胜者的奖赏,能给青少年带来精神上的满足和情感上的愉悦,激发他们锻炼身体与掌握技能的愿望。其三,学校体育作为一种进行教育和善度余暇的手段,对于防止学生形成不良行为,教育犯有过失的学生有显著的作用。通过体育活动还可以提高学生辨别是非的能力,提高学生抵抗不良行为的能力。

2. 体育与智育的关系

智育亦称"智力教育",是有目的、有计划、有组织地向受教育者传授系统的科学文化知识与技能,发展智力的教育。它是教育的组成部分,与德育、体育、美育等密切联系,为受教育者思想品德、审美观点、良好身体素质等的形成与发展奠定知识与能力基础。

体育与智育两者相互促进、相互渗透。在教育实践中,往往只看到体育与智育矛盾、对立的一面,认为用一定的时间锻炼身体就会影响学习,这是重智育轻体育的表现。事实上,体育与智育是对立统一的,体育对智育的发展有着积极的促进作用。从现代生理学和心理学的角度来看,学生学习文化科学知识,是通过观察、比较、分析、思考、概括以及批评性评论等方法来实现的,这就需要有充沛的体力、饱满的精神和乐观的情绪,以保证发展积极的思维、良好的记忆、丰富的想象和集中的注意力。首先,人的智力的物质基础是大脑,智力的发展依靠大脑的发育。体育活动在增强人的体质的同时,还能促进大脑的正常发育。实验证明,体育活动能使大脑的重量和大脑皮层的厚度有所增加,这就为智力的发展创造了良好的条件。其次,体育活动能使大脑获得充足的氧气和营养,有助于提高学生的记忆力和思维能力。体育锻炼能增强消化系统的功能,提高吸收系数,增加血液中血糖的含量,有助于提高大脑对营养物质的吸收。科学实验证明,经常从事体育锻炼,大脑组织的缓冲性、抗酸碱能力增强,氧化酶系统的作用提高,这些都有助于增强记忆力。最后,体育锻炼能提高身体的灵活性、协调性和耐受性以及力量、速度等素质,提高身体对外界环境的适应能力,使学生的身心素质得到多方面的锻炼和提高。这些素质和能力的提高对更快、更好地学习和掌握其他学科的知识、技能十分有利。

3. 体育与美育的关系

美育亦称"审美教育",是使学生掌握审美基础知识,培养学生感受美、鉴赏美、创造美的能力的教育活动。体育与美育关系密切。在体育教学中,美育渗透到教学的各个环节之中,在体育教学的内容、组织、方法上,都应该体现出美的要求。

(1) 体育与身体美

身体是人的物质性支柱,它能否强健地存在,能否充满活力地运动,将在很大程度上决定人的幸福和成就。美与身体的健康是密不可分的,离开健康去谈美是不可思议的。没有美,健康也就失去了光彩。马雅可夫斯基的诗句"世界上没有更美丽的衣裳比得上结实的肌肉和新鲜的皮肤"就是对健康体魄的歌颂。对在校青少年来说,引导他们的身体既在内质上,又在外质上朝着健康美的方向发展,是体育教育的重要任务之一,这甚至关系到整个民族的身体素质和整个民族的健康形象,这就是说,要通过系统的、科学的体育教育,使学生的脏器、神经系统、身高、体重等发育良好,具备适应外界环境的生命活力,同时又在动作、形体和姿态上具有体育美的风度,从而显示出活泼、大方、矫健的青春朝气。

(2) 体育与技能美

就具体的体育项目而言,无论是直接发源于劳动、游戏还是健身,一旦能被公众接受,能被社会传播,它就会凝结成为社会的文化形式和社会的审美对象。正是从这个意义上来说,体育教育在具体的技术教学时,不仅要追求动作的合理与准确,更要在此基础上要求动作在幅度、力度、节奏等方面获得一定的协调感、韵律感和自由感,使学生在课中、课后以及将来的业余体育活动中,表现出优美的运动姿态和良好的运动技巧。

(3) 体育与心灵美和行为美

心灵美即人的精神境界美,是指一个人的品德、情操、精神方面对美的感受和鉴别能力,并通过语言、行为和对客观事件的评价表现出来。行为美实质上是心灵美的外部表现,在体育教育过程中,特别是在紧张激烈的竞赛中,学生的行为和内心深处对外界刺激的反应能够更真实地、不加掩饰地表现出来,有助于提高学生鉴别美与丑的能力,培养学生的审美情操,养成文明礼貌的习惯。体育教育中虽极富美育的因素,但并不能自发地产生美育的效果。这就要求体育教师抓住教育时机,采取适宜的办法,有的放矢地对学生进行教育,这样才能收到美育的效果。

(4)体育与人格美

发展人格美即培养学生的意志、个性等精神品质。现代社会的发展已使人类的整个生活容量达到高密度、整个生活节奏达到高频率的水平,所以,也就对现代人的个性品质和心理品质提出了更高的要求。良好的个性品质是一个人适应现代社会生活,并为社会作出杰出贡献的必要条件。当然,塑造学生的人格美应从德、智、体、艺术、劳动等各个方面综合进行。但相比较而言,体育学科在这方面的教育功效更为直接、更为显著。一方面,体育以对抗和竞赛为手段,便于培养学生顽强拼搏、坚忍自信、勇敢机智等品质;另一方面,体育又以进步和友谊为目的,便于培养学生坦诚、宽容、友爱等品质,还能培养学生的组织性、纪律性和集体观念。把培养人格美纳入体育教育的范畴,不仅拓展了体育教育的工作面,而且在发掘、提高其学科价值、内在功能方面也显示出了强烈的现实意义。

总而言之,只有体育、德育、智育和美育几个方面有机地结合起来,才能培养出符合社会主义建设需要的人才。现代体育的发展进一步表明:体育不仅可以强身健体,而且能有效地培养学生的思想道德品质,开发学生的智力,提高心理素质,陶冶情操,发展学生个性和增强其适应未来社会的各种能力。体育在素质教育中处于明显的基础性地位。[1]

二、体育在学校教育中的发展

体育是培养身心全面发展的现代人的基础和重要途径。教育构成通常是指教育目标中所包含的德、智、体、美、劳等教育的组成部分。随着社会生活和人生需求复杂化及教育技术的进步,教育领域日趋拓宽,体育与健康、体育与生活方式及生活质量的关系日益紧密,因此,正确地理解和把握教育目标中德、智、体、美、劳及其相互关系,具有重要的现实意义。

文艺复兴后,随着体育功能和价值的确认,英国教育学家洛克首先把体育纳入学校教育体系之中,提出了"德""智""体"三育教育体系,并在其拉格比公

---

[1] 方爱莲,赵晓红.体育文化导论[M].北京:高等教育出版社,2009:11.

学设置体育课程。之后的法国教育家卢梭的自然主义教育、马克思的"人的全面发展"教育理论、毛泽东的"体育之研究"等,都从各自的实践认识出发,阐述了人的全面发展过程中要注重"德""智""体"等三育并重的问题。尤其随着近代实证科学和人文社会科学的发展,体育更以一种独立的科学文化体系越来越受到教育界的重视,各国也分别从教育文件、教育政策和法律法规上规定体育的功能和地位。新中国成立后,国家根据社会发展需要,提出"发展体育运动,增强人民体质",提出了向受教育者实施有目的、有组织、有计划的身体教育,以培养社会主义事业的劳动者和接班人。

体育进入学校教育最早是以课外活动的形式出现的,卢梭等人的自然发展学说对体育进入课堂起到了积极的推进作用。在德国、瑞典、挪威等国一大批体操家的积极推动下,体操成为学校体育的主要课程之一,对学生的身体发展起到了积极的促进作用。第一次世界大战结束后,体操得到了空前的发展。德国体操教育家古茨穆斯更是把体操发展到极致,他对体操动作不断进行强化,达到了模式化和标准化的程度。

美国的何塞林顿、伍德和威廉姆斯等人根据杜威的实用主义理论,从经验主义的生活即教育出发,提出了"新体育"的论点。"新体育"主要阐述了体育对人的发展的贡献,并倡导从身体、心理和社会等方面塑造"全人",其目标特征为塑造健全的体格、提高运动技能、遵从社会规范和充实余暇生活。这种把体育作为人发展的手段的学说,一方面丰富和发展了体育教育的身体性特征,从更广泛的观点上为人的教育提供了新的理论;另一方面,其经验主义的思想即从经验方面探讨体育的意义,也为当今的体育教育提供了丰富的素材。

"新体育"思想在世界范围内得到了广泛认可,虽然各个国家的发展有所不同,但因为它适应了各国体育教育发展的需要因而发展非常迅猛。我国在20世纪20年代初期的新学制中,曾推广过美国人麦克乐提出的实用主义体育理论。但由于麦克乐本人对其理解有一定的局限,再加上当时我国体育的转型过于突然,实践基础不牢,因此没有在更大范围内得到落实和发展。我国现行的《义务教育体育与健康课程标准》(2022年版)所体现出的基本观点,也可以看到"新体育"改革的影子。

20世纪50年代,有关"人的全面发展"的理论,特别是运动的手段论——

"把体育作为手段的话,运动本身的意义在哪儿"受到了广泛的质疑。对此,日本的丹下保夫首先提出了运动文化论,认为更应该注重运动本质的探求,即在体育教育中将运动技术的教学作为主体。这一时期,美国也开展了相关的运动研究,他们认为,运动义化教育的目的并不是简单地促进运动技能,而是有助于身体意识、知觉机能、言语等概念的发展。这样的认识与同时期日本的运动文化论相比,更是从运动的深层结构上发展了运动文化的内涵,也使得对体育和运动教育的研究走上了探求学科存在意义的道路。

运动教育是近20多年来国际上正在普及的一种实践教育模式,是"让所有的人都得到良好教育"理念的具体化过程。最初是由美国人Daryl Siedentop在对体育充分研究的基础上提出并开始推广和普及的。运动教育的主要目的是将学生培养成健全的运动者,即培养有能力、有教养、有热情的运动者。

运动教育是以每个人的能力得到发挥为前提展开的,具体包括技能和体力的形成、战术能力培养,运动参与能力、运动的运作能力、组织协调能力和合作精神培养,运动礼仪教育、参与运动实践能力及自觉实践能力培养等。其中心是以竞赛性为核心,把所有的课程设置成单元,通过赛季制度、明确所属比赛队、参加正式比赛、记录比赛过程、营造节日性气氛和最后的奖励活动等运动竞赛的特征,来达到培养学生的目的。这种教育模式,在欧美一些发达国家得到了广泛开展和运用。运动教育的思想与我国目前现行学校体育教育的举措与实践相一致。当前,各级学校认真贯彻《关于全面加强和改进新时代学校体育工作的意见》,逐步完善"健康知识+基本运动技能+专项运动技能"的学校体育教学模式。以立德树人为根本,以社会主义核心价值观为引领,服务学生全面发展,帮助学生在体育锻炼中享受乐趣、增强体质、健全人格、锤炼意志,五育并举、协同育人的教育实践日臻完善。

三、体育在生活中的教育价值

1. 体育运动使人获得一些基本生活技能

体育运动的基本手段是身体练习,各种身体练习都是人类生活技术、劳动技术、军事技术的提炼和综合,它们源于生活,高于生活,因此人们掌握体育的身体练习,对他们适应社会的需要是极其重要的,甚至能影响他们的一生。

在婴幼儿期,家长用体育练习的方式向他传授坐、爬、站、走、跑等基本身体活动技能;在儿童少年期,游戏扩展孩子们的跑、跳、投掷、负重、支撑、悬垂、攀登等基本活动技能;在青少年期,他们参加各种运动,发展了身体素质,培养了运动技术和技能,形成了他们对于自身有机体健康的良好态度;在青壮年期,身体锻炼保持他们的身体的活动能力,一部分坚持参加竞技体育活动的人还可以不断地提高运动技术水平;在老年期、健身活动可以推迟和延缓身体衰老的出现,保持较好的健康水平和肢体活动能力。

2. 体育运动培养人的社会规范意识

体育运动是一种特殊的社会文化活动,在体育运动场合,遵守体育规范是体育活动得以延续下去的必要条件,这一过程可以视为是对社会法规和伦理道德学习的模拟过程。

儿童少年对体育游戏规则的适应有一个过程。在第一阶段(即幼儿期)只有个人的规则,因为在那个时期,孩子们只是在集体游戏中散漫地做一些各自独立的玩耍而已。在第二阶段(4—6岁以后),他们视集体游戏中的规则为神圣不可侵,拒绝变更规则,因为他们认为教导他们游戏活动的年长者具有绝对权威。第三阶段(10岁以后),他们不再视规则为神圣不可侵犯,当他们了解到规则的真正意义,并开始重视相互尊重与合作的价值便经常协商变更规则,使游戏和比赛更为平等。游戏一开始,他们即绝对遵守规则,因为这是他们自治的结果。这种相互尊重权利的"合作"将有利于他们理解遵守社会规范的意义和重要性,有利于形成"尊重权利"的观念。这种社会化效果,受到相当高的评价。这是因为它有利于理解遵守社会规范的意义和重要性,有利于形成尊重权利的观念。

3. 体育运动有利于社会价值观念体系的形成

体育运动是许多儿童少年和青年追求的生活目标。不少人把能够进入运动员行列作为一个中短期的生活目标。对有运动天赋的孩子来说,这是他们应该珍惜的权利。社会要尊重他们的这一权利,也有义务在他们结束运动生涯时及时引导他们选择新的生活目标。少年儿童体育目标的确立有助于他们今后职业的选择、家庭的建立和积极人生态度的培养。这是因为体育过程能将孩子们训练得有更高的独立性和自立能力,从而形成与社会相一致的价值观念体系。

4. 体育运动有助于社会角色的习得

一个人要符合社会的要求,取得社会成员的资格,就必须学习适当的社会角色。而体育运动场合恰好能为人们学习社会角色提供优越的环境与适宜的条件。所谓体育运动中的角色,也就是指个人在由体育而结成的社会关系中所处的地位。这种地位有其权利、义务和相应的行为要求。权利与义务伴随着行为过程而发生,所以这个权利、义务与行为过程的总体构成了特定的角色。

获得角色的过程是学习的过程,因此体育教育的学习场景必须以每个人机会均等为原则。在体育教育的学习中所获得的各种各样的角色经验,不仅能有效地增进健康,提高运动技能,而且还有利于促进个性的发展。有意识地让某个学生扮演超出其本人的能力与特性界限的角色(我们称之为角色加工,如让替补队员担当主力队员的工作),能够提高本人的自豪感和自觉性,能够刺激本人通过加倍努力去获得成功。而由成功所带来的满足感又会增强其自信心,从而促进其个性的发展。但有时也有相反的情况。因为这种角色加工意味着必须承接其他成员的期望,假如扮演失败,等于辜负了众人的期望,不仅不能满足其本人的成功愿望而丧失信心,同时还要接受来自众人的非议。前者会促使他在群体内的地位上升,后者则会导致其地位的下降。因此,教师、教练在体育活动中有意识地进行角色加工时,必须采取符合实际情况的帮助措施,以利于保证其成功。

社会角色是完成社会活动的必要的社会形式和个人的行为方式。通过体育角色的学习,学生懂得了社会角色是与人们的某种社会地位、身份相一致的一整套权利、义务的规范与行为模式。它是人们对具有特定身份的人的行为期望,是构成社会群体和组织的基础。这有利于教育学生懂得"做什么像什么"的社会意义,为他们将来走向社会时"干一行爱一行",努力做好本职工作打下一定的思想基础。

通过体育角色的学习,还可以使学生体会到经过个人努力是可以成功扮演各种角色的,从而体验出人的主观努力是改变社会地位的重要途径,也可以让他们意识到在社会上"角色倒错"可能造成的危害。在现代社会里,这一点尤为重要。

课后练习与能力提升：

体育文化建设在实现第二个百年奋斗目标,以中国式现代化全面推进中华民族伟大复兴的伟大进程中的价值有哪些。

拓展阅读与资料库链接：

1. 查阅央视网、国家体育总局、中华人民共和国教育部门户网站等官方网站,关于体育与政治、经济、军事、教育等相关新闻报道与政策文件。

2. 查阅中国期刊网关于本章主题的相关研究成果,撰写一篇综述文章。

第四章 体育文化类型

导读：

依据不同的标准，可以把体育文化划分为不同的类型，如不同地理条件体育文化、不同民族体育文化、不同国家和宗教地区体育文化、各国不同区域的体育文化、不同运动项目体育文化、不同性质体育文化等。把体育文化划分为不同类型，有助于从一个较为宏观的角度去认识人类体育文化，并进一步探索其发展和变化规律。了解人类体育文化的普遍模式，有利于认识人类体育文化发展的普遍规律和共同价值。

第一节 大众体育文化

一、大众体育文化概述

大众体育文化是人们通过体育活动来满足自我实现的需要，借以促进人们养成健康向上观念的一类体育文化活动。大众体育文化形式多样，集健身和娱乐于一体，是社会文化活动的重要组成部分。其对象的广泛性、形式的灵活性、内容的丰富性、时间的随意性和良好的健身效果，成为满足人们日益增长的娱乐、健身和交往需要的基础，同时也成为人们交流思想、消除隔阂、抒发情感、相互沟通的良好形式，并对丰富人们的业余文化生活，养成良好的生活态度和促进社会的和谐具有重要的意义。①

二、大众体育文化内涵与特征

(一)大众体育文化的内涵

大众体育文化是群众自发形成的具有地方特色的体育文化形式。大众体育文化的一个显著特点就是自发性,也就是说,这种文化的形成不是某行动者强力组织生成的,不是由上而下形成的,而是由下而上形成的。大众体育文化是当地群体在长期的互动中自然形成的,没有明确的制度章程;但有着一些约定俗成的规则,这些规则对体育参与者有着实际的制约效果。大众体育文化属于当地群众自愿投入、建设的体育文化类型。例如,广东一些地区自发形成了踢毽子的体育文化形式,河南一些地方形成了太极拳体育文化形式,东北一些地方形成了扭秧歌体育文化形式等。另外,也有一些全国各地都较为常见的体育活动形式,例如广场上的老年舞蹈体育文化。这些大众性的体育文化形式都是当地群众喜闻乐见,并自愿参加的体育活动类型。一般来说,这些活动是内容较为稳定、参与者热情较高,并且能够长期保留下来的大众体育文化形态。

(二)大众体育文化的特征

1. 民族性

一般情况下,大众体育能够植根于民众之中的往往是民族体育,而大众体育文化也正是一部民族文化兴衰与发展史。因为,不论哪个民族的文化都是人类发展中的一部分,都展现着不同地域和民族的不同辉煌,所以民族传统体育文化都以其不同的方式走向世界,也以其不同的方式推动着历史文明和社会的发展。

大众体育文化的民族性,恰恰带有浓厚的民族文化色彩。比如,武术、赛马、中国式摔跤、秋千、蹴鞠、马球、捶丸、龙舟、舞狮……其民族性主要表现在以下几个方面

(1)适合本区域民族的身心特点、环境气候和资源的利用。

(2)在喜庆节日中,为丰富文化生活,开展的内容大多是以娱乐为主的竞赛

---

① 孙大光.体育文化概论[M].北京:高等教育出版社,2013:11.

第四章 体育文化类型

活动。

(3)振奋民族精神,促进对外交流,弘扬民族精神和传统文化。中国民间传统的体育活动,在新疆、内蒙古、西藏、云南、贵州等多民族地区尤为盛行。

2. 传统性

我国传统的武术和养生术,一直以中国"功夫"传承着中华民族的传统文化。在古代经典小说《西游记》中的孙悟空、《水浒传》和《三国演义》中的众多英雄豪杰,以及为他们修建的庙宇和碑等,通过各种不同的形式,塑造了栩栩如生的人物性格、德操和高强的武功,弘扬着传统文化;在现代影视中,以描写中国古代社会传奇英雄和武林高手为题材的作品受到各年龄段、各层面,乃至全世界人民的欢迎;为纪念古代英雄建造的寺庙,成为旅游中的重要景点。

在现代人的体育文化生活中,我们把长期开展体育活动的单位、院校称为体育传统单位和学校,并据此制定了系列法规进行评比和确认。如长期以来,我国开展的《社会体育评比制度》《群众体育工作评比制度》《争创体育先进制度》和《田径之乡评比制度》等,为推动我国大众体育文化的开展起到了保障作用。

3. 时尚性

大众体育文化的时尚性不仅仅是某一运动项目的传入和兴起,而且往往伴随着一种意识、思想和文化的传播。近几十年先后流行于全国的气功、呼啦圈、迪斯科、台球、保龄球、网球、冰雪运动和健身操等,既是对民间传统文化的挖掘和对其功能的重新认识,又是社会的变迁与新文化的导入。大众体育文化时尚性主要表现在以下几方面。

(1)人们的好奇心,促使着人们去体验和感受新兴体育。

(2)在紧张的学习、工作和生活之余,可以让人们的身心得到调整和放松。

(3)通过娱乐的形式,掌握一项技能,使自己的生活更充实更具有意义。

(4)体育文化的时尚性,尤其是以它的文化性,被一部分人所接受。一开始虽然只有少部分人直接参与到运动中来,对大多数人而言,只是街头巷尾谈论的话题,但是,随着时间的推移,人们对新兴体育的认识会与日俱增。

4. 实效性

大众体育之所以能形成文化,是因为它是源于人类生产、生活的实践结果,人们通过身体的活动大家传递一种思想、一种意识,在娱乐中达到锻炼身体的目的。大众体育文化的实效性主要表现在以下方面。

(1)传播快。当某一新颖的大众体育文化现象出现时,即使不借助媒介,也会在短时间内家喻户晓。例如20世纪80年代在中国兴起的甩手疗法和呼啦圈现象。

(2)适宜性强。适宜不同的阶层、不同年龄段的人群,可以说有很多大众体育项目是老少皆宜的,如迪斯科、网球和游泳等。①

三、大众体育文化的作用与意义

大众体育文化是群众自发形成的,这种文化的形成对体育参与者有三个方面的作用,即促进良性互动、增强社会整合,以及有利于正常的社会宣泄等。

第一,大众体育文化有助于形成体育参与者之间的良性互动。人的社会属性是群体性,人际交往是人的正常需求。在中国社会结构变迁的过程中,社会正呈现出由熟人社会转向"陌生人社会"的趋势,即使在农村社会结构中,也正出现半陌生化的趋势。尤其在城市社会中,陌生程度随着单位住房转向商品房的变化而日渐增高,人际沟通成为一个重要问题。除了家庭成员正常互动、工作中的互动之外,居住地人际互动成为一个难题,原因就是住户之间缺乏沟通的纽带,而体育活动便成为一个非常合适的"绿色"沟通纽带。一般来说,社区都有或大或小的公共场地,但公共场地并不意味着是公共空间。因为在公共场地上的人群之间如若缺乏社会交往,那么公共场地就不能承担起公共空间的作用。公共空间是沟通的空间,而公共场地仅提供了公共空间的条件,是否能够成为公共空间却需要有沟通载体的存在。而体育活动正好能够成为沟通的良好载体。体育活动的低功利性、健康性、积极性,为公共空间建设提供了必要的基础。当住户能够在社区公共场地上共同进行体育活动时,大家不但锻炼了身体,而且还能够进行体育活动之外的信息沟通。这是群众之间正常交往的必要途径,弥补了个体在其他场所沟通的不足。需要指出的是,正是由于体育活动的趣味性、健康性、低功利性,使得大众之间的沟通较为轻松,减少了在工作场

---

① 王愿,刘敏,李新林.新编大学体育与健康[M].北京:新华出版社,2013:7.

域中沟通的负担。因此,我们认为大众体育文化的形成对成员的良性互动具有很好的作用。

第二,大众体育文化有助于体育参与者之间的整合。从社会学的角度来看,血缘关系、地缘关系、业缘关系等都是社会整合的纽带,但在社会结构发生变迁,地缘关系趋向陌生化之后,重建地缘关系的纽带就成为一个至关重要的题。如何在陌生化的城市社区中建设地缘关系呢?我们认为大众体育活动能够为此搭建一个良好的平台。聚集在彼此共同生活的公共场地中,不熟悉的个体之间可以通过共同参与体育活动、建构大众体育文化的形式,来进行有效的沟通,重新组建熟人社会。许多社区的群体活动都证明大众体育文化正在将陌生的社区住户整合成熟悉的群体,使得他们的日常生活不再孤独与单调,并能够展开其他方面的合作。因此,我们认为大众体育文化有助于体育参与者之间的社会整合。

第三,大众体育文化有助于体育参与者的正常社会宣泄。毋庸置疑,个体在家庭生活、工作中或多或少都会积聚一些不良社会情绪,也就是说,会因为家庭和工作产生一些烦恼和怒气,这些不良社会情绪经常困扰着人们。当然,社会也提供了一些供人们发泄情绪的场所,例如迪厅、酒吧等场所就具有宣泄情绪的功能。但过度兴奋、过度饮酒并非一种健康的宣泄方式。我们认为,体育活动能够成为一种较为健康的宣泄方式。因此,在社区内形成大众性、群体性体育文化活动有助于参与者正常、健康的社会宣泄。我们知道,在体育活动中参与者发出的强烈呼叫,被认为是非常正常的事情。但若在家庭中、工作场所或者大街上,如果某人突然大叫一声,定会被人们认为是一种不正常的表现。从这个角度讲,我们就可以知道宣泄需要寻找合适的场所,即能够被人们所接受的方式和场所。大众体育文化无疑为人们的正常宣泄提供了合适场所。在人们于工作疲倦之后,当人们发生家庭冲突之后,投入到社区提供的群体活动中来,无疑是一种非常合适的选择。因此,建设大众体育文化具有举足轻重的作用。①

---

① 魏烨,张崇艳,高东华.体适能李林与实践教程[M].北京:中国原子能出版社,2017:11.

第二节　学校体育文化

学校体育不仅体现在体育教学、课余活动和运动训练等方面,让学生亲自学习和体验各种运动所带来的直接经验,也体现在通过这些活动把人类长期积累的运动文化有效地传播开来。纵观学校体育的发展历程,体育从无到有,从单一的体操到形式多样的学校体育的形成,从单纯的身体训练到让学生主动适应运动、理解运动这一发展过程来看,运动不仅仅给学生带来了无尽的乐趣,更对学校体育文化的发展和传播起到了巨大的作用。

一、学校体育文化的历史与发展

(一)学校体育文化的产生

人类社会出现之后,体育也就随之产生,并随着人类的不断进步和发展而发展和演进。同样,随着社会的不断发展和变革,学校体育文化也发生着一定的变化。由于东西方文化之间存在着较大的差异性,因此,在不同文化背景下所形成的学校体育文化也会存在一定的差异性,这种差异性在民族和时代方面都有所体现。究其原因,主要是由于私有制的出现,使教育(包括体育)逐渐从人类的各种社会活动中分离出来,从某种程度上可以说,学校体育文化的产生是战争的军事需要,是一种必然。

纵观学校体育文化的发展,可以将学校体育文化的演变过程分为三个阶段,即古代学校体育文化、近代学校体育文化和现代学校体育文化。需要强调的是,从严格意义上说,古代的学校体育还不具备相应的规模,因此,这种学校体育文化不具备文化形态的特征。

文化的概念所涉及的内容是非常宽泛的,社会化的人的一切活动领域几乎都有所涉及。从人类的活动领域来看,文化的概念中不仅包含改造自然的活动、组织和改造社会的活动,而且还有改进和完善人类自身的活动,从某种程度上来说,这些活动都可看作是一种文化的反映。从要素上来看,可将文化分为意识文化、行为文化和物质文化这几种形式。

综上所述,所谓的学校体育文化,就是现代教育和现代体育这两大人类文化体系的交汇处生存着的一种独特的文化现象。①

（二）我国学校体育文化的发展阶段

关于我国近代以后学校体育文化的发展,可以大致分为四个阶段,每个阶段都有其各自的特点和发展重点,具体如下:

1. 我国近代学校体育文化的开端

这一阶段学校体育将西方体育中的部分内容移植过来,与我国特有的民族传统体育中的内容结合在一起,因此,不管是在指导思想上,还是在具体内容中,都体现出了很强的混合性,这就是我国近代学校体育文化的主要特点所在。可以说,这一阶段是真正意义上的"学校体育"的形成时期,也在一定程度上为我国学校体育的发展奠定了基础。

"鸦片战争"之后,学校体育文化逐渐开始兴起,同时,在"西学"与"洋务运动"的影响下,西方的体育也逐渐传入中国,并且被引入到学校中(主要是军事学堂),成为学校教学的重要组成部分。

起初,由于体育是在军事学堂中进行的,这使学校体育不管是在目标上还是内容上,都有着浓厚的"军国民体育思想"的色彩,同时,体育也被清政府当作是达到"强兵"目的的重要手段。受此影响,木棒、刺棍等与军事体操和军事技能等相关的项目成为学校体育的主要内容;包含球类、田径等竞技运动项目在内的一些体育活动在一些教会学校和基督教青年之间也得以开展,同时还会不定期地举办各种运动竞赛,促进这些活动的进行。除此之外,有些基督教青年会还组织人员到当地的学校讲授体育的理论与方法,这在很大程度上促进了我国学校体育的萌芽和发展。

尽管1898年的"百日维新运动"最终失败了,但是,这也在一定程度上对近代体育思想的形成产生了积极的促进作用。其中,较有代表性的有严复的"通过体育强健身体"、康有为的"德智体三育并重,体育为学校的教育内容"等,这些在当时较为先进的体育思想在很大程度上推动了学校体育的形成与发展,意义重大。1903年,清政府颁布了《奏定学堂章程》,这不仅是我国近代新教育制

---

① 贾燕.多元文化背景下学校体育文化的发展与审视[M].北京:中国水利水电出版社,2017:6.

度建立的重要标志,同时,也将我国近代学校体育的地位确定了下来。1905年,持续时间长达1300年的科举制度被废除,由此,我国各级学堂中开始开设体操课,所教授的内容主要包括日本兵式体操和瑞典、德国体操。同时,也逐渐开始开展一些校际、省和全国性的学生体育竞赛,将体育师资培养体系初步建立了起来。

综合来讲,由于历史的原因,这个时期的国家和民众具有强烈的"强国""求富"和强兵情结,而这些情结往往都会从学校体育上得到体现。因此可以说,近代学校体育的产生是历史的必然。

2. 北洋政府时期的学校体育文化

1912年1月,中华民国临时政府在南京成立,并设立了教育部。1912年至1913年间颁布了新学制——"壬子癸丑学制",随即,将"学堂"改为"学校"。1912年10月,临时政府将我国最早的学校体育法规文件——《各级学校令》颁布了下来,其中针对体操课做出了相关的规定。这时候的学校体育并没有多大的发展,而是继续沿袭清末的体操课,并正式将"军国民体育"列为学校教育的宗旨,因此,当时学校体育的内容主要是兵式体操和军事技能训练,这也使得"军国民体育思想"成为当时的主流思想,并一度达到高潮。

学校教育改革的实行,主要是受到"五四运动"的影响而产生的。1919年,教育部门将改进学校体育的方案提了出来,该方案中,主要涉及两个方面的意见和观点:一个是学校体育要注重身心协调发展,一个是具体实施学校体育的办法及学校体育内容的改革意见。1922年,《学校系统改革令》公布,也就是所谓的"壬戌学制","体育课"的称呼逐渐代替了"体操课",同时,美国"自然体育思想"在很大程度上影响着学校体育的目标、内容、形式等,这也标志着"军国民体育思想"的衰落,是我国学校体育历史上的一个大转变。

除了上述特点,这一阶段学校体育发展还有两个较为显著的特征,一是体育师资培养达到高潮,二是学校体育思想进一步发展。这一阶段,一大批教育家和政治家出现,其中,最为具有影响力的有蔡元培、徐一冰、陈独秀、恽代英、杨贤江、毛泽东、杨昌济等,他们从不同的角度对体育进行了探讨,同时,学校体育也深受他们体育思想的影响,并且这些先进的思想在学校体育的本质、价值、目标、功能与德育和智育及健康的关系、方法,以及身体发展与心理发展的关系等方面都有所体现,对当时学校体育的发展起到了积极的促进作用,同时,也在很大程度上影响着现代学校体育的发展。

从总体上来看,辛亥革命的历史背景对这一阶段学校体育的发展产生了重大的影响。这一阶段中,"军国民体育思想"的发展经历了高峰,但是随后便被"自然体育思想"所取代。学校体育思想的这种重大变革,也对学校体育产生了相应的影响,从而使得学校体育在目标、内容和手段以及形式与方法等方面也发生了相应的"逆转",从实质上来说,这种逆转就使学校体育价值观发生了改变。

3.国民政府时期的学校体育文化

这一时期,学校体育所表现出的特点主要有两个方面,一方面是学校体育管理制度的建立,尤其是针对体育课程标准而制定出来的法规和文件,并且得到了有效的实施,这对于学校体育课的建设有着非常积极的影响;另一方面,虽然学校体育的主导思想仍然是"自然体育思想",但这并没有影响到学校体育思想的多元化格局的初步形成,同时也使学校体育的内容得到进一步丰富,学术观点的争论越来越热烈,这也为学校体育理论研究的繁荣创造了良好的条件。

这一时期,国民政府成立了"教育部体育委员会",同时,各省、市的教育厅、局设立了"体育督学"或"体育股"等机构,并且配备了相应的管理人员,以此来达到加强学校体育管理的目的。

这一时期,政府先后颁布了一系列针对学校体育管理的相关法规,比如,1931年《国民体育法》颁布,其中就有高中与高中以上学校体育为必修课的相关规定;1932年《国民体育实施方案》颁布,其中有体育目的的相关规定;1931—1936年,学校《体育课程标准》等系列法规得以公布,其中详细规定了各级学校体育的各项具体内容,主要涉及体育的课时、早操、课外运动的时间、体育目的、体育教材的具体内容、体育场地器材设备的配备等,同时,还强调学校体育的主要组成部分有体育课和运动竞赛。从某种程度上来说,这一时期的学校体育的管理体制已经有了较大程度的完善,这也标志着现代学校体育管理的雏形已经形成。

另外还需要强调的是,这一时期的学校体育思想也发生了较大的变革,主要表现为学术争论较大,并且体育思想多元化的格局开始逐步形成。其中,最为典型的当属"土体育"与"洋体育"之争、"体育教育化"与"体育军事化"之争等。

4. 新中国成立后的学校体育文化

新中国成立后,学校体育文化的发展经历了一个艰难的学习模仿、探索发展的过程。通常,可以将这一时期学校体育文化的发展大致分为五个阶段,具体如下。

(1)学校体育文化的初创阶段(1949—1957年)

这一阶段学校体育文化的发展主要表现为学校体育管理体制得以建立,同时,也将一些相应的管理条例和规定制定了出来。我国的学校体育在这一时期主要受苏联的影响,学校体育具有较强的目的性,这一目的性主要是指为政治、生产与国防的服务方面,但是不可否认的是,这也使得新中国成立初期学校体育的某些空白领域得到了一定的填补,为学校体育的发展奠定了良好的基础。

(2)学校体育文化的过渡阶段(1958—1965年)

这一时期,由于受"左"的思潮和"大跃进"思想的影响,学校校园体育的发展有所减缓,再加上三年困难时期造成的经济困难,致使中学生体质出现普遍下降的状况。1961年党中央在经济工作上提出了"调整、巩固、充实、提高"的方针,在此方针的指引下,学校体育的发展也逐步进入了正轨。这也使得学校体育的指导思想、体育课程建设、师资队伍建设等方面都有了较大程度的发展。

(3)学校体育文化的畸形发展阶段(1966—1976年)

这一阶段,学校体育的发展是呈现出不正常的态势的,这种畸形的状态主要体现在两个方面:一方面,是学校体育整体上受到了较大的破坏;另一方面,是学校体育中的体育课和课余体育训练提升到非正常的重视程度。体育课成了军训课或劳动课,学校班级改为连、排建制。这种不正常的现象就是将当时学校体育作为政治和军事斗争的一种具象特征表现了出来。

(4)学校体育文化的转型发展阶段(1977—1992年)

从这一阶段开始,我国学校体育文化进入了发展的新时期。尤其是20世纪80年代以后,我国学校体育教育确立了制度化和科学化的发展方向。其中,《体育法》的颁布,将学校体育的法律地位确定了下来,开启了学校体育发展的新纪元。学校体育文化建设的指导思想也发生了改变,不再受"左"的思想的影响,学校体育理论研究、设施、场地以及师资队伍建设等方面也都取得了相应的成绩。由此,我国学校体育文化与发达国家之间的差距越来越小。

(5)学校体育文化的新发展阶段(1993—20世纪末期)

这一时期,随着建设社会主义市场经济方针和"科教兴国"战略的确立,我国学校体制改革的力度和速度进一步加强。1999年6月13日,《中共中央、国务院关于深化教育改革,全面推进素质教育的决定》颁布实施,其中就提出了明确的建设目标,即大力发展高等教育,使人才的综合素质得到有效提高,同时,还要对建设社会主义市场经济的新型人才加以培养。政府对学校建设的投入逐年增加,高校招生规模不断扩大,校园建设社会化、产业化逐步推进。在这样的社会背景下,学校体育文化也逐渐呈现出较为显著的特征,主要表现为:人与物的矛盾进一步突出;学校体育文化建设的指导思想没有得到统一,各地学校体育文化的发展也有所差别;学校体育文化在组织与运行模式方面是较为缺乏的,学生的体育潜力无法得到有效的调动,这也就给素质教育目标的落实加大了难度。

5. 现阶段的学校体育文化

到了现阶段,我国学校体育才逐渐摆脱了20世纪后期实用主义体育思想的束缚,同时,也迎来了信息社会和知识经济时代对人才培养的新挑战。在教育要"面向现代化,面向世界,面向未来"思想的指导下,教育部门先后颁布了一系列的改革措施,主要包括《中国教育发展纲要》《大学生体育合格标准》《学校体育工作条例》《学生体质健康标准》《普通高等学校体育与健康课程指导纲要》等,并且取得了较为理想的成效,对我国学校体育的发展产生了积极的推动作用。

如今,我国学校体育文化在坚持具有中国特色的社会主义体育教育方向的同时,不断继承和发展着中华民族的体育文化,并学习借鉴国际先进体育文化,对学校体育文化的发展起到积极的推动作用。

进入21世纪,学校体育文化的发展速度进一步加快,尤其是"北京奥运会"的成功举办以及"全国亿万青少年学生阳光体育运动"的全面启动,也进一步丰富了学校体育文化的内容,并对其发展产生了积极的推动力。学校体育文化的建设和发展受到的重视程度越来越高,学校体育文化也会将其显著的健心、健身以及培养意志品质等方面的积极作用充分发挥出来,为其今后更快、更好地发展创造良好的条件。

(三)学校体育文化的未来发展走向

在未来一段时期内,我国学校体育文化的发展逐渐趋于开放性、社会化、多元化和大众化。

1. 逐渐趋于开放性

随着社会经济的不断发展和全球化程度的不断提高,包括体育文化在内的各种文化之间的交流互鉴日益频繁和深入,学校体育环境的开放程度也越来越高,因此,学校体育文化的建设和发展也博采众长,更加丰富多彩,这是一种必然。

2. 逐渐趋于社会化

学校体育文化作为社会文化环境中的要素,在承担社会责任的同时还要服务于社会,使社会需要得到较好的满足。从相关的实践中可以发现,在社会主义市场经济体制由建立并逐步完善的过程中,学校体育文化社会化的速度和趋势越来越显著。尤其是近几年,中国竞技体育实力越来越强,社会体育的推广和普及进一步推动了学校体育文化的社会化趋势。

3. 逐渐趋于多元化

学校体育文化作为文化的一种具体形式,要与时代发展相适应,做到与时俱进,因为只有这样,才能够使学校发展和学生运动锻炼的需求得到较好满足,才能够保证学校体育文化的持续发展。由于学生之间存在着一定的个体差异性,因此,他们在体育方面的需求也会有所差别,原先单一的学校体育文化已经满足不了学生的需求,这就要求学校体育文化必须朝着多元化的方向发展,从单一型逐渐转变为多元化。

4. 逐渐趋于大众化

20世纪90年代末之前,教育的形式主要是推行"精英教育",随着社会经济的不断发展和进步,这种教育形式已经不能适应社会发展的需求了,因此,"大众化教育"逐渐取代"精英教育",成为当前教育的主流形式。由于我国经济的发展,体育社会化程度越来越高,我国学校体育文化大众化的发展趋势越来越显著。如此一来,更多的人能够接受高等教育,在此契机下,学校体育文化得到更加广泛的发展,而这也将为学校体育文化的发展做出积极的贡献,进而使学生能够从中受益。

二、学校体育文化的现状与特征

(一)学校体育文化的发展现状

1. 学校体育物质文化发展现状

通过对校园体育物质文化发展状况的分析可以得知,缺乏相应景观与场所,是其主要现状所在。我国是一个人均体育资源相对较为匮乏的国家。且不说偏远地区的高校,就说那些相对具有较为充足体育资源的高校,其中也有很多学校是无法完全满足学校体育教学、运动训练、课外体育活动和体育竞赛以及开展大型体育文化活动的需要的。相关的调查研究发现,学校在体育宣传标语、体育标识、体育雕塑、运动场馆等方面比较匮乏,而且校园体育文化内涵是很难在以上这些校园体育物质文化形态的设计方面得到充分体现的。

通过相关的调查发现,在很多高校的图书馆中,藏书数量是非常庞大的,种类也非常丰富,但是,大部分是与本校重点学科专业有关的书籍,与体育相关的书籍却非常少,就算是有与体育相关的书籍,也往往较为陈旧。

相较于美国这样的体育资源大国来说,我国所注重的往往是高校的扩招,而忽视了高校师资以及体育场馆设施方面的投资,这就在很大程度上制约了校园体育活动的举办和学生参与的积极性。

2. 学校体育精神文化发展现状

通过对校园体育精神文化发展状况的调查和分析可以得知,缺乏人文底蕴是其主要发展现状所在。通常,体育道德、体育观念、体育知识、体育风尚和体育精神等都是校园体育文化的精神文化形态的表现形式,这些会对学生追求理想、塑造人格、转变观念、行为自律和道德修养等方面产生非常重要的影响,但是,从当前的情形来看,在体育观念方面我们的体育师生仍比较落后,相对稳定的、普遍的集体体育行为风尚还没有形成。除此之外,单一的宣传方式、内容缺乏多样性、缺乏足够的体育宣传设施等,也反映了校园体育精神文化的不足之处。

在校园体育文化形成过程中,学校的传统体育思想以及观念的更新都会将其积极的促进作用充分展现出来。但是,校园文化有强势和弱势之分,其中,学校的组织文化、专业教育文化和科技文化等属于强势文化的范畴,而体育文化、艺术文化等则属于弱势文化的范畴,这就决定了校园体育文化很难在校园体育精神文化的培育和形成过程中起到促进作用。

从当前的形势来看,我国大多数学校在体育理论选修课方面具有明显的片面性,缺乏专业性,可供选择的范围也非常有限。学校中所开展的各种学术讲座大都与体育文化缺乏直接联系,关系不大。这就使得学生很难深入地了解体育运动与健康、体育人文社科等方面的前沿理论知识,进而会对学生参与校园体育活动的积极性产生一定的影响。同时,这对于学校精神的培育和传承也会产生不利的影响。

3.学校体育制度文化发展现状

通过对校园体育制度文化发展的调查和分析可以得知,缺乏保障机制是其存在的主要问题。一般地,要想将校园体育文化所具有的文化功能充分发挥出来,制定出更为细化的制度是非常必要的。对于大多数的高校来说,国家层面的、规范统一的制度建设已经完成,但是,有很多高校尚未在校园体育文化管理机构建设、体育组织机构建设、学校体育长远规划、体育教师绩效管理、高水平运动员管理等方面形成具体的制度化文件,规范化和制度化更是无从谈起了。

由此可知,我国很多高校在校园文化制度建设方面基本处于停滞状态,仍然沿用之前的经验,很少进行与现代社会相符的创新活动。因此,其在制度方面的建设便不甚理想,可操作性较低。此外,高校基本上将大部分的教育资源和精力放在了比较具有本校特色的专业学科方面,这也是校园体育文化的建设面临着重重困难的重要原因所在。针对校园体育文化的建设,每一届学校领导都有着其各自的理念,所实施的政策也都是基于自身的理念制定的。这就造成了宏观层面在建设校园体育文化方面缺乏制度的有效监督和约束,即便取得了一定的建设成果,也难以予以维持和巩固。我国目前很多高校并没有设立相应的组织机构来专门对校园文化建设进行有针对性的设计、规划和实施,这也是我国在建设校园体育文化方面缺乏有效的机制保障的重要原因所在。

4.学校体育行为文化发展现状

通过对校园体育行为文化发展的调查和分析可以得知,缺乏多样性和规范性,是其主要问题所在,具体体现在以下几个方面。

(1)教师在体育行为方面的表率和引领作用较为欠缺

从我国教师的体育行为来说,在有效的引领和起表率作用方面是较为欠缺的。具体来说,第一,体育教师的年轻化趋势越来越显著。年轻的体育教师充满活力,有爱心,能够得到学生们的欢迎和喜爱,但是同时,这些年轻教师在经验和精力方面是较为欠缺的,在教育理念、创造力方面也不够成熟。因此,会对教学效果产生一定的制约作用。第二,在这方面起表率作用的不仅仅是体育教师,其他学科的教师也不能忽视自身的引领作用,要对学生的身心健康时刻关注,从而使学生的理论知识和运动实践能力都得到有效提升,为学生运动锻炼奠定坚实的基础。

(2)学生在体育锻炼的积极性方面较为欠缺

对于学习和身心健康来说,体育运动都有着非常重要的意义,这一点,是学生必须要树立的一个理念。但是,实际情况是,学生在体育运动锻炼的参与方面,积极性和主动性都是较为欠缺的。究其原因,主要是由于学生的学习压力过大,这就使得学生必须要利用各种课余时间来完成其他知识的学习。除此以外,缺乏相应的体育设施以及缺乏有效组织也是其中的主要原因之一。由于学生无法积极参与体育运动,这就使得学生无法在建设校园体育文化的过程中展现自身的潜力和才能,这对校园体育文化良好氛围的营造是非常不利的。因此,进一步激发和提升学生参与体育运动的积极性是非常必要的。

(3)体育社团的多样性较为欠缺

学生是校园体育文化的主体,其体育行为的实现主要是通过学校中的各种休闲运动、体育竞赛以及体育社团所组织的各类体育活动来完成的。我国高校的体育社团无论是从内容还是数量方面还都显得比较单一,多样性较为欠缺,与体育发达国家相比存在较大的差距。具体来说,不仅数量相对较少,并且互动内容比较单一,相应的宣传网站也没有建立起来。[1]

---

[1] 王彦英.多元体育文化的创新和发展研究[M].北京:中国书籍出版社,2018:9.

(二)学校体育文化的特征

1. 学校体育文化的教育性

学校体育文化是在校园这一特定环境中的体育文化现象,始终与该环境中生活的成员发生密切联系,参与学校体育文化活动的人是受教育的主体,相对而言,学校体育文化作为客体存在,它随时都发挥着显性或隐性的作用。这是学校体育文化的本质所在,也是学校体育所以成为教育组成部分的根本原因。

2. 学校体育文化的实践性

学校体育文化是校园和体育文化的结合,它应当表现体育的本质特征即实践性特征;此外,学生时期是人生"好动"的阶段,亲身体验的欲望强烈。在校园体育活动中,学生有目的、有组织地为自己创造条件,开展各种喜闻乐见的体育活动,在实践中体验体育的乐趣、价值,培养良好的体育道德和精神;同时,学校体育文化活动又具有一定的社会性,使学生在体育活动中增长社会知识和提高交往能力,这种实践性为学生在理论与实践之间建立起一座桥梁,使理论和实践有机地结合,达到全面发展的目的。

3. 学校体育文化的时代性

文化是时代的文化,不同时代有不同的文化,学校体育文化也不例外,与其所处时代的政治、经济及文化的发展密切联系。新时代的学校体育文化总是对前一时代学校体育文化的继承、批判和超越。也正是因为有这一特性,不同时代才会产生不同的学校体育文化。

4. 学校体育文化的校园性

学校体育文化作为一种亚文化,它区别于其他文化的主要表现是校园的特殊性。具有校园性才是学校体育文化特殊性的核心所在。它相较于社会文化和其他校园文化是相对独立的,不同的校园会产生不同的体育文化;另外,它又是多元性的,可以分为学校体育物质文化、精神文化,以及学校体育行为构成的制度文化等,学校体育文化又是弥散性的,它可以通过体育运动形成,使它所包括的内容广泛地播散到校园的每一个角落、每一个人当中,形成一种特有的学校体育文化现象。

5. 学校体育文化的创造性

创造是学校体育文化的灵魂,没有创造便没有学校体育文化的生长和发展。师生在创造多姿多彩的学校体育文化活动中,不丰富了学校体育文化内涵、提高了体育文化意识,而且也为师生员工的创造性思维活动提供了广阔的空间。

除此之外,学校体育文化还具有健身性、娱乐性、群体性和开放性等特性。[1]

三、学校体育文化的作用与意义

在学校教育中,学校体育文化是其中非常重要的组成部分,是德、智、体、美、劳全面发展的教育方针的重要内容,在培养身心健康和具有创新精神和实践能力的社会主义现代化合格人才中有着非常重要的作用。

(一)有助于培养学生良好的思想道德品质

由于学校体育文化具有教育功能,所以可以通过组织丰富多彩的体育活动,来提高学生的思想道德素质。例如,运用校园各种传媒宣传我国体育健儿在国内外体育比赛中克服困难、挑战人生、为国争光的事迹,以此激发学生的爱国热情和民族自豪感,引导学生形成正确的世界观、人生观和价值观;另外,体育活动的群体性特征,为培养大学生的群体意识、集体主义观念,以及发扬团队精神提供了条件。通过群体比赛,能教育学生热爱集体、关心集体、服从集体、维护集体,有效地培养大学生的集体主义精神。

(二)有助于增强学生体质

学校体育文化具有强身健体的功能,通过体育教学和各种喜闻乐见的体育活动,能增强学生体质,同时还可以培养学生的终身体育意识、兴趣、习惯和能力,使学生走向社会后,不仅有一个健康的身体,而且具有一定的体育素养,以适应现代生产方式和生活方式,提高劳动效率和生活质量。

(三)有助于促进学生智力的发展

学校体育文化活动内容丰富多彩、形式多样,为学生智力的开发提供了良好的基础,是一种增强智力的有效手段。例如,通过比赛和各种体育游戏,可以潜移默化地发展学生思维的流畅性和灵活性。所以,学校体育文化对学生智力的发展具有重要作用。

---

[1] 欧阳斌,张建中.体育文化学[M].北京:科学出版社,2013.

(四) 有助于培养学生良好的职业道德素质

职业道德是学生未来从事不同职业所必备的基本行为准则,能保证他们在走出校园后,以良好的职业道德素质去开展工作。虽然每个学生将来所从事的职业有所不同,职业道德的要求因人而有所侧重,但务实精神、法治观念、公正思想却是职业道德中共性的内容。学校体育文化活动中,公平竞争、遵守规则、尊重对手,求真务实等体育道德要求,恰好为培养学生良好的职业道德和习惯提供了现实的活教材。

(五) 有利于增强学生的竞争意识和进取精神

21世纪是充满竞争和挑战的时代,人们只有具备积极的竞争意识和进取精神,才可能在竞争中立于不败之地。学校体育文化的各种竞赛活动,包含了强烈的竞争精神、挑战精神和合作精神,这些精神对培养学生积极进取、拼搏向上的现代人意识有着独特的作用。学生可从中感悟这些精神的意义,为将来走上社会做好心理准备。

(六) 有助于锻炼学生的心理素质

心理素质对人的整体素质有着重要的调节作用,它不仅影响人的生理机能,同时还直接关系到能力素质的提高。大量研究表明,是否具有良好的心理素质是决定事业成功与否的关键因素之一。学生通过参加学校体育文化活动,能促进自身各种心理素质的不断发展和个性的渐趋完善,把自己锻炼得更加勇敢、坚强、机智、果断、开朗和热情,这是其他活动形式所不及的。

(七) 有助于培养学生健康的审美观念和审美能力

蔡元培先生曾指出:"体育中有大量的美育因素,体育是实施美育的重要手段之一。"在多姿多彩的学校体育文化中,各个运动项目、各种身体练习、各种竞赛与表演,以至体育雕塑、体育建筑、体育场地等,都可以使学生受到外在美和内在美的熏陶,并获得丰富的、多种多样的美的情感体验,从而培养学生健康的审美观念,提高学生鉴赏美、创造美和表现美的能力,进而使学生更加自尊、自爱、自信、自强。

(八) 有利于促进良好校风、学风的形成

体育精神是学校体育文化的核心。在学校体育文化建设中,应积极倡导健康向上的体育精神,如集体主义精神、拼搏进取精神、敬业笃学精神、竞争开拓

精神、科学求实精神、博学创新精神等,把体育精神与校风、学风建设有机结合在一起,使其成为校风、学风的有机组成部分。这样,当学生投身于多姿多彩的学校体育文化生活、浸染于充满生机和活力的精神氛围中时,他们就会形成积极进取的心境、奋发努力的情感,心态就会得到优化,情操得到陶冶,校风、学风才能真正成为学生的行动指南。早在20世纪50年代,清华大学就积极倡导"为祖国健康工作50年"的校园精神,这一精神激励一代又一代清华学子奋发成才。

第三节　竞技体育文化

竞技体育是体育事业发展的重要内容之一,随着现代体育运动的高度发展,使得具有较高的观赏性、娱乐性和高度的专业化等特点的竞技体育,逐渐走上经济化、市场化的发展道路,由此也形成了一个逐渐完善的文化发展体系。这是与现代社会发展背景相吻合的。由竞技体育所形成的竞技体育文化也得到了很好的发展,这使得竞技体育各个方面发展的步伐愈发加快。

一、竞技体育文化的特征

(一)竞技体育文化的多样性

竞技体育包含众多的环节与要素,运动训练、竞赛场馆、运动服饰、技术战术、运动礼仪、体育科技、商业运营等等,因此其文化具备多样性特征。例如运动员、教练员以及管理人员的活动目的是通过创造优异运动成绩获得社会认可,同时获得一定的物质与精神收益,而观众则是以运动员、教练员等的活动为媒介,将这种特殊的活动方式作为自身宣泄情感,表达好恶的途径。对于体育比赛的组织者来说,体育活动成为社会发展中的一个工具,在体育日益商业化的今天,这种目的表现得更加明显。还有一种形态就是竞技体育在商品社会条件下的附属品,那就是经理人对运动竞赛的操作,球员转会实际是运动员作为商品的买卖,大型体育活动除具有一定的政治意义,更多的则是谋求商业利益,其根本的意义在于从中获得一定的商业价值和社会效益。可见竞技体育活动内容、方式的多样性决定了其文化的多样性。

（二）竞技体育文化的互动性

竞技体育文化是在人与自然，人与人关系过程中的行为意识、行为方式、行为准则的积淀.这种积淀,是通过人与人的互动得以实现。运动员与运动员之间的互动,运动员与观众之间的互动,观众与观众之间的互动,体育运动协会、组织就是这种互动的产物,金牌战略、举国体制、职业化等也是这种互动下的社会适应。在互动过程中对活动内容不断认识,总结了不同的运动形态的特征和规律,发展了其文化。

（三）竞技体育文化的规则性

竞技体育文化的规则性体现在,一方面自身制定规则,同时又接受规则的制约。不同的活动主体在参与到体育活动之前就必须接受一定的制约,否则就不能够把握这种特殊游戏的运动进程。这是物对人的制约,也是主体之间的相互制约。竞技体育竞赛是把人们心底深处的战争因子通过游戏的形式表现出来,但是又必须受制于特定的规则限制。竞技体育文化的规则性是自我约束机制的产物,是体育不同于其他活动方式的准绳,也是体育文化内部多种形态的基础,否则,体育就会是如战争一样的社会形态了。竞技体育中能够体现内在和谐的活动内容都有人工加工的痕迹,赋予它们特定的存在方式,例如"绿色奥运""人文精神""科技奥运"保证了人自身在合理的自然条件下进行各种活动。这种保护与要求也是竞技体育文化规则性的体现。

（四）竞技体育文化的渐进性

竞技体育文化从游戏到竞赛,从生活手段到运动手段,从一个活动内容到另一个活动内容的运用与创新都表现出渐进性。竞技体育文化中战术的演进、技术的变革、方法的更替,还有运动器材的革新,对主体活动方式就产生了深刻的影响——合金材料的使用使器材更加轻便,也能够创造出更加优异的成绩,激光电子产品的问世对运动成绩的评判更加客观准确,计算机技术的使用使主体对动作技术的合理性有了更加清醒的认识等等,都表明竞技体育文化的发展是一个渐进的过程。

（五）竞技体育文化的选择性

竞技体育文化的选择性是人与体育活动双向选择的过程和结果。不同的社会角色从事体育活动有其选择；从另一个角度来说也是活动内容对不同角色的选择。这种选择是由活动内容与活动主体社会角色之间的相关性所决定的。例如,一般的人是不可能参加十米跳台、一级方程式赛车活动的,老年人不会像少年儿童那样进行较多的娱乐竞技活动。在活动内容的选择上取决于内容本身,也取决于主体角色。残疾人体育中的活动是特定条件下的特殊形态,这是由活动主体角色的特殊性决定的,运动员选择的活动内容在形式上虽然和其他人群相似,但是更加体现了一种专门性。活动主体、内容确定后,与之相适应的也就是活动方式的选择性。尽管可能会出现不同社会角色进行同一活动内容,但是活动方式在质量和数量上仍然是有明显差异的。例如,对于球类运动,专业运动员的活动方式是全然不同于中学生的。以奥运会为代表的西方体育文化是用"更高、更快、更强、更团结"为标准来检验不同国家、不同民族(种族)、不同地域人们竞技体能的,而且仅仅局限在一定年龄范围的人群,这也体现了竞技体育文化的选择性的特点。

二、竞技体育文化的属性

自从人类社会孕育体育的那一时刻起,体育就被烙上了文化的印记。然而,从文化的角度去审视体育,或者去研究体育中所蕴含的文化,其浩瀚复杂只会混沌我们的思维。从事物的特殊性去审视体育,竞技性最能表达体育运动的文化属性,而正是因为体育中存含的竞技性,主导了体育的存在,也衍生出更多的新的文化内容。同时,也正是"竞技基因"不断注入人的身躯内,才使之"繁衍遗传"到每一项运动中。抛开体育所包含的多重文化意义,从竞技文化的角度去审视体育似乎说服力更强。

竞技文化并不是专指一种属性文化,它不仅指在体育竞赛运动中形成的赛场文化,也包含与体育竞赛相关联的一切社会文化。像人们在体育运动中所形成的道德精神文化和物质文化、体育运动的组织管理文化,以及与之相关的政治经济文化等,都属于竞技文化的范畴。但竞技文化还是集中体现在体育运动物质精神文化和组织管理文化上。

虽然竞技文化存在于所有的体育运动项目之中,但在不同的竞技水平、不同层次的体育形式中,所展现的文化层面以及某一层面文化的程度都有不同。像大众体育追求的是娱乐、健身文化,而职业体育却是倾向于挑战人类极限的文化;在业余体育与职业体育都追求"排名第一"时,职业体育所面临的竞技强度要远远高于业余体育。

三、竞技体育文化的作用与意义

(一)竞技体育文化的价值

1. 规则意识

规则在竞技体育中尤为重要,竞技体育的发展必须遵循一定的规则,体现出公平竞争的精神,否则竞技体育赛事就无法顺利进行。在竞技体育中,各种运动项目都有自己的竞赛规则,要求参赛者必须遵守,否则就要受到相应的处罚。

在按规则办事的原则下,我国于1979年恢复了在国际奥委会的合法席位,经过多年的快速发展,我国的竞技体育取得了令世人瞩目的成就,正向着建设体育强国的方向大踏步前进。

2. 公平意识

在竞技体育中,运动员在比赛中起点相同,其比赛成绩都由共同的尺度来衡量,若尺度不同比赛就无法进行;比赛结束后,个人必须接受在共同尺度下决出的胜负结果。所有运动员都享有平等的权利,要在正当的竞争条件下努力获得比赛的胜利。在比赛中要贯彻公平竞争的精神,不允许不正当竞争的发生。

3. 竞争观念

自竞技体育诞生以来,其本身就具有很强的竞争性,这种竞争观念也对中国文化产生了较为深远的影响,对促进人们竞争意识的提高也具有重要的意义。

在西方竞技体育文化传播的过程中,一些健康的、积极向上的竞争意识开始渗透到社会各个层面,对我国的传统文化形成了积极的影响,这对于促进中国多元价值观的建立与发展起到了重要的作用,西方竞技体育所倡导的竞争观念对中国体育运动产生了非常重要的影响。

4. 国际化观念

近些年来,我国的竞技体育获得了飞速的发展,其国际影响力逐步加大,在这样的形势下,我国竞技体育的国际地位越来越重要。在国际赛场取得的每一个成绩都增强了国人的信心,激发起了国人的自豪感。

竞技体育,尤其是奥运会所倡导的公平、公开、公正的竞争精神,实际上就是一种和平竞争的国际化观念,这种国际化观念对我国实现经济全球化发挥了积极的作用。

5. 道德建设

在我国竞技体育教育中,各体育运动队会时常开展爱国主义、集体主义的教育,以帮助运动员树立正确的世界观和人生观,养成良好的运动风气。中国运动员在竞技赛场上所表现出来的"胸怀祖国、放眼世界,为国争光的精神;不屈不挠,勤学苦练,不断钻研,不断创新的精神;同心同德,团结战斗的集体主义精神;胜不骄,败不馁的革命乐观主义精神和英雄主义精神"对于我国社会各行各业都有良好的激励作用,也是实现中华民族伟大复兴中国梦的宝贵财富。

6. 娱乐思想

竞技体育中很多运动都是从体育游戏中发展而来的,而这些体育游戏都带有较强的娱乐性。竞技体育运动参与者通过表现自我、战胜对手而获得了愉快的心理体验;观众也从中获得了美的享受。这就是竞技体育娱乐思想的深刻体现,观赏体育赛事也已成为越来越多人的一种生活方式。

(二)发展竞技体育文化的意义

1. 竞技体育文化建构了人自身的和谐

在现代社会,人们开始逐渐意识到身体健康的重要性,追求人自身的和谐。一般来说,人自身的和谐主要包括健康的身体,健全的人格,正确的世界观、人生观和价值观,同时还包括人与自然和社会的和谐。在竞技体育发展的过程中,竞技体育文化对人自身和谐的塑造,主要表现为对人的身心发展一致的追求。古希腊格言:"如果你想强壮,跑步吧!如果你想健美,跑步吧!如果你想聪明,跑步吧!"就充分体现出人的身体的重要性,体现出人自身的和谐的重要性。

现代奥林匹克运动之父顾拜旦在其著名的《体育颂》中热情洋溢地礼赞:"啊,体育,你就是美丽!你塑造的人体,变得高尚还是卑鄙,要看它是被可耻的欲望引向堕落,还是由健康的力量悉心培育。没有匀称协调,便谈不上什么美丽。你的作用无与伦比,可使二者和谐统一。"顾拜旦用诗的语言充分肯定了竞技体育塑造人们身体美的作用。

除此之外,《奥林匹克宪章》也进一步延伸了竞技体育的和谐内涵:"奥林匹克主义是将身、心和精神方面的各种品质均衡地结合起来,并使之得到提高的一种人生哲学。"由此可见,竞技体育的精神实质是对健康的人的塑造,促使人们发展成为身心全面发展的人。

2. 竞技体育文化建构了人与人之间的和谐

竞技体育遵循公平竞争的原则,运动员在统一的规则面前都必须要严格遵守,违反规则就要受到规则的惩罚,任何人都不能例外。所以在竞技体育中,运动员在规则面前是人人平等的。在参加比赛的过程中,运动员们只能以自身的体力与技能与对手展开竞争,运动成绩是判定比赛胜负的唯一标准。这充分表明了竞技体育中人与人之间的平等与和谐的关系。在竞技体育中,利益的分配有章可循,有规可依,虽然竞争异常激烈,但运动员的竞争都是在一个相对公平的环境下进行的,因此竞技体育中的这种文化内涵对构建人与人之间的和谐具有非常重要的意义。

3. 竞技体育文化建构了人与自然的和谐

与人类其他活动一样,竞技体育的发展也必须要依附于一定的自然环境,否则就难以获得发展。竞技体育的可持续发展既离不开对自然环境的利用,也离不开对自然环境的保护,二者必须协调统一。在现代社会背景下,人们逐渐意识到人与自然和谐发展的重要性,采取了一定的手段与措施来保护大自然,促进人与自然的和谐发展。《奥林匹克宪章》中明确规定:"国际奥委会认为举办奥运会应当显示对环境问题的关心,并在其活动中采取体现这种关心的措施,教育与奥林匹克运动有关的各方理解可持续发展的重要性。"国际奥委会的确在"其活动中采取体现这种关心的措施"。

2008年北京奥运会的成功举办,其"绿色奥运"理念得到了全世界的赞扬,这是人与自然和谐发展在竞技体育中的充分体现。

4. 竞技体育文化促进了国际关系的和谐

在古希腊奥林匹克运动会中就有着"神圣休战"的约定。人类从动物祖先那里继承了暴力和攻击性的本能,这种本能在人类理性和道德伦理的约束下转为隐性存在。在文明社会里,竞技体育可以将这种暴力和攻击性的本能以有效而安全方式加以转移和宣泄。竞技体育运动中蕴藏的丰富的文化内涵,不仅将攻击性引向有益的渠道,而且促进各个国家之间的相互了解,各民族之间的文化相互交流,促进全人类的和谐共处。竞技体育促进国际关系和谐发展的例子有很多,如"乒乓外交"就是中美外交史上的一段佳话;在2000年悉尼奥运会的开幕式上,朝鲜和韩国运动员在同一面朝鲜半岛地图旗帜引领下共同入场等,这些都是竞技体育推动国际社会和谐发展的生动例证。

课后练习与能力提升：

分析总结我国大众体育、学校体育、竞技体育发展的阶段性成绩与困惑之处。

拓展阅读与资料库链接：

1. 竞技体育、体育运动 中国政府网（https://www.gov.cn/guoqing/2012-04/19/content_2584206.htm）

2. 国家体育总局群众体育司（https://www.sport.gov.cn/qts/n4986/c27523343/content.html）

3. 中国体育这十年:体育强国建设全面推进 人民网（http://ent.people.com.cn/n1/2022/0828/c1012-32513126.html）

4. 数说"教育这十年":学校体育工作展现新格局（http://www.moe.gov.cn/jyb_xwfb/s7600/202211/t20221101_673816.html）

第五章 体育制度文化

导读：

体育是一种文化形态。从文化结构的视角出发，制度作为表层物质文化和深层观念文化的结合点，是联结实践和思想理念的中介层次。体育制度的产生是自发演进或人为设计的。体育制度是在社会现实提出的体育需求及满足这些需求所具备的客观条件，决策者对体育的理解及应对的实际操作中不断发展和完善起来的制度集中地反映了客观与主观、实践与理念的互动。制度是随着组织的产生就存在的，没有规则就没有体育。本章让我们一起了解体育制度的产生、分类及发展情况。

第一节　体育制度概述

新制度经济学家认为，制度形成的途径主要有两条：一是自发演进，二是人为设计。英国学者卢瑟福认为，人类是具有一定目的的行动者，制度是个人为了达到一定目的所产生的行为结果。个人可以修正或设计制度，使制度能够更好地发挥作用。而制度也可能以自发演进的方式产生和延续，成为人们有益行为的无意结果。制度产生的第一种可能是规则及整个规则体系依靠人类长期的生产生活经验而形成，是经过逐步演化和调整而产生的；而制度产生的第二种可能是经人为设计而产生的，清晰而明确地制定在相关的政策、法规和条例中,并且通过政府等权威部门来正式颁布与执行[①]。

一、体育制度的产生

社会制度,是指反映并维护一定社会形态或社会结构的各种制度的总称。包括社会的经济、政治、法律、文化、教育等制度。规则分为正式规则和非正式规则,制度是正式规则的唯一形态。制度作为规则,它具有规则所具有的指令性、稳定性、普遍性、标准性、目的性和价值性,制度是实践的产物。

体育制度是在体育发展成为一项独立事业的过程中逐步建立起来的。社会制度不同,体育制度也不相同。我国体育的本质深刻地反映在国家的体育制度中。不断巩固人民群众作为国家体育主人的地位与权力,是中国体育制度形成与发展的奠基石;充分调动广大人民群众的积极性、发挥其主动性和创造性是中国体育制度不断完善的动力源泉;维护和实现人民群众的根本体育权益,是中国体育制度定型与发展的根本价值指向。

体育制度一般都有由一套要领所组成的理论基础来说明体育的目的价值。要领系统的形成是一种学习的过程,从观察到的体育过程中概括出体育运动的最主要的本质要素——理论和科学的体育指导性要素。体育已形成一门独立学科和一系列的指导思想。有其自身一套的理论和方法。体育的价值、功能已成为社会成员的共识,它具有教育的功能与价值,健身的功能与价值,审美的功能与价值,娱乐的功能与价值,以及社会的功能与价值。然而,人们并不是从一开始就意识到体育与社会、国家的关系的。因此,一方面,体育的发展自然使自身形成一种制度;另一方面,人为创造相应的体育制度,来满足人们的需要和社会的需要[②]。

中国现行的体育制度,是从发展社会主义体育事业出发而建立的。为了在国家统一领导下,发挥各有关社会团体的力量,共同发展人民的体育事业,在组织制度上采取了政府机构与群众团体既有联系又有分工的办法。在政府机构

---

① 柯武刚.制度经济学[M].北京:商务印书店,2000.
② 雷震.从社会学的角度审视体育制度的构成要素与功能[J].北京体育大学学报,2005.28(6):746-748.

中负责全国体育工作的部门采用了委员会制,即中华人民共和国体育运动委员会,其成员既有政府机构中的教育部、卫生部等有关部的负责人,也有全国总工会、共青团和妇联等有关的群众团体的负责人。县以上各级政府都设有体育运动委员会。除政府机构外,全国的群众性体育组织为中华全国体育总会,各省、市、自治区都有体育分会。各项运动的全国协会都是体育总会的团体会员。1980年又成立了全国性学术组织中国体育科学学会(系中国科学技术协会的组成部分),负责组织和管理体育科学的学术研究。

1954年5月5日,中华人民共和国体育运动委员会正式公布了《准备劳动与卫国体育制度暂行条例和项目标准》,从而在全社会掀起了群众性体育活动的热潮,并从部队、学校延伸至厂矿、机关和农村,全国人民都沉浸在"发展体育运动,增强人民体质"的热潮中。"劳卫制"成为新中国的第一个体育制度。但到了1960年,由于中苏关系破裂,"劳卫制"活动也随之停滞,1964年"劳卫制"名称废除。随后陆续制定的带有法规性质的制度和条例有:《国家体育锻炼标准》《关于在政府机关中开展工间操和其他体育运动的通知》《运动员技术等级制度》《裁判员技术等级制度》《教练员技术等级制度》《体育运动竞赛制度》《学校体育工作条例》等等。

二、体育制度的概念与内涵

(一)体育制度的概念

体育制度是由国家体育机构和社会体育组织制定并实施的各种规章、条例、制度和办法的总称。体育制度,简而言之是约束体育发展方向和进程的规则,体育制度对体育运动的发展有根本的导向性,全局的把握性,稳定的保障性和长期的制约性。

一般来说,体育制度有三层含义:①指具体的体育运动规则,比如运动竞赛制度,体育锻炼标准等;②指体育管理制度,如运动员、教练员和裁判员的等级管理制度;③指体育运行模式,包括体育运行的基本体制等。事实上,具体的体育运动规则具有相对统一性,但是体育管理制度和体育运行模式则存在较大的差异[1]。

---

[1] 隋路.中国体育制度分析与设计研究[M].北京:北京体育大学出版社,2018.

体育制度文化是整个人类通过体育运动改造、完善自身活动方式及其制度的产物,可以说是进行调控和规范体育运动中人们各种各样的社会关系的规章制度和组织机构的总称。体育制度文化其实是在体育文化活动的过程中,人类自身活动所构成的文化,是一种动态的、稳定的文化成果。不仅区别于体育物质文化,也区别于体育精神文化。体育制度文化在整个体育文化系统中处于中介层面[1]。

(二)体育制度的内涵

体育制度是一套规范体系,这个体系的要素是由四方面的要素构成的。即概念、规则、组织和设备。

概念系统包括一些抽象的体育学说、体育理论、体育思想和具体概念。

规则是体育社会制度包含的一整套行为规则即规范系统,用以规定体育这一社会领域中人们的相互关系(地位与角色,权利与义务等)以及他们各自的行为模式,这种体育的规范系统包括体育领域中风俗、习惯、传统、惯例、道德、伦理等,而这些大都是不成文的规范。另一方面则是以明文规定下来的体育准则、章程、条例、仪式、法律等。

体育社会制度具有自己的社会机构即组织系统,它用来检查和推动体育制度的运转情况。组织系统包括组织首脑、职能部门、机关和具体的办事人员。一般来说,制度的组织系统是执行者和推动者,组织系统的结构和效能对制度的运转有较大的关系。一种体育制度能否顺利进行,除了它必须具有一套为人接受的概念系统、一套有效的规范系统外,在很大程度上还需要具有领导有方,成员精干,工作效率高的组织系统来充分发挥这种制度的职能。当体育组织系统及其活动不能适应体育和社会形势发展的需要时,就必须对其实行改革。

体育制度除了自己的概念系统、规则系统、组织系统外,它还有自己的设备系统,这就是使体育制度得以正常运转的设备系统。如果没有一套体育的物质设备,制度就不能发挥它的作用,设备系统除了有实用的设备外,还有象征的标志。实用的设备指体育场地、器具等,象征的标志如体育徽章,旗帜,雕像等,象征一个体育组织,一种体育制度,从而起到号召、鼓舞成员的作用。

---

[1] 刘健.体育文化探究[M].北京:科学出版社,2017.

上述四个体育制度的要素是缺一不可的,失去体育概念,规则系统,体育领域就无章可循,一片混乱,而失去设备系统则又使体育无栖身之地①。

三、体育制度的分类

（一）体育组织管理制度

组织机构是人类社会不断进步发展的产物,其对高效合理地发挥出人类群体的力量起着至关重要的作用。体育组织是指在体育活动中,为实现共同目标而专门聚合的各种体育社会实体。学校体育组织、运动竞赛组织、世界体育组织、政府体育组织、军队体育组织和社会体育组织等共同构成了体育制度文化的一部分。

体育管理体制是指国家机关、企事业单位在一定历史时期体育系统内的机构设置、领导隶属关系和管理权限划分等方面的体系、制度、方法、形式的总称②。

（二）体育法律法规制度

我国的体育法律法规制度是由体育法律、法规和部门规章等规范性文件组成的,此外,还包括由中央军事委员会制定的军事体育法规,由总部、军兵种、军区制定的军事体育法规,国际体育条约和大量的普通规范性文件等。国家体育总局目前发布的"现行有效的体育法律、法规、规章、规范性文件和制度性文件目录"中包括体育法律1部即《中华人民共和国体育法》；体育行政法规7部《学校体育工作条例》《外国人来华登山管理办法》《奥林匹克标志保护条例》《公共文化体育设施条例》《反兴奋剂条例》《彩票管理条例》《全民健身条例》。此外还有中央与国务院文件26件,部门规章31件,规范性文件165件,体育总局制度性文件110件③。

---

① 徐良成.体育制度及其功能[J].成都体育学院学报,1994.2(003):8-11.
② 隋路.中国体育制度分析与设计研究[M].北京:北京体育大学出版社,2018.
③ 体育总局关于公布现行有效的体育法律、法规、规章、规范性文件和制度性文件目录的通知[EB/OL](2022-01-12)https://www.sport.gov.cn/n315/n2001395/c23920908/content.html.

第二节 新中国体育制度的建立和发展

一、新中国成立之初的体育制度(1949—1956)

中华人民共和国一成立,中国共产党领导的中央人民政府就将体育事业作为新中国建设的重要内容,确定了与社会主义建设相适应的体育方针,进行了接管、改造旧体育,学习苏联体育经验的工作,在此基础上,积极开展"新体育"建设,创建了我国体育管理体制,奠定了我国体育文化事业的基础。

(一)与社会主义制度相适应的体育方针

社会主义体育方针是社会主义制度下新中国开展体育活动的方向与指南,也是实现人民参与体育的重要保障。

体育为生产、国防、人民服务。冯文彬在《新民主主义的国民体育》中阐述新民主主义体育的特征,即"新的体育方针,就是新民主主义的,这就是说,体育应当是民族的、科学的、大众的。我们要把体育活动和一般新民主主义的建设结合起来,反对为体育而体育,脱离实际,脱离人民的思想和办法"。

"发展体育运动,增强人民体质"。当年唯一的体育刊物《新体育》杂志在1952年第7期(总第21期)以整页的篇幅刊登了毛泽东主席的这一题词,并突出宣传了"发展体育运动,增强人民体质"为生产建设和国防建设服务这一重要思想。这一题词体现了共产党人为人民服务、为人民群众谋利益的最高宗旨,明确了新中国体育事业的根本目的和发展方向,推动了我国体育运动的发展。为此,在中华全国体育总会成立大会的开幕词中,冯文彬就提出了"体育运动是从提高人民健康水平出发,为人民健康服务的。"

(二)体育管理体制

中华人民共和国成立以后,在很短的时间内就基本建成了较完备的体育管理体制,其基本特点是:以团中央为主管领导,由中华全国体育总会具体负责,教育部、中华全国总工会等部门系统协作工作的体育管理模式。

1952年11月15日,中央人民政府委员会第19次会议决定成立"中央人民政府体育运动委员会"(简称"中央体委",1954年改称为"中华人民共和国体育运动委员会",简称"国家体委")。原计划由团中央转到教育部领导的体总和国防体育俱乐部改由中央体委接管。这是中国历史上第一个部级国家体育行政机关。

中央体委在50年代实行的是委员制。1953年9月18日,中央人民政府委员会第28次会议通过任命了中央体委的第一批委员包括政务院各部和解放军的有关负责人,以及个别体育界知名人士。在地方,全国县以上政府也逐步设立了各级体育运动委员会,它们是同级人民政府主管本地区体育的行政部门,并受同级人民政府及上级体委的领导。

经过一段时间的努力,在体育管理的组织体系方面,逐渐形成了体育管理的三大组织系统,即国家行政部门系统、军队系统和社会组织系统。并在体制建设方面有了基本的格局,这就是中央体委所实行的委员制、中华全国体育总会的会员和国防体育协会的俱乐部制。

1. 国家行政部门系统

国家行政部门系统主要包括两大块:一是中央体委,二是相关部委。中央体委的组织机构是根据1956年3月23日由国务院常务会议批准的《中华人民共和国体育运动委员会组织简则》设立的,它是中央人民政府主管体育的部门,负责统一领导、协调、监督全国的体育业。中央人民政府相关部委分别主管本系统的体育工作,并与国家体委相配合。如中央人民政府教育部是教育系统体育工作的主管部门,它所设置的体育处(后为体卫司)是负责具体管理工作的职能机构。教育部通过地方各级教育厅、局,管理各级各类学校的体育工作。卫生部主管卫生系统的体育工作,并通过地方各级卫生部门和医疗卫生机构,开展体育医疗,配合做好对体育的医务监督,以及学生的健康检查和体质调查。体委和其他部委在有关体育的重大问题上,通过体委的全体委员会加以协调。

2. 军队系统

军队系统主管体育工作的是军委总政治部(后改为总参谋部,现由三总部组成的"全军体育运动指导委员会"作为管理军队体育的职能机构),其主要职责是:制订军队系统体育的规划和计划;实施军事训练中的身体训练工作;管理军队院校体育工作;举办全军运动会和各类运动竞赛,组织参加全国运动会和各类运动竞赛;培养军队系统的优秀运动员;开展国际军队间的体育交往;计划和修建军队系统的体育设施;负责军队体育所需的经费和给养等。"中国人民国防体育协会",则是群众性的国防体育组织,它负责开展群众性的国防体育运动。

3. 社会组织系统

社会组织系统主要由三部分组成。一是社会体育组织:主要有中华全国体育总会,它实行的是会员制,它在省、市、县建立有各级地方分会,在厂矿、机关、学校、农村等基层单位建立有体育协会。二是人民团体:主要有中华全国总工会、共青团中央,以及全国妇联、全国青联、全国学联等人民团体。三是民间体育组织:这是一些得到上级体育部门承认,并接受其指导监督的体育组织。

二、举国体制时期的体育制度(1957—1993)

"举国体制"是国家行政机构高度集中权力,自上而下指挥全国力量推动竞技运动发展的管理体制的简称。"举国体制"经历了形成与完善两个阶段。第一阶段是1957—1966年,为"举国体制"的形成阶段;第二阶段是1978—1993年,为"举国体制"的完善阶段。在"举国体制"的形成阶段,体育利益格局的演化主要反映在以"群众体育"为主体向"竞技体育"为主体的转化,这是一种由于体育情景变化通过向下的解释性作用,导致体育利益集团隐性利益发生变异,从而产生了体育利益新格局的演化现象。在"举国体制"的完善时期,体育利益格局的演化主要表现在体育利益集团继续将竞技体育与国家荣誉(政治功能)紧密结合起来,即体育利益集团通过隐性利益变异的向上解释性作用影响社会层级的隐性利益变异,体育利益格局继续向竞技体育核心的利益格局转化,最终形成"举国体制"完善阶段的体育利益格局。

(一)高度集中的体育行政管理体制

从1957年以后,体育社会组织管理系统的功能和作用逐渐削弱。1960年开始,全国各个行业在依据中央"八字方针"进行调整的过程中,受计划性和行政性指令,各产业体育协会、群众体育组织在计划经济体制形成的过程中,逐渐失去了组织管理竞技体育和群众体育的职能作用。国家体委实际包揽了国家体育事业各个方面的工作。由20世纪50年代初国家体委主要进行指导、国家和社会力量共同办体育,变为集权于体委,对体育进行独家领导和管理的模式。

这是在整个国家处于完全生产资料公有制和计划经济体制条件下的必然。在一定历史时期,为集中人力、物力、财力通过统一规划、调配、布置,来保证部分重点项目形成优势,攻坚克难起到了积极的作用。但是,这种管理模式对一直习惯于在组织的领导安排下以搞运动为主要表现形式的中国群众体育的发展来说,无疑是等于放任自流。同时也不利于调动和发挥其他行业部门系统的体育积极性[①]。

(二)专业化的训练竞赛体制(1957—1966年)

进入60年代,我国体育的发展道路仍然继承了50年代后期的指导思想,即一方面是体育大众化、普及化,另一方面是提高运动技术水平。然而,由于国内经济遇到困难,再加之国际反动势力对我国采取的封锁、孤立政策,我们只能在有限的物质条下优先保证竞技体育的发展,优先保证竞技项目中几个重点项目的发展,以实现重点体育项目的突破。所以,当时国家体委的实际操作就是:在群众体育工作上提出一些原则性的指导意见,而不可能进行更具体的组织实施措施;在竞技体育上,为了达到预定的目标,则研究制定了一系列有利于竞技体育尽快发展的管理制度和措施,从而形成了计划经济体制下的比较完善的竞技体育发展管理模式。

1. 培养人才的三级训练网

建立培养人才的三级训练网。从1963年至1965年,逐渐形成了一个从基层单位业余体校,到重点业余体校,再到中心业余体校和专业运动队的、具有广泛普及、层层衔接的业余训练三级人才培养网络和体系。

全国绝大多数省、自治区、直辖市体委,都根据专项化特点,扩大了业余体校办学规模。1964年、全国体工会议上要求各地"要充分运用各种业余训练形式进行训练尤其要办好青少年业余体育学校,为优秀运动队伍培养后备力量"。为了使业余体校走入规范化轨道,为提高业余训练质量提供可靠的保证,1964年9月14日,国家体委颁发了《青少年业余体育学校试行工作条例(草案)》。《条例》分8章共36条、对开办业余体校的条件、项目、学制、教学训练、思想政治工作、教练员与学生、组织领导、运动保健、设备和经费等方面作了较详尽的

---

① 傅砚农.中国体育通史第五卷[M].北京:人民体育出版社,2008.

规定。

2. 强化对优秀运动队的政治思想管理和行政管理

1963年,国家体委下发了《关于试行运动队伍工作条例(草案)的通知》(以下简称《条例》)。《条例》包括优秀运动队的训练、比赛、思想政治工作、文化教育、教练员、运动员、后备力量的培养、医务监督、行政管理、组织和领导等10个方面。《条例》确定"以政治为统帅,以训练为中心,思想教育和技术训练、战术训练、身体训练相结合"作为运动训练工作的方针。《条例》对运动队的组织领导、医务监督、运动员工资待遇和出路等作出明确的规定。特别强调了运动队伍中必须保证党的绝对领导,贯彻民主集中制,加强党的组织建设和思想建设,发挥党组织的战斗堡垒作用。1964年8月,经中央批准,国家体委颁布了《运动队思想政治工作条例(试行草案)》,决定在体委系统建立政治工作机构,在当时的条件下,收到了较好的效果。在计划经济条件下,国家加强对优秀运动队的管理和思想作风建设,起到了积极作用,形成了从运动队的设定、人员配置、政治思想工作、训练、学习、比赛一直到运动员饮食起居等一揽子完全由国家负责的全方位计划管理的模式。

3. 形成"三从一大"的训练原则

1964年12月,国家体委在上海召开了训练工作现场会议,要求坚决贯彻"三从一大"原则(即"从严、从难、从实战出发、大运动量运动");在运动队中树立"三不怕"(即"不怕苦、不怕难、不怕伤")和"五过硬"即"思想过硬、身体过硬、技术过硬、训练过硬、比赛过硬"作风;改进训练工作的领导方式,做到领导、教练员、运动员三结合,实现训练工作的革命化。"三从一大"原则和"三不怕""五过硬"作风,是我国优秀运动队在多年训练实践中摸索和总结出来的,是针对我国竞技体育的实际状况,结合专业项目特点,吸取国外先进训练经验,迅速提高运动技术水平,彻底改变我国体育运动的落后面貌,向世界先进水平大踏步前进的需要,是在全国掀起学习解放军热潮的直接促进下提出来的。"三从一大"训练原则和"三不怕""五过硬"作风,成为我国运动员长期克敌制胜的法宝。

4. 竞技体育规章制度的建立和完善

1963年以后,通过对整个运动队伍的调整,为了适应体育事业的发展需要,国家体委建立和完善了一批有关竞技体育的规章制度,对恢复训练后的优秀运动队迅速提高技术水平,同时加强对优秀运动队的管理起到了重要作用。1963年3月31日,国家体委下发了《关于试行运动队伍工作条例(草案)的通知》,明确规定了优秀运动员的基本任务、运动员的培养目标等。1963年,经国务院批准国家体委下发了《各项运动全国最高纪录审查及奖励制度》,以使全国最高纪录的审查能够规范化、科学化,奖励有章可循,起到鼓励运动员不断提高运动技术水平、创造新纪录、推动竞技体育发展的作用。1963年10月10日,国家体委在1958年公布的《中华人民共和国运动员、裁判员等级制度条例(修订草案)》的基础上,经过修改和补充,重新公布了《中华人民共和国运动员等级制度》和《中华人民共和国裁判员等级制度》上述规章制度的建立和完善,使国家体委对竞技体育的完全行政性、计划性管理起到了重要作用。

(三)体育体制改革(1978—1993年)

从1979年到1983年,是我国体育改革的初始阶段或起步阶段。这一阶段的改革调整为以竞技体育为重点,是对计划经济体育体制的强化。这一阶段改革的特点是,按照党的十一届三中全会确立的路线、方针、政策,遵照国民经济"调整、改革、整顿、提高"的方针,在农村经济体制改革和城市经济体制改革的推动下,结合体育工作的实际,提出了体育改革应该遵循的基本原则,在领导管理体制、训练和竞赛体制等方面形成了改革的基本思路。虽然这一时期的体育改革还没有提到体制改革的高度,但已开始认识到体制改革的必要性。可以说,这一阶段提出的体育改革的总体设想,为下一阶段的体育改革做了思想和理论上的准备。

1984年到1992年是我国体育改革的第二阶段。这一阶段进行的体育改革实际上是对计划经济体育体制的一种进一步完善,即试图在不触动原有体制和运行机制的情况下,对其不足之处进行补充和改善。这一阶段改革的主要特点是,体育改革被提到了体制改革的高度,力图改变国家包得过多、统得过死、过分依赖行政手段的状况,形成国家办与社会办相结合的新格局。这一阶段体育改革在体育事业的各个领域全面推进,并取得了显著成效,特别是训练竞赛改革成效更为明显,在某些方面有突破性进展[①]。相继颁布了《中共中央关于进一步发展体育运动的通知》《国家体委关于体育体制改革的决定(草案)》等一系列文件。

为了保证实现"灵活、高效办事机构"的改革目标,落实1980年提出的为加快提高我国运动技术水平的各项措施,1982年国家体委就对其内部机构做了较大改革。调整了运动项目管理的内设机构,将原运动司、球类司、军体司,分解为一、二、三、四项目管理司,对相关项目实施管理。1986年国家体委提出改善体育领导体制,切实发挥体委对体育事业的领导、协调和监督作用,要求各级体委改善宏观指导,树立"领导就是服务"的观念。理顺、协调与各有关方面、各体育团体的关系,转变作风,提高效率。于是,1988年又增设五司和训练竞赛综合司(负责综合管理全国优秀运动队的发展和训练竞赛工作),从组织上加强了对竞技体育的领导,加大了对竞技体育工作的力度。

1988年,国务院进行了机构改革,根据1988年8月10日国家机构编制委员会批准的《国家体育运动委员会"三定"方案》国家体育运动委员会是国务院主管体育工作的职能部门,其主要任务是根据党和国家的有关方针、政策,统一领导、协调、监督和发展全国的体育工作,增强人民体质,提高运动技术水平,建设精神文明,为社会主义服务。《方案》确定国家体委设14个职能部门,包括办公厅、群众体育司、训练竞赛一司、训练竞赛二司、训练竞赛三司、训练竞赛四司、训练竞赛五司、训练竞赛综合司、国际联络司、科教司、宣传司、计划司、人事司、政策研究司;机关定编为470人;党的机构设国家体委直属机关党委;老干部局作为老干部服务机构,机关服务局作为附属事业单位,审计局、监察局作为审计署和监察部的派驻机构。

三、体育双轨制时期的体育制度(1993年至今)

20世纪90年代我国经济体制改革和经济发展的新思路开始形成,同时也为我国体育的深化改革和进一步发展指明了方向和道路。从此我国体育的发展进入了一个新的历史阶段。其主要标志是体育的发展呈现出法治化和规范

[①] 郝勤.中国体育通史第六卷[M].北京:人民体育出版社,2008.

化的趋势。1995年《体育产业发展纲要》《全民健身计划纲要》和《奥运争光计划纲要》的制定和实施,《中华人民共和国体育法》的颁布,标志着我国体育进入新的历史发展阶段。

(一)体育行政机构改革

1993年,国务院开始机构改革,这是一次为适应市场经济要求的、涉及全局的、避免多头管理和减少管理层次的组织机构改革。体育行政机构的改革也不例外。由于体育被赋予的特殊政治功能,其改革所释放出的体育管理职能亟待转向其他组织。由于体育项目协会在同一时期无法全部承担起所释放出的体育管理职能,于是便产生出一种介于上述二者之间的过渡组织形式——运动项目管理中心,其功能表现为"既是国家体育行政机构的直属事业单位,又是各单项运动协会的办事机构"。这是我国单项体育协会实体化过程中的一种制度安排,既促进了体育行政机构的精简,又没有丧失对这部分行政职能的掌控。这种改革使体制变动对我国体育发展可能产生的负面冲击降低到较小程度,保证了新旧体制间转换的平稳性。1993年,成立了14个运动项目管理中心1997年,又组建了6个运动项目管理中心,这20个中心管理着41个单项运动协会以及56个运动项目。

(二)体育市场经济体制与举国体制并存

所谓市场经济体制是指以市场机制作为配置社会资源基本手段的一种经济体制。体育的市场体制可以起到体育私人产品供给与需求的制度保障作用。体育产业化的目的是更好地配置体育资源,通过市场机制提升体育资源配置的效率,弥补计划方式导致的体育资源配置过程中可能发生的不公平现象。满足广大群众日益增长的、多元化、多层次的体育需要,既是政府的职责所在,也是社会进步与转型的要求。

与此同时,为社会提供体育公共产品的政治功能并没有被削弱,举国体制仍然是强有力的制度保障。在满足人们参与体育所带来的精神享受方面,体育公共产品(包括奥运金牌等)的充分供给是基本的前提条件,举国体制的重要性显而易见。单一的体育举国体制转化为举国体制与市场体制并存,是一种制度结构变迁现象,往往体现为体育利益分配的变化。在这一阶段,这种双轨体制并存的格局正是这种变化的反映[①]。

(三)两个《纲要》和《体育法》的颁发

1.《全民健身计划纲要》

国务院颁布实施的《全民健身计划纲要》(以下简称《纲要》)是国家发展社会体育事业的一项重大决策,是20世纪末21世纪初我国发展全民健身事业的纲领性文件。《纲要》全文分五部分、二十六条,每条都言简意赅,具有丰富的内涵,描绘了我国全民健身事业的远景蓝图。

采取整体规划、逐步实施的方式,将1995—2010年的16年分为两期工程。第一期工程的第一阶段是1995—1996年,基本目标"是进行宣传发动和改革试点,初步掀起一个全民健身活动热潮";1997—1998年为第二阶段,基本目标是"通过重点实施,逐步推进,形成崇尚健身、参与健身的社会环境和社会风气";1999—2000年为第三阶段,目标是"全面展开全民健身计划的各项工作并普遍取得成效,建立中国特色的全民健身体系基本框架"。第二期工程是在第一期工程的基础上,再经过十年的努力,把全民健身工作提高到一个新水平,基本建设成具有中国特色的全民健身体系。

2.《奥运争光计划纲要》

《奥运争光计划纲要》(简称《纲要》)与可操作的具体实施计划共同构成《奥运争光计划》。《纲要》体现了综合性、指导性,是国家体委实行宏观调控的纲领性文件。可操作的具体实施计划是各运动项目、各部门、各单位围绕《纲要》规定的任务目标、原则、措施和方法步骤制定的。

制定和实施《奥运争光计划》的目的,是为了适应社会主义市场经济的发展,顺应国际竞技体育发展趋势和规律,对我国竞技体育的发展目标、规模、重点、质量及措施实施全方位、多层次、全过程的系统管理与控制,使竞技体育高效、快速、健康发展,夺取更大成绩,赢得更大荣誉,为实现我国第二步战略目标服务。

3.《中华人民共和国体育法》

2023年1月1日起,由十三届全国人大常委会第三十五次会议修订通过的

---

① 曹守和.中国体育通史第七卷[M].北京:人民体育出版社,2008.

《中华人民共和国体育法》正式施行。《体育法》作为一部国家法律,不是仅对体育工作的某一方面进行规定的法律,而是从总体上对我国体育事业发展进行全面规范与保障的法律,是我国体育的基本法。《体育法》所规定的各方面内容都是涉及体育发展整体性、全局性的问题,所确立的是体育在国家与社会生活中的地位和国家发展体育事业的方针、任务、原则和主要措施,所调整的是事关国家、社会、各种组织的体育工作责任、维护公民体育权利和促进体育持续协调发展等一系列重大体育问题的基本关系。因此,《体育法》是对体育关系进行整体规范和调整的基本法律依据,是我国发展体育事业、开展体育工作的基本纲领和总章程。

《体育法》的修订是解决体育领域发展不平衡不充分问题的重要途径,是提升体育治理体系和治理能力现代化水平的重要保障,标志着中国体育法治建设进入了新阶段,对于新时代规范引领体育事业高质量发展,加快推进体育强国和健康中国建设具有十分重要的意义。

课后练习与能力提升：

对中共中央办公厅和国务院办公厅有关体育的文件收集与归纳,结合区域体育相关文件分析总结区域体育制度文化的建设的现状。

拓展阅读与资料库链接：

1. 体育总局关于公布现行有效的体育法律、法规、规章、规范性文件和制度性文件目录的通知 国家体育总局（https://www.sport.gov.cn/n315/n20001395/c23920908/...）

2. 体育法首次大修:强化体育强国法治保障 中国人大网（http://www.npc.gov.cn/c2/c30834/202112/t20211208_315179.html）

第六章 体育精神

导读：

体育精神是由体育运动所孕育出来的意识形态，蕴含着对人的发展具有启迪和影响作用的有价值的思想作风和意识。它超出了体育运动本身，内化为人类心中的一种信念和追求。奥林匹克旗帜上的五个环象征着五大洲，展示一种世界大团结的精神。奥林匹克的口号"更高，更快，更强，更团结"，强调拼搏与进取的精神。中国申奥标志中的太极拳形象，展示中国文化与世界文化的相融。中国申奥口号"新北京，新奥运"，是在改革开放中富强起来的中国面向世界的宣言。每当五星红旗在奥运赛场上冉冉升起，多少中国人心潮澎湃，热泪盈眶……这些，就是体育精神。本章我们一起了解体育精神的由来，确立与发展。

第一节 体育精神的由来

体育精神是指人们在体育实践活动中形成的，以健康快乐、挑战征服、公平竞争、团结协作为主要价值标准的意识、思维活动和一般心理状态。

体育精神的内涵主要包括"人本精神、英雄主义精神、公平竞争精神、团队精神"。它们分别反映了体育在"健康快乐、挑战征服、公平竞争、团结协作"这四个方面的价值标准。体育精神的外延，是指近代体育从产生开始，发展至今的时间范围。

一、体育精神的内涵

(一)人本精神

人本精神是体育精神中最基本的精神,它以人本主义哲学为其思想和理论基础。

体育的人本精神主要包括:①重视人的自身价值:塑造健康强壮体魄,自主自立自爱,独立人格、独特价值;②重视人的权利、自由和尊严:自由参赛、自尊、自强,追求荣誉与尊严;③乐观自信:重身心愉悦、展现旺盛生命活力、豁达自信、追求运动尊严;④运动家风范:光明磊落、公正大度、襟怀宽广,坦然对待成败荣辱;⑤尊重理解、友爱:尊重对手和失败者,消除偏见对抗,实现跨文化得失交流,是对手也是朋友,赢得尊重、友谊、团结与欢乐[1]。

体育的人本精神主要反映了"人的优美"。从美学看,人本精神属"优美"的审美范畴。"优美"最根本的美学特性就是"和谐"。这种和谐体现在人的结构组合上,就是普遍具有均衡、对称、比例、曲线、柔滑、圆润、色泽、调和等形式美特征。哲学家休谟指出:"人体之美的主要部分就是健康和精力充沛的姿态,以及表示体力和活泼的肢体结构。"外在的健美身躯与内在的乐观、自信、尊严构成了人类体格、情感、精神融为一体的和谐。

(二)英雄主义精神

体育的英雄主义精神主要包括:①搏击奋斗:全力以赴,奋勇搏击,敢于拼打,勇于夺取冠军和胜利;②刚毅执着:不惧风险和挫折,对体育运动和事业执着挚爱、坚韧、不懈追求;③顽强奋斗:争强好胜,不屈不挠,不论强弱都力争战胜对手和困难;④奉献上进:甘愿承受肉体和精神的重压,乐于奉献心血与青春,努力向上向前;⑤挑战征服:挖掘潜能、挑战身心极限,战胜自己,征服对手、裁判、观众、自然;⑥冒险牺牲:敢冒风险去发展高难技术动作和新运动项目,摆脱对对手的紧张恐惧,镇静面对激烈比赛和危险,以命相拼,不惧死亡,为理想而献身。

体育的英雄主义精神主要反映了"人的崇高"。从美学来看,英雄主义属

---

[1] 黄莉.中华体育精神研究[M].北京:北京体育大学出版社,2008.

"崇高"的审美范畴。康德指出:"无论在野蛮社会还是在文明社会,最受人尊敬的都是不畏险阻、百折不挠的战士,这种崇敬就是一种崇高感。"崇高的特征是"伟大和不平凡",崇高的效果是"提高人的情绪和自尊感"。英国勃拉德莱认为引起崇高感的"主要因素是力量或气魄"[1]。体育英雄主义精神从哲学看,主要是表现了人类英勇无畏、永不服输的挑战与征服气概。

(三)公平竞争精神

体育的公平竞争精神主要包括:①规则:全世界共同遵守《奥林匹克宪章》和相同的"游戏规则";②自由民主:自由选择、自主参加、在规则约束下自由表现,具有各种民主权利;③开放参与:体育表现出一种超常的深度开放,参与竞争重于获取优胜;④诚信:体育是在诚实守信的基础上开展的活动或比赛;⑤创新进取:为了更快更高更强,必须不断创新和进取,永不满足;⑥科学效率:体育训练讲求效率与科学,科技全方位支撑着体育的发展。

公平竞争精神保障了参赛者以同等的资格、共同的权利和均等的机会,这就是在法律面前人人平等。在这种平等的意识里,人的尊严、自由、权利得以公平地展现。

(四)团队精神

体育的团队精神主要包括:①共为一体:共存共荣、强烈的归属感与一体感、目标高度一致;②协作互助:协调配合、相互帮助;③尽心尽力:彼此信任宽容、尽职尽责、甘愿牺牲个人利益[2]。

二、体育精神的产生

运动员们所表现出来的不畏艰难,顽强拼搏,努力进取,可歌可泣的事迹,媒体将其称之为"奥运精神"或"体育精神"。现代体育精神已经作为一种社会的文化意识形态影响着世界的每一个角落,它是一种超文化、超种族、超地域、超等级、深层次、多元化的社会文化现象和价值观念的体现,是人类力量、智慧、奋进、美丽等积极意识的总和。

---

[1] 朱光潜.西方美学史[M].北京:人民文学出版社,1985.
[2] 黄莉.中华体育精神研究[M].北京:北京体育大学出版社,2008.

（一）英雄主义精神的由来

英雄主义精神主要源于传统文化。传统文化的"舍生取义""自强不息""刚健有为"构成了中华民族的英雄主义精神,它在军队中鲜明体现。中国体育的英雄主义精神直接从军界传到了体育界。

"舍生取义"表现了儒家的生死观,具有大无畏的英雄主义气概。儒家主张"义以为上",为了正义和集体的利益,牺牲个人生命,在所不惜。《孟子·告子上》:"生,我所欲也;义,亦我所欲也。二者不可得兼,舍生而取义者也。"为了崇高的义,应不躲避祸患,不害怕死亡,不苟且偷生,这就是儒家的生死观。它表现在战场上就是大义凛然、视死如归。

"天行健,君子以自强不息。"儒家强调自强不息、刚健有为的精神。"所谓自强就含有克服险阻而不断前进之意。"[①]儒家重视"不息",强调持久不懈地积极努力。儒家这种执着不懈、克服险阻、努力向上的刚健自强精神,就是中华民族英雄主义精神形成的文化根基。

中国体育的英雄主义精神受传统文化的深层影响是间接的、潜在的,而直接的、明显的影响主要来自军队作风,来自中央高层领导的个性气质。

国家体委(最早称"中央体委")组建时,很多领导干部都是贺龙元帅"点将",直接从军队中挑选的。贺龙元帅又是毛泽东下令调来的第一任国家体委主任。1953年贺龙说:"为了把中央体委的机构建立起来和逐步建立、健全各级体委,必须首先解决干部问题。目前,必向中央要些'母鸡',从中央、大区、部队调,作为我们的骨干。"国家体委中,这些军人出身的领导就自然将军队的作法、作风带到体育界来了。

1971年,第31届世乒赛在日本举行,日本右翼反华势力扬言要制造恶性事件。针对挑战、威胁,毛泽东专门批示我队应去,要一不怕苦,二不怕死。[②] 中国乒乓队就带着这种不怕死的精神去参赛。也正是这次参赛,直接促成了后来的中美"乒乓外交",成为新中国外交史上的一段佳话。

[①] 张岱年.文化与价值[M].北京:新华出版社,2004.
[②] 徐寅生.我与乒乓球:徐寅生自传[M].北京:中国社会科学出版社,1995.

（二）乐观自信精神的由来

乐观自信精神主要源于传统文化，也受到外来文化的影响。传统文化历来注重民族气节。把坚守民族气节和节操、维护国家尊严和荣誉，看作是民族的骄傲。孔子说："三军可夺帅也，匹夫不可夺志也"，称赞伯夷、叔齐"不降其志，不辱其身"，提倡"临大节而不可夺也"。孟子提倡"富贵不能淫，贫贱不能移，威武不能屈"，王勃提出"穷且益坚，不坠青云之志"，徐悲鸿看重"人不可有傲气，但不可无傲骨"，等等，一直强调人不论处境如何，都要自尊自信，保持人格尊严，坚守高尚情操，不能向富贵、贫贱、威武低头。而且儒家强调愈是条件艰难，愈是要"穷且益坚"，自强不息。中国体育的自尊、自信、自强主要就源于我们民族的传统文化。

中华民族是一个乐观开朗、善忍耐的民族。传统文化认为艰难、困顿、挫折等本来都是人生的应有课题，重视艰难困苦对磨炼意志的价值。孟子提出"天将降大任于斯人也，必先苦其心志，劳其筋骨，饿其体肤，空乏其身"。这使中国人对人生道路上的障碍有较为充分的心理准备，在各种逆境面前能处之泰然。

（三）公平竞争精神的由来

体育史专家认为，西方体育主要通过三种途径进入中国：第一个是清末洋务派练新军，引进德国、瑞典的兵操；第二个是以"青年会"为代表的基督教系统通过教会学校引进竞技体育；第三个是中国派留学生到美国、日本去留学。伴随西方体育的传入，公平竞争精神也传入国内。社会学家费孝通先生认为"fair play"很不好翻译。传统文化看重身份门第、讲究论资排辈，有深厚的等级观念，长期缺乏平等、公平观念，反对人与人之间进行公开激烈的竞争。

从思想来源看，竞争精神以西方思想家的"人性"和"进化"理论为基石[①]。早在古希腊，就有"公正即斗争"观念。达尔文提出"物竞天择、适者生存"的进化论思想。赫胥黎把"生存竞争"从自然界直接引入人类社会。斯宾塞认为，自然选择过程将导致最强竞争者的生存和人口质量的不断改进，这种竞争是人类进步的最有力工具。尼采认为人必须争当强者，成为"超人"。许多人狂热地参

---

① 吴灿新.当代中国伦理精神：市场经济与伦理精神[M].广东：广东人民出版社，2001.

加竞赛说明了他们对竞争的渴望,可见,竞争观念主要从西方传入。

西方平等观念是与民主思想相应,逐渐萌发、凝聚起来的。古希腊修昔底德指出,每个人在民主政治下都有平等地位;柏拉图提出,在理想国中,大家一视同仁、平等相待;亚里士多德主张,平民政体的第一种形式便是严格地遵守平等原则。西方的平等思想从古希腊起一直贯穿于整个西方社会发展的历史,即使在中世纪,也存在"上帝面前,人人平等"观念。18世纪,洛克提出"天赋人权、人权平等"的思想;卢梭认为,不平等是人类社会一切邪恶的根源,主张通过"社会契约"使人类重新回到平等与自由的状态;孟德斯鸠指出,在共和政体下是人人平等的;文艺复兴时期,"人人生而平等""法律面前,人人平等"的观念在西方社会已广为传播并且深入人心。

(四)团队精神的由来

团队精神来源于传统文化,与集体主义相一致;其次来源于西方文化。

儒家文化是整体本位的家族文化。每个"家庭"就是一个完整的小团队,由不同家庭组成的"家族"就是一个大团队。由家族向外扩展,"国家"就是一个最大的团队,具有最高、最大的利益和价值。家文化是一种"家国同构"的文化。团队精神的共为一体、协作互助尽心尽力、为整体利益可牺牲个人利益,在儒家文化中都具备,团队精神中整体利益优先的原则在儒家文化中也提倡。

若说儒家文化是重血缘和亲缘关系的文化,那么集体主义则不带有血缘和亲缘关系。集体主义是社会主义道德的基本原则。在个人与集体、局部与整体关系上,集体主义强调个人利益服从集体利益、局部利益服从整体利益;在个人利益与集体利益有冲突时,要牺牲个人利益维护集体利益。这与团队精神中的个人服从团队、团队利益优先的原则相一致。

中国体育的团队精神与儒家文化的家族主义还是有所不同,团队精神还带有西方体育文化的特点。团队中每个队员都有明确的位置、作用和目标,前锋、中锋、后卫的任务、职责、权利一清二楚、不相混淆,这与中国传统文化的模糊、感性、界限不清有很大差异。团队精神尊重独特性、发展差异性,也具有西方文化特色。

(五)辩证实用理性精神的由来

辩证实用理性精神主要源于传统文化。传统文化有辩证思维的传统。老子强调对立面的转化,"祸兮福所倚,福兮祸所伏"。《易传》提出"一阴一阳之谓道"。中国的辩证思想常以阴阳、乾坤、形神、心物、动静等作为矛盾的双方,矛盾的双方不是静止、绝对的关系,而是互为存在的前提,双方是相互补充、相互渗透的动态平衡关系。它表现在体育战略上,就是"奥运争光战略"与"全民健身战略"不是相互否定,而是强调其相互依存、渗透、互补和转化,强调两个战略的平衡与协调发展。又如,体育战略中强调体育与经济的协调,体育与教育、科学、文化、卫生等方面的和谐发展;体育比赛中强调物质文明与精神文明的双丰收,等等,都是互补辩证法的具体体现。

马克思主义唯物辩证法对中华体育精神也有影响。20世纪60年代,深获好评的乒乓运动员徐寅生对乒乓女队的讲话,就是运用唯物辩证法联系的和发展的观点来看待乒乓球的技战术特点。整篇讲话自始至终都充满了唯物辩证法的思想。

实用理性也源于传统文化。儒家文化就是实用理性的文化。孔子曰"君子欲讷于言,而敏于行"。重要的不是言论,不是思辨,而是行本身,是"听其言,观其行"。孔子曰:"子不语怪力乱神"。儒家不用神秘的宗教狂热,而是用清醒冷静的态度对待现实生活,特别强调必须有实践的和实用的品格。思想家李泽厚明确指出:"实用理性注重吸收历史经验以服务于社会生活的现实利益。"中华体育精神继承了儒家的实用理性精神,也表现出重实用、轻思辨,重行动、轻言论的特点[①]。

第二节 奥林匹克运动精神

一、奥林匹克精神

(一)宗教体育精神

奥林匹克精神的源头是古代希腊文明,古代希腊对人的体格力量与健康的崇尚是奥林匹克运动竞技比赛的基础。古代奥运中对人的体能、技巧的挑战,体现着古希腊人的竞争与开拓意识。古代奥林匹克神圣休战既是对和平的渴

[①] 黄莉.中华体育精神研究[M].北京:北京体育大学出版社,2008.

望,也体现出希腊人对神和自然的敬畏。

顾拜旦认为奥林匹克的理想是一种世界性的,没有歧视、民主的公平竞争的人类大同的理想,所以它应是完全独立的。因此,它从一开始就不允许任何来自政治、经济或社会的因素对其进行干涉;而且,它必须寻求一种特殊的社会力量的支持,这就是有信仰的、具有一定组织形式的社会群体,其模式便是宗教。古奥林匹克运动会怀着对宙斯大神的无限崇敬而举行的祭奠仪式,启发了顾拜旦。他创办现代奥林匹克运动会时保留了一些古奥运会的元素,如圣火的传递,同时他又结合现代国家与民族意识,运动员可以在自己的国家旗帜前,同时也面对其他国家的旗帜,庄严宣誓,由此,他把古奥运会的宗教精神,与现代国家意识结合在一起,创造了他所理解的"宗教体育精神"。

(二)参与精神

"参与比取胜更重要",是现代奥运会的开创者顾拜旦提出来的,其含义是"过程比结果更重要"。生活的本质不是索取,而是奋斗。参与原则是奥林匹克精神体系中的第一原则,是开展奥林匹克运动的前提。

参与是取胜的基础,不管什么事情,只有参与了,人们才能相互了解,相互沟通;只有相互了解,才能达到增进友谊,维护世界和平的目的,也就是和谐发展;只有和谐发展,我们才能取得相应的成绩。

参与使生活变得更精彩,号召全民参与,最终实现终身体育理念的全面推广。北京奥运会以204个参赛国家、4万多名记者、170万各类志愿者、45亿收视率,以及3倍于雅典奥运会的报道规模,创造了"重在参与"的奇迹;伦敦奥运会更是实现所设所有大项均有女子运动员参与的壮举。

参与需要责任感和爱心。在体育中,运动员要尊重对方尊重裁判,尊重观众,禁止一切不文明、不道德的行为;运动员都要为高水平的比赛负责任,优秀运动员各方面都要有高度的责任感。

(三)相互理解精神

相互理解和彼此认同是奥林匹克精神发展的动力源泉。现代奥运会不仅是一场体育的盛会,也是世界人民的文化盛会。奥运会将世界不同的文化都集中在一个狭小的时间和空间内,不同文化之间的差异便尤为引人注目。差异就是矛盾,矛盾就可能引发冲突,而相互理解促使人们可以摆脱各自文化带来的偏见,实现对文化差异的容忍和理解,彼此认同则使文化差异成为促进人们相互交流的真正动因,使矛盾成为相互学习的动力。北京奥运会提供了中国文化与世界文化相互理解和彼此认同的良好契机。奥运会期间,外国友人不但能品尝到形形色色的中国各地小吃,感受中国绚丽多彩的小吃文化,还能欣赏到精美绝伦的丝绸、陶瓷展览和独具特色的曲艺表演,尽情领略造纸、印刷、皮影戏等中国传统文化的无穷魅力。中国以其独特的精神点燃了世界的激情,而世界则以其包容的文化放飞了中国的梦想。

奥林匹克精神的发展呼唤多元文化的交流和奥林匹克精神的多元性。相互理解是实现奥林匹克精神的多元性的前提,是多元文化交流的手段;彼此认同则是实现奥林匹克精神的多元性的关键,是多元文化交流的目的。没有相互理解不可能达到彼此认同,没有彼此认同也不可能实现真正意义上的文化交流和社会发展,只有二者相结合才能实现未来奥林匹克精神的继续存在和不断发展。

(四)和平友谊和公平团结精神

和平友谊是奥林匹克宗旨的高度概括。从古奥运会的"神圣休战协定"到北京奥运会的"同一个世界,同一个梦想",再到伦敦奥运会的"激励一代人",历届奥运会都表达了这一永恒的主题。公平团结是奥林匹克精神的最基本的原则。前国际奥委会主席罗格提出的"更干净,更人性,更团结"的奥林匹克新格言便集中体现了"公平团结"的重要内涵。"公平"一词蕴含了公正、平等和正义的内容。北京奥运会上,参赛各国的运动员,不论民族、肤色、宗教信仰和国家大小强弱,都得到了盛情接待,赛制上的合理安排及高于雅典奥运会25%以上的4500多例兴奋剂检查也充分保证了奥运会的公正平等;伦敦奥运会上保证了所设的所有大项都允许女子运动员参加,特别是女子拳击项目正式被列为比赛项目,充分体现了性别上的公平。"团结"是公平原则下人类的一种文化自觉,也是实现和平友谊的重要途径。北京奥运会上,来自世界204个国家和地区的84位政要和11526名运动员齐聚五环旗下,共同谱写了世界人民大团结的美好篇章。伦敦奥运会上,共有来自204个国家和地区的10500名运动员同场竞技,一展各自风采。和平友谊和公平团结亦具有内容和形式、目的和手段的辩证关系。和平友谊的美好内容以公平团结为其主要的表现形式;和平友谊的最终目标达成以公平团结为实现手段。二者辩证统一,共同构成了奥林匹克精神的永恒主题和基本原则。

(五)和平竞争精神

竞争是竞技运动的灵魂,也是奥林匹克运动存在的基本形式。赛场上的个体竞争是人类奋斗的缩影,是人类繁衍生息的重要品质和最可称颂的内在力量。北京奥运会上,美国"飞鱼"菲尔普斯的8块金牌和7破世界纪录,牙买加"狂人"博尔特的两枚短跑金牌和两破世界纪录都是个体竞争孕育的生命硕果;伦敦奥运会上,孙杨、叶诗文的异军突起,更是令国内外媒体赞不绝口,菲尔普斯延续良好的竞技状态,获得了4枚金牌和2枚银牌,他也是伦敦奥运会获得奖牌最多的运动员,继而,菲尔普斯在连续的3届奥运会上,共获得22枚奖牌,成为历史上获得奥运奖牌最多的运动员[1]。

和平是奥林匹克运动的奋斗目标,历代奥运会以橄榄枝作为最高奖品,象征着吉祥,友谊,和谐。它制定了休战条约,保证奥运会神圣不可侵犯,古代奥运会对维护和平、结束战争起了很重要的作用。现代奥运会继承这些传统,强调国家民族之间要平等,要维护人的尊严。奥林匹克的五环旗更是象征着全世界五大洲人民的友谊和大团结。

(六)奋斗精神

奋斗是奥林匹克精神的灵魂,它要求人们具有坚忍不拔、锲而不舍、顽强拼搏的进取精神。奋斗精神体现了人类社会发展的一种内在力量,是人类自强不息、发达昌盛不可缺少的高贵品质。世界冠军是世界体育的最高峰,要领略"一览众山小"的风光,必须付出艰苦的劳动,历经无数的艰难和曲折,具有"咬定青山不放松"的坚韧和克服一切困难的英雄气概。"人生能有几回搏""世上无难事,只要肯登攀"……,这种大无畏的奋斗信念,是运动员在竞技场上勇于拼搏的强大精神支柱,它在推动奥林匹克运动迈向更高水平的同时,对全世界的亿万观众,尤其是广大青少年的教育意义更是不言而喻和极为深远的。

二、奥林匹克精神原则

为了使奥林匹克精神能够起到指导人们社会实践的作用,可将奥林匹克的

---

[1] 刘元国,等.奥林匹克精神的理性思考[J].沈阳体育学院学报,2013.32(6):30-33.

本质内容分解为一系列奥林匹克原则,根据百余年现代奥林匹克运动实践的检验,目前被普遍接受的奥林匹克原则有参与原则、竞争原则、公正原则、友谊原则和奋斗原则等五项。

参与原则是奥林匹克精神的第一项原则,参与是基础,没有参与,就谈不上奥林匹克的理想、原则和宗旨等等。参与原则已被世界各国运动员和广大群众广泛接受。

竞争原则表明奥林匹克运动是一项倡导挑战与竞争的社会活动。"更快、更高、更强"是奥林匹克竞争原则的集中体现。竞争是奥林匹克运动的基本形式,也是推动人类社会进步的基本形式之一。人类在竞争中,勇于向世界强手和先进水平挑战,不断超越自我、超越他人,有所发展、有所创新、有所前进。

公正原则是参与奥林匹克竞争的行为规范。奥林匹克精神蕴含了公正、平等、正义的内容,承认一切符合公正原则的行为,唾弃和否定一切不符合道德规范的行为。公正原则使奥林匹克精神具有了极大魅力。

友谊原则是奥林匹克运动的目的。奥林匹克运动不仅仅是一项单纯的体育活动,其最高目标是,通过体育活动的手段,把世界上不同国度、不同种族、不同语言、不同宗教信仰的人凝聚在一起,使大家相互交往,增进了解和友谊,进而达到世界团结、和平、进步的目的。

奋斗原则是奥林匹克精神的灵魂。奋斗精神是人类得以繁衍生息、繁荣昌盛的重要品质,是人类最伟大、最可称颂的内在力量。赛场的奋斗是人类奋斗的一个缩影。奥林匹克精神要求人们具有坚忍不拔的进取精神和克服一切困难的英雄气概。

三、奥林匹克精神的作用

(一)导向作用

奥林匹克精神是奥林匹克的旗帜,召唤投身奥林匹克运动的各路大军,指引人们冲着奥林匹克主义前进的方向,鼓舞着人们前进、奋斗、拼搏、勇往直前。

(二)促进作用

奥林匹克精神强调友谊、团结、相互理解,极大地促进了各国人民之间的交流,在全球营造和谐的氛围。正是在这种氛围中,各国人民放下种族、地域的偏见,跳脱出狭隘的民族局限,以世界公民的广阔胸怀接纳来自其他国家的文化。

（三）激励作用

奥林匹克运动以体育、特别是竞技体育作为主要内容,在体育中,各国运动员激烈竞争,运动员的身体、心理都可以得到很好的锻炼,但是这种竞争只有建立在公平公正的基础上才有意义。奥林匹克精神不断激励着人们从事公平公正的竞争。

四、奥林匹克运动精神的发展与完善

（一）古代奥林匹克运动会精神

古希腊是一个神话王国,传说古代奥运会是为祭祀宙斯而举行的体育竞技运动,而实际上流传最广的是佩洛普斯娶亲的故事。古希腊国王为了给自己的女儿挑选一个文武双全的驸马,提出应选者必须跟自己比赛战车,比赛中。13位青年丧生于国王的长矛之下,而第14位青年就是佩洛普斯。在爱情的鼓舞下,他接受了国王的挑战,最终以智取胜。为庆祝这一胜利,他们在奥林匹亚的宙斯庙前举办了盛大的婚礼。婚礼上安排了战车、角斗等比赛项目,这就是最早的奥运会。

奥运会的起源实际与古希腊的社会情况有着紧密的关系。公元前9至8世纪,希腊氏族社会逐步瓦解,城邦制的奴隶社会逐渐建立起来,建立了200多个城邦。各个城邦各自为政,无统一国君,战争不断。连续不断的战争使人们感到厌恶,普遍渴望有一个赖以休养生息的和平环境。后来斯巴达国王与伊利斯国王签订了"神圣休战月"的条约,于是准备兵员的军事训练和体育竞技逐渐成为和平友谊的运动会。

古奥运会虽早已消亡,但它对人类的发展,特别是体育的发展进程产生了深远的影响。古奥运会提出了坚持和谐发展的身体观,提出以竞技比赛促进和平友谊、强化社会凝聚力。古代奥运会是人们表现自我、展现自我价值的一种形式,只奖励第一名,秉持着"要胜过别人,成为第一"的思想,强化了人们敢于斗争、敢于胜利的拼搏精神。

第六章 体育精神

(二)现代奥林匹克运动会精神

1. 奥林匹克运动精神的成熟阶段

1894年6月23日国际奥委会的成立,标志着现代奥林匹克运动会的诞生。国际奥委会的成立,为现代奥林匹克运动会的正常运转提供了组织保证。但这一时期的奥林匹克组织体系还不完善,功能不齐全。早期的三届奥运会随意性很强,难以稳定下来。1908年的第4届伦敦奥运会开始有了根本上的改变。英国奥林匹克理事会委托各个体育运动协会分别组织和实施奥运会中他们所管辖的运动项目的比赛,由他们制定比赛的规则、编排赛程、选派裁判员和组织比赛,把奥运会朝标准化、规范化的方向大大推进了一步。

奥林匹克的创始人顾拜旦提出的"奥林匹克主义"这一概念,虽然当时并没有对它有详细的解释,但却鼓舞着人们投身于奥林匹克运动当中去,使之全面发展,成为健美、高尚、公平、自由的人。他于1912年发表的《体育颂》,赞美体育是美丽、正义、勇气、荣誉、乐趣、和平和进步的化身,是培养人类的沃地。顾拜旦还认为只有非雇用的、不受物质因素影响的业余运动员才能促进"各民族体育的友好关系发展"。

奥运会强调的是运动员和运动队之间的比赛,而不是国家之间的体育实力的较量。早期的奥运会运动员代表是代表俱乐部、大学或者协会参赛的,由不同国籍的选手组队参加集体项目也是允许的,在第2届运动会中就有由瑞典和丹麦选手组合成联队参加拔河比赛,并获得了第一名。在4届奥运会中,英国公布了各国获得奖牌的成绩,开了奥运会设置"奖牌榜"先河。这样虽然增加了各队竞争的气氛,但也导致了后来"奖牌主义"和"国家主义"的争论。国际奥委会在日后的《奥林匹克宪章》中明文规定,奥运会是运动员之间的比赛,而不是国家与国家之间的竞争[1]。

1908年第4届伦敦奥运会期间,顾拜旦提出"参与比竞争重要"这一信念,标志着"奥林匹克思想"的产生。

【最伟大的最后一名】

在1968年墨西哥城奥运会上,坦桑尼亚运动员约翰·斯蒂芬·阿赫瓦里

---

[1] 罗时铭.奥林匹克学[M].北京:高等教育出版社,2007.

参加了10月20日的马拉松比赛。遗憾的是,当他跑到19公里处的时候,不慎摔了跤,膝盖受伤,而且伤势比较严重。这时他的教练劝他放弃比赛。但是,阿赫瓦里拒绝了教练的善意劝告,简单包扎后,他拖着受伤的右腿费力地迈开了脚步。鲜血渗出来,染红了绷带。他仍然坚持着一瘸一拐地进行着比赛。直到晚上7点钟的时候,腿上流着血、缠着绷带的阿赫瓦里才步履蹒跚地走进了比赛场地。此时,比赛已经结束了一个小时,连颁奖仪式都已经完成了。偌大的体育场里,只剩下场地工作人员和一批即将散去的观众。但是,当阿赫瓦里跌跌撞撞地冲向终点时,全场的观众都为之感动,向他报以雷鸣般的掌声。在这场比赛当中,最后一个完成马拉松比赛的选手自然是阿赫瓦里。旁人问他为什么明知毫无胜算,还要拼命跑下去?他说:"我的祖国从7000英里以外的远方把我送到这里,不是让我开始比赛,而是让我完成比赛的。"尽管他没有能够登上领奖台,但是他的行动却道出了奥林匹克精神的真谛。这个"最伟大的最后一名"用自己的行动,诠释并弘扬了现代奥林匹克运动的"重在参与"精神。[1]

2. 奥林匹克运动精神的规范发展

在两次世界大战期间,奥林匹克组织发展得十分迅速,形成了以国际奥委会为龙头,以国际单项体育联合会和国家奥委会为两翼的三大支柱相互配合的组织体系。

顾拜旦努力将奥林匹克运动与传播人道主义思想、消除等级、民族和种族界线、克服国际矛盾的活动结合起来,将奥运会看成是一种教育手段。他想通过国际化的现代奥林匹克运动,引导人们参加公正的体育竞赛,加强各国人民之间的团结,倡导和平与友谊。这些认识构成了顾拜旦奥林匹克精神的基础。

这一阶段产生了著名的奥林匹克格言"更高、更快、更强"。奥林匹克格言强调的是一种不断进取、永不满足的精神;一种敢于斗争、敢于胜利的气魄;一种不断超越自我,不断实现人生价值的追求。[2] 宣扬着人生的斗争哲学,就是不断地拼搏和进取。这一格言是对"重要的不是胜利,而是参与"的补充,这两句

---

[1] 张越.奥林匹克文化教程[M].杭州:浙江大学出版社,2013.
[2] 罗时铭,谭华.奥林匹克学第2版[M].北京:高等教育出版社,2007.

第六章 体育精神

话相辅相成,完整地表述了奥林匹克运动中对立统一的关系。

奥林匹克精神是不断发展的,它逐渐发展成了一个包括奥林匹克主义和一系列奥林匹克原则所组成的思想体系。《奥林匹克宪章》对奥林匹克主义定义为:"奥林匹克主义是将身、和精神方面的各种品质均衡地结合起来,并使之得到提高的一种人生哲学。它将体育运动与文化融为一体。奥林匹克主义所要开创的人生道路,是以奋斗中所体验到的乐趣、优秀榜样的教育作用和对一般伦理基本原则的尊重为基础的。"奥林匹克主义的宗旨是使体育运动为人的和谐发展服务,以期建立一个和平的、维护人的尊严的社会。奥林匹克原则也几经发展,目前可表述为参与原则、竞争原则、公正原则、和平原则。这几项原则是一个有机的整体。奥林匹克精神强调"参加比取胜更重要",号召更多的人积极投身到奥林匹克运动中去,实现奥林匹克理想,鼓励人们"更快、更高、更强";奥林匹克精神追求和平友谊,以期创立一个更加美好的世界。随着奥林匹克运动的发展,许多早期的原则在巨大的冲击下发生了变化。国际奥委会成立之初,产生于英国的体育"业余原则"就被写进了"奥林匹克宪章"。现代奥运会的创始者们认为只有摆脱了物质利益,竞技运动才是纯洁高尚的,而职业选手却会破坏竞赛的崇高精神,会使体育堕落。因此,奥林匹克运动的"业余原则"就成了奥林匹克精神赖以存在的生命线。顾拜旦和布伦戴奇等人都强烈反对职业化。然而,这一原则却引起了极大的混乱,并遭到现实的猛烈冲击而无法继续存在下去。

第二次世界大战结束后,虽然发展是奥林匹克的主流,但在其发展过程中也暴露出各种各样的危机。曾经维护和促进奥林匹克运动发展的、在政治上不与政府打交道、独立于政治之外的逆向代表制的原则,使大批新独立国家的积极性和参与精神受到极大的阻碍。僵硬的业余原则打击了高水平运动员的热情。奥林匹克运动这种封闭式的运作模式,不仅使其得不到必要的社会协作,而且在经济上失去来源。奥林匹克运动与迅速变化的社会现实发生了越来越激烈的冲突,出现了各种危机。

因为这些危机的出现,促使奥林匹克改革的步伐进一步加快,1989 年萨马兰奇担任国际奥委会的第七任主席,他在基拉宁改革的基础上以积极的态度和务实的精神,慎重而坚定地进行了一系列大刀阔斧的改革:加强与政府、非政府国际组织合作,使奥林匹克发展与政治共存;加强与媒体和跨国公司的合作,实现奥运会商业化运作;取消了"业余"原则,宣布奥运会向世界上一切最优秀的运动员开放;加强了奥林匹克内部的改革,使国际奥委会组织更透明、更民主。奥林匹克运动进入了一个改革发展的新阶段①。

课后练习与能力提升:

在新时代学校体育发展中,在课程思政的建设中,如何将体育精神的价值与作用全面地体现出来,合理地融合在体育教育教学的过程中,使其在立德树人的过程中发挥应有的作用。

拓展阅读与资料库链接:

1. 习近平会见中国女排代表 人民政协网(https://www.rmzxb.com.cn/c/2019-09-30/2436924.shtml)

2. 谈中国女排——弘扬女排精神 不负伟大时代_国家体育总局(https://www.sport.gov.cn/n20001280/n20745751/n20767279/c...)

3. 深刻认识和大力发扬北京冬奥精神 光明网(https://theory.gmw.cn/2022-04/28/content_35696133.htm)

4. 拓展体育学科德育内容,提升体育课程思政建设质量 国家体育总局(https://www.sport.gov.cn/n20001280/n20067626/n20067766/c...)

---

① 罗时铭.奥林匹克学[M].北京:高等教育出版社,2016.

第七章 体育文化与艺术

导读：

体育作为一种社会文化现象，蕴含着丰富的美学艺术，并且其美学艺术的体现是多种形式的，它往往存在于体育运动的各个方面。例如体育运动中丰富多彩的竞赛环境、优美的肢体语言以及紧张的比赛节奏等都体现了体育运动中的美学艺术。也就是说体育运动不仅给人带来了精神上的舒畅感，还给人们带来了心灵上关于美的享受，可以说当前形势之下的体育运动和美学艺术是密不可分的。本章让我们一起来了解体育与美学、体育的艺术价值、体育与美育的关系。

第一节 体育与美学

一、美的起源与美学创立

美和艺术最初发生的根源。在中外美学史上，许多美学家运用哲学、文艺学、人类学的观点对美和艺术的起源作了发生学的研究，形成多种学说。主要有：一，"理念回忆"说。古希腊柏拉图认为"理念"是先验的原初的"美本身"，现实美、艺术美是少数天才在迷狂状态中对理念美的回忆；二，"道原"说。中国先秦道家认为自然无为的"道"是最高的"大美"，现实美、艺术美是"道"之美的外化；三，"圣王制作"说。先秦荀子认为"先王""制雅颂之声"以"感动人之善心"是"乐"的源头；四，"模仿"说。古希腊亚里士多德认为对现实世界的模仿形成人类孩提时代的美和艺术,中国《吕氏春秋·古乐》也提出帝尧"命质为乐,质乃效山林溪谷之音以歌"之说;五,"游戏"说。德国席勒认为原初的美和艺术起源于将理性与感性统一起来的游戏,斯宾赛认为原初的游戏和艺术都起源于原始人"过剩精力的发泄";六,"巫术"说。英国泰勒认为原始艺术起源于"人格化的神灵"和原始人巫术、祭祀活动;七,"功用"说。德国格罗塞认为原始艺术源于狩猎等实际功用,芬兰希尔恩也认为原始艺术源于鼓舞斗志、帮助劳动、吸引异性等实用的动机;八,"移情"说。德国里普斯认为人将自己的情感移置于对象以后才产生了美和艺术;九,"劳动"说。德国毕歇尔最先提出"艺术起源于劳动",俄国普列汉诺夫认为审美意识和艺术最初源于人类初期的生产劳动等功利目的,然后才逐渐产生非功利的审美欲求;十,"实践"说。马克思主义美学认为生产实践首先创造了人自身,锻炼了人的双手和大脑,然后才由社会实践的需要产生了人对审美和艺术的需要,提高了人的审美创造美的能力,才使人在实践创造的成果中确证自己,实现了人的本质的对象化,从而创造了原初的美和艺术。以上诸说都将美的起源与美的集中表现——艺术的起源结合起来加以考察,从不同角度探索它们的共同源头。[①]

二、体育美学概述

(一)体育美学的形成与发展

在西方,近代体育是伴随着资本主义的产生、发展而逐兴起的。思想家、教育家抨击封建主义的禁欲主义,提出"灵肉一致",突出歌颂人体的均衡发展和健康美。他们颂扬和继承古希腊的体育,尤其是雅典的体育,注意人的身心的协调发展,讲究匀称而健美的体型,采用多样的运动形式和优美的技术动作,从而形成了较丰富的体育美学思想。下面我们分析几位有代表性人物的体育美学思想,勾勒出这一时期体育美学思想的轮廓。

扬·阿·夸美纽斯(1592—1670)的体育美学思想。他强调人的身心和谐发展,提出人应适应自然的体育美学观念。人是最完善的、最优美的创造物,是绝妙的小宇宙,而人本身在肉体和心灵上是谐美的,人的生长、发育以及儿童从

---

① 邱明正,朱立元.美学小辞典:增补本[M].上海:上海辞书出版社,2007,4:19-20.

事游戏和运动,是一种自然的本性,是受一种内发的力量所驱使的,也就是说它是自然的产物。只需尽量地顺应自然,身体就会逐渐地、不知不觉地自然生长,并且变得强壮。他强调人的力量是自然的需要,人要健康、强壮就得运动。

法国资产阶级民主主义者、启蒙思想家、哲学家卢梭(1713—1778)的体育美学思想。他主张,体育要服从自然法则,让婴儿四肢自由活动,能满足儿童的天性,还应根据儿童的兴趣爱好,组织运动游戏等。卢梭的这一主张包含着影响深刻的体育美学见解。

在中国,近代教育家、美学家蔡元培(1868—1940)在他的整体教学中,为了养成健全的人格,对体育美的作用特别重视。他认为,随着社会的发展,文明的进步,体育从宗教束缚中解放出来,走向独立,担负着培养学生的发达身体、振作精神的任务。他认为"游戏,美育也是体操者,一方以健康为目的,一方实以身体为美的形式之发展,希腊雕塑家所以成空前绝后之美,即源于此"[1]。蔡元培提出游戏、体操是美育的观点,是很有见地的,表明他开始把体育项目作为审美对象,并且认识到体操对人体的健康美及人体的形式美的作用。

蔡元培还积极倡导体育中实施审美教育。他说"体育在西方有一句成语叫健全的精神,寓于健全的身体,体育要发达学生的身体、振作学生的精神。""体育最要紧的是合乎学生的生理,若只求个人的胜利,不管生理上有无危险,便失去了体育的价值了。""开运动会和竞技等,因变化常态而添兴趣是很好的"。从这里我们可以看出,蔡元培的体育美学思想的核心是为了培养身心两健,有丰富情感的人。

1917年"五四"前夜,毛泽东在《新青年》上发表的体育论文——《体育之研究》中提出了独具特色的体育美学思想。他指出:"体育者,人类自善其身之道,使身体平均发展,而有规律次序之可言者"。强调体育的审美教育功能是"调盛情""强意志"等。

现代美学的产生和体育美学的构建与发展,取决于社会发展的需要。随着我国改革开放向纵深发展,综合国力的提高,体育美学将愈来愈显示出其独特的功能和作用。为了建设社会主义精神文明,为了培养21世纪德、智、体、美全

---

[1] 蔡元培.大学教育[M].北京:北京出版集团公司,北京出版社,2018:2.

面发展的人才,不仅要大力开展体育运动,而且还要在体育运动中促进动作技术趋向优美化和审美化。换言之,在未来,体育审美功能将会愈来愈受到重视,体育美学也将被更多的人所理解和接受,并成为人们进行体育锻炼和运动训练的自觉指南,成为人们完善自身、陶冶心灵、使身心和谐发展的一条重要途径。

我国体育美学的发展态势和展望,就其主流来说,是进步的、积极的、令人振奋的,但并非不存在问题。我们认为应该站在促进体育美学发展的立场上,对我国体育美学发展态势中的支流及不足之处有一个清醒的认识,至少应引起我们关注。①

虽然我国体育美学研究思路得到拓展,提出了许多新的理论、新的观点,不同学术观点也时有争鸣,但没有形成有较大影响的学术流派。因此,我国体育美学理论界互相争鸣、互相交锋、互相影响、相互促进、相互提高的机会很少,也没有出现过哪个流派的体育美学理论在某一时期占主要地位的现象。出现这种状况的原因主要是相当一部分研究者把体育美学学科体系和体育美学科学体系有意无意地混为一谈,合二为一。从目前已出版的体育美学专著来看,基本上都是作为体育美学学科体系中高校教材形式出现的。二者必然相辅相成,联系与区别共举。故我国要形成具有影响力的体育美学学术流派,就一定要在体育美学科学体系理论构建方面有所突破。

(二)体育美学的研究对象与特点

体育美学是科学地揭示体育美的本质特征和美的规律的科学,因此,体育美学研究的对象是体育实践中的一般美学问题,是人体运动中的美,即体育实践发展过程中美的本质和规律以及人体如何表现这一规律,人们如何认识、反应、掌握和应用这些规律。简言之,即人对体育实践的创造与审美的关系。要弄清体育美学研究的对象,首先必须弄清人和体育运动的特殊关系。由于体育运动是通过人的身体的自觉的、有目的的一种使客体和主体统一起来的活动,又因为这种活动是通过人的身体所进行的一种社会活动,因此,它本身不仅具有自然属性,而且也具有社会属性。从这些特征出发,体育美学研究的是体育运动中的美学问题,是人对体育运动的审美关系问题,是人体在体育运动中美

---

① 雷国梁,苏肖晴,左铁儿.体育美学教程[M].北京:中国文联出版社,1999.

的本质特征和美的规律问题。换句话说,体育美学不仅要研究人在体育运动中美的表现和发展变化的规律,而且还要研究人对美的观点(美感、审美意识)在体育运动中的反映和表现形式。①

体育美学首先从客观方面研究体育运动中实际存在的美,正确认识审美对象,以便准确地发掘体育运动美的特征及其规律性;其次要从主观方面研究体育运动中以美感为核心的审美意识。在这个基础上,进一步研究如何更好地利用主观的审美意识进行再创造,也就是要把审美意识反作用于体育实践,使体育运动更完美,更趋于美感。体育运动美是借助于人的自然实体来表现的,因而体育运动美是融入美的动作来塑造美、创造美的。因此,体育运动美不仅是为客体所感受、所欣赏,而且是审美客体和审美主体同属一体的,这是体育美学所要揭示的特殊规律之一。同时,体育运动美是通过人的活动来表现的,而人在体育运动中,不仅表现为个体的活动,而且往往大量地表现为群体的活动,因而体育运动美又常常表现为具有社会性的集体美。例如,在体育运动中动作整齐划一,技术准确娴熟,战术配合默契,以及集体造型、情感交流等等,这些都是其他美学所没有的,或者是无法充分表现的。所以,这也是体育美学所要研究的重要课题。

体育运动美的主体是活动着的人,而人在体育运动中,不仅表现出动作美、社会美、艺术美,而且也改造了人体自身。体育运动不仅能把人体自身塑造得更加矫健强壮,而且还把美的规律、美的尺度运用于其中。通过体育美学的研究,就能够进一步揭示如何利用各项体育运动去更有效地增强人的体质,更完美地健全人体各种生理功能,更好地培养人的各种优良意志品质,促进人的身心臻于完善。

把人对体育实践的创造和审美关系作为体育美学研究的对象,可以较全面、较概括地说明体育美学研究的对象,不至于偏重一个方面而忽略另一个方面。因为体育美学研究的对象不仅仅限于审美客体,它还要研究审美主体(审美意识和美感经验),以及主客体之间的关系。同时,把人对体育运动的审美关系作为体育美学研究对象的最大优点是抓住了人类的审美的实践活动。人对

---

① 金大陆.体育美学[M].北京:中国青年出版社,1990.

体育实践的创造和审美关系是在体育运动的实践中发生的,无论体育运动美的欣赏或创造,都必须通过体育实践活动或者对体育运动的具体对象进行实际的欣赏,而并非主观臆想的。我们把人对体育实践的创造和审美关系作为体育美学研究的对象,就可以使我们重视体育运动的创造和审美实践。实践是人类历史的基础 实践的观点是体育美学研究的理论基础和方法论原则,只有从实践的观点出发去探索体育运动美,研究体育运动的美感根源和本质,探索体育运动美的创造规律,才能够将体育美学建立在科学的基础上。实践的本身就是客观的物质活动,它包含了主体和客体两个方面,牢牢把握实践这一根本观点,就可以避免只把审美客体或者只把审美主体作为体育美学研究的对象,从而使主体和客体有机地统一起来。[①]

既然体育美学是研究人对体育实践的创造和审美关系,而这种关系不仅包括了审美客体,也包括了审美主体。那么,体育美学研究的范围首先应当研究构成这一关系的客体(美)和主体(美)这两大方面。其次,创造和审美关系既然是在实践活动中发生的,而人类的实践活动(包括体育实践)是一种有目的的活动。体育实践的目的,不仅仅在于认识人体运动的各种规律,更重要的是在认识人体运动各种规律的基础上,不断地改造人体自身,完善自身,使创造意识和审美意识物态化。因此,体育美学研究的范围还必须包括体育运动美的创造和体育运动中的审美教育问题。

体育美学研究的内容是多方面的。首先,应当研究人在体育运动中的自然美和艺术美的表象和理念。所谓人在体育运动中的自然美,主要是指人的躯体的形态、结构和机能的健美;而艺术美指的是人体的自然美在体育运动中经过人的形象思维加工提炼艺术创造。千百年来,无数的美学家都把人体美视之为他们代代耕耘的美的沃土,美的矿源。他们一方面有意识、有目的地通过体育运动去塑造人体的健美,另一方面又创造出无数反映人体美的艺术作品。毋庸置疑,体育运动是创造人体美的强大动力,而表现人体美的艺术作品则是照亮人们审美航道的灯塔。

体育运动在塑造人体健美方面的功效是显而易见的。长期坚持体育运动

---

① 胡小明.体育美学[M].成都:四川教育出版社,1987.

的人,与缺乏体育运动的同性别、同年龄的人相比,其健康状况、体型、体态、肌肉、皮肤以至精神面貌等方面都是有明显区别的。前者身体强壮结实,体型端庄、均匀,体态协调、优美,肌肉发达而富有弹性,皮肤光泽红润,显得精神焕发,生机勃勃;而后者则显得身体虚弱无力,体型不是大腹便便就是骨瘦如柴,肌肉松弛,皮肤缺乏光泽,精神萎靡不振、暮气沉沉。我们常常可以看到世界各地的健美比赛、表演,在优雅的乐曲声中出现的一个个健美的佼佼者,他(她)们那优美的身躯、协调的线条、丰满而结实的肌肉,充分显示出人体自然美和艺术美的完美结合,是人体美的典型,给人以极大的美的享受。

体育运动技术、战术的美的特点和规律,也是体育美学所要研究的重要方面。体育运动中的技术、战术是人体健美的艺术表现形式。总的来说,凡是高质量、高水平的技术和战术都是美的。因为这些技术和战术是人体和人体之间和谐自如、轻盈协调、富有韵律的有机组合,它能给人以美的享受。而正确的美感意识和良好的艺术修养,则有助于创造出高、难、新、美、险的动作技术和战术。因此,体育美学必须深入研究各项体育运动的美和审美的普遍性与特殊性、相对性和绝对性,这对提高各项运动技术和战术水平有重要的现实意义。

体育美学还应当把体育运动与精神文明建设的关系列为研究的一项重要内容。体育运动是人类的一种基本实践活动,它自从与生产劳动分离出来之后,就与社会的发展、人类的文明有着不可分割的联系,它既为人类的物质文明服务,也为人类的精神文明服务。古往今来,人们都认识到体育运动不仅能产生物质力量,也能产生精神力量。毛泽东在《体育之研究》一文中说:"欲文明其精神,先自野蛮其体魄;苟野蛮其体魄矣,则文明之精神随之。"体育运动在增强体质,提高运动技术水平的同时,还能激发人们追求美、丰富美和创造美的能力。体育运动的一个显著的特点,就是具有强烈的竞赛性,这种竞赛又是以直接对抗的形式出现的,犹如两军对垒,针锋相对,分秒必争,胜负优劣,即见分晓。体育运动竞赛不仅是技术、战术、体力和智慧的角逐,而且也是精神、意志、思想和作风的较量。在紧张激烈的竞赛中,运动员们所表现的顽强拼搏、争取胜利的精神,以及在运动场上所表现的公平、诚实、谦虚、礼貌和优良的道德风貌,能给人以美感。一场国际体育竞赛,在一定程度上反映一个国家的文明程度,关系到民族的尊严和国家的荣誉,必然对人民群众的思想、感情、意志和精神风貌产生巨大的影响。①

在体育运动中如何进行审美教育,也是体育美学研究的一项内容。体育运动中的审美教育内容极为丰富,而且涉及的领域非常广泛,从促进人的身心和谐发展角度来说,体育中的审美教育主要是指协调发展的身体,匀称的体态,有力的、熟练的、敏捷的和优美的动作,以及开朗的胸襟,坚毅的性格,高尚的情操。

此外,各种类型的体育场、体育馆的设计、建筑和装饰,各项体育运动服装的样式设计和颜色搭配,各种运动器材的设计、制作以及体育音乐、体育美术、体育摄影、体育电影、体育电视、体育广播等等,都是体育美学研究不可忽视的内容。

(三)体育美学的发展趋势

体育美学的崛起是现代体育发展的需要,是人类文明的象征。由于社会的发展,科学技术的进步,各学科的相互渗透,以及体育事业的蓬勃发展,为体育美学的发展提供了广阔的天地。

假如说,目前人们对体育美学还不够了解,甚至尚有人还不知道有体育美学这门学科的存在的话,那么,在不久的将来,随着科学技术的进一步发展,体育运动的广泛普及,体育审美功能的提高和人们审美意识的增强,体育美学将成为整个体育事业的重要组成部分,成为体育科学体系中一支生机勃勃的学科,到那时,它在人类社会生活中所发挥的作用将更加突出。随着社会的发展,体育美学的理论也将通过体育运动实践的检验而不断发展,将成为指导人们体育锻炼和运动训练的良师益友,成为指导人们完善自身,促进身心健康、陶冶情操、美化生活的重要理论。

随着人们审美意识和对完善自身认识的提高,人体美问题将会引起人们极大的关注、向往和追求,人们将会更自觉地通过体育运动去塑造自己身体的健美;那时,体育美学将成为塑造人体健美的指南,体育美学的内容也将更加丰富,并进一步促进体育美学研究的繁荣和发展。

---

① 仇春霖.大学美育[M].2版(修订本).北京:高等教育出版社,2005.

在体育运动领域内,随着现代科学技术的发展和人们对社会认识能力的提高,愈来愈多的体育运动项目出现在体坛上,因而使体育美的形态更加丰富多彩;因此,努力揭示不同运动项目的审美特征,指导人们进行正确的体育欣赏,不断提高人们对体育运动的审美能力和鉴赏能力将成为体育美学研究中的一个重要课题。[①]

由于体育运动的发展与健身、健美结合得愈加紧密,运动处方、医疗体育、娱乐体育等的发展,使体育人口大大增加,人们在亲身从事各种体育运动中,将会逐渐体会到体育运动美给自己的身心健康所带来的效益;因此,体育美学对于大多数人来说已不是什么抽象的理论原则,而是动员群众、吸引群众和指导群众投身于体育运动实践,欣赏和创造体育运动美的有力武器。

总之,由于体育美学的发展,同体育运动和体育科学的发展存在着必然的联系,因此,体育美学发展的程度取决于体育运动和体育科学的发展水平。今后,随着体育运动项目的增多,体育人口的不断扩大,体育运动水平的提高,体育经济效益和社会效益的日益明显,体育运动美的内容也将更加丰富多彩,而且越来越被人们所认识;因此,体育美学的发展有着广阔的前景。体育美学作为一门学科,目前在我国正处于创建和开拓阶段,在体育美学研究中,由于受我国传统美学思想的影响,新中国成立后又引进了苏联的美学体系;实行改革开放政策后,国外各种美学思想、观点纷纷涌入,这些都给建立我国自己的体育美学体系造成了一定的困难,但也提供了有利条件。在这种情况下,我们可在保持我国传统美学思想的基础上,博采众家之长,坚持重美德的传统,遵循从体育运动实践的要求进行研究,不断总结自己的历史和实践经验,防止自由化思想的侵袭,配合社会主义物质文明和精神文明建设,尽快建立具有中国特色的体育美学新体系,为发展社会主义体育事业作出更大的贡献。中华民族有屹立于世界民族之林的能力,也完全有能力创建具有自己民族特色的体育美学瑰丽的殿堂。

---

① 杨兆麟.我国传统体育美学价值及传承建设[J].齐齐哈尔师范高等学校学报,2017(3):81-82.

第二节 体育的艺术价值

一、体育中的艺术

体育人才应有的艺术修养是运用自如的运动形象所表现出的力和才能。随着艺术与体育越来越亲近,各门类的艺术也越发渗透到体育中来,从而诸如健美操、花样游泳、花样滑冰、跳水等较强美感性的体育项目也随之产生,艺术的渗透加快了体育事业的发展,使其进入追求体育美的新时代。总之,体育本身就是一种文化形态,一定的文化素养和艺术修养是体育工作者理应具备的。体育工作者不仅要掌握运动的知识、技术、技能,还要懂一点文学、美学、音乐、舞蹈、书法、美术等知识,培养多方面的爱好。

体育项目中艺术的渗透使体育不断趋向于艺术。概括地说是指它的总体技能达到了出神入化的境界;具体地说,则是指项目所呈现出的那种对姿态美和意境美的追求。如花样滑冰,在优美的旋律中,它既是身体,又是灵现;既是现实,又是理想;既是瞬间,又是永恒。花样滑冰像在云里,像在浪里,像在飞,像在游,像仙子下凡一样。中华武术门类繁多,风格多异:太极拳刚柔相济、动静相递、开合相依;八卦拳沿圆走转、身随步翻、掌随身变、步随掌转;形意拳心与意合,气与力合,手与足合等。应物象形,内外合一等更具有审美的价值,都是中国武术的特点。健美比赛是国际健身联合会或其他健身组织为发展人体健、力、美而举办的活动,在音乐伴奏下,渗入舞蹈形式,有节奏地展示运动员匀称体态、发达肌肉,给人们健与美的享受。[①]

可见,现代体育运动中体育与艺术已经紧密结合,相互渗透,相得益彰。体育成艺术的对象和重要创作题材,体育也借鉴艺术的规律、形式和方法辨证地发展。

二、体育艺术的表现形式

生活是想象的土壤,它孕育了艺术家的激情,推动艺术家的想象力和技巧

---

① 赵志英.中国体育美学研究现状与未来思考[J].体育社会科学,2014(3):81-82.

的发展。审美体验、评价和理想,通过艰苦的艺术构思、提炼、概括、加工、改造这些素材,最后熔铸成有完美艺术形式的艺术形象,就具备可提供审美的属性。艺术美有形象性、感染性、典型性,它和真、善相统一。

艺术美是主观与客观的统一,是认识与情感、再现与表现的统一,也是形式与内容的统一。人类生活内容是丰富多彩的,其美的表现与再现形式也是多种多样的。可分为文学、音乐、美术、舞蹈等不同形式。

在体育运动中,美的表现具有不同的状貌和特征,它们给人的审美感受也是不尽相同的。[①]

1. 体育美的整体美。整体美是体育美的一个特定形态,它表现在集体项目的群体组合和活动中。篮球队、排球队、足球队等都是群体组合,通过体育技术组成、运行、提高,以致到出神入化的程度而表现出来的整体美。队员们之间配合默契、娴熟的传接球、准确的投篮、扣球、射门都表现了群体的意识美、智慧美和技术美。

2. 体育的含蓄美。体育的艺术美、创造美、人们内心道德美、力量美、智慧美等是含蓄美的表现形式。体育活动的拼搏意志是我们这个民族向上精神的具体体现。它寓意深刻,意境纯美,形象丰富,神韵无穷,给人以享受、鼓舞和力量,发人深省。

3. 体育的形式美。体育的形式美是技术、形状、结构和动作组合美,是体育的外形美,包括体育活动的比例、和谐、均衡、节奏、场地器材布置的对称优美和队列队形的整齐等。这些形式美给人以生理上、心理上的愉快,是人们表现自我意识和创造活动的方式之一,是体育美的重要体现方式,体育美的许多内容就是通过形式美表现出来的。

4. 人体形态美。人体形态美主要表现为自然的或正常的体态,它包括正常的生长发育、丰满的肌肉、自然协调的动作、正常的行动姿态等。体育活动能使人们形成健壮匀称的体格,端正的健美姿势,使其终身幸福愉快。形与美的协调,充分展现了人体美和充满朝气的气质美。正如苏联著名诗人马雅可夫斯基

---

① 何光斌.论体育美学的价值[J].河南科技学院学报:自然科学版,2005(1):138-140.

所说的:"世上没有更美丽的衣裳像结实的肌肉与古铜色的皮肤一样。"很难想象,一个瘦弱或臃肿的身体,能给人以神采奕奕的美感。

5. 人体的动作美。人体的动作美主要表现在动作的协调和韵律感。体育就是发展人们身体的各种能力,培养动作的灵巧性和协调性,发挥动作的速度,使其既经济又美观。人们在比赛或活动中,动作非常协调,节奏分明,使人产生一种美的感受,特别是艺术体操、花样游泳、花样滑冰、武术等项目,更是体育与艺术的结合,具有很好的美育作用。

6. 人体的健康美。健康美是人类健康的身体呈现的美。在大众中开展的各项健身活动,充分地展示了充满着生命力的健康美。身体健康,肌肉匀称,动作优美大方、灵活、协调,富有节奏感以及活动中良好的心理素质,都给人以健康美的情感体验。

由此可见,体育活动能够促进人们的体格健壮及体形的改变,使人精力充沛,生命力旺盛,提高人们的适应能力和抵抗疾病能力,塑造了人们的健康美。体育运动产生的美,已被越来越多的人所关注,纷纷涌入体育场所参与活动。随着国家全民健身计划的推进和社会的不断发展进步,必然会有更多的人体验到体育美。[①]

三、体育艺术价值与鉴赏

体育艺术是指绘画艺术中的体育,是指体育借用美术并与艺术结合为一体的一种艺术形式,是体育与艺术的结合体。体育艺术是体育思想和情感的艺术体现,是体育生活的外在形式。几千年来,体育艺术不仅对体育运动发挥重要作用,而且对社会的发展也起着一定的推动作用。

(一)体育艺术的审美价值

体育运动的价值决定了体育的审美价值。体育运动是社会存在和发展的一个重要组成部分,它作为人类社会特有的现象,同社会物质生活中的其他生活一样,是社会存在和发展中不可缺少的重要因素。体育美的价值也决定了体育审美的价值,体育美是人体和人体运动的内在的和外在的高度协调统一的

---

① 胡小明.体育美学[M].四川教育出版社,2004

美。体育美是在主体和主体运动的协调一致中表现出来的,所以体育美是人的实践活动和人体自身运动的对象化。人们在实践活动中创造的体育美,是人体自身运动的结果,人作为运动的主体,转化为人认识和了解体育美的实体,人成为体育美的内在和外在形式的集中表现。人体的运动自身,不只是作为主体在运动,也是人群认识的客体,体育运动的客体,表现体育美的客体。一个运动员在实践中创造最佳成绩,他既是创造的主体,欣赏的主体,同时也是体育美的客体,运动员的精神美、意志品质美,心灵美都同客体相一致而成为体育美的构成部分,人体自身不只是躯体的运动,也是人的力量、意志的体现。[1]

体育的审美价值,可归纳为两个方面:

第一,体育的审美价值在于它是人对自身本质力量的自我反映。这种享受是情感的,是精神的,是主体对自身本质力量的观照而产生的。人的社会实践活动使客观世界产生了审美价值,同时也形成和发展了作为主体的审美感受能力。客观对象之所以具有审美价值,是人赋予和创造的,是自然人化的结果。主体活动的成果,是人的本质力量的对象化。客观对象只有融入了人的情感、意志、意向时才能成为审美对象。没有情感存在的客观对象只存在美的条件,而不具有审美价值,只能作为纯自然物而存在,不会产生艺术——这个再创造的实体,因此美感是人的本质力量在对象上面的显现。

第二,体育审美价值主要表现在体育美的社会属性,即体育的客观社会性。体育运动的不断发展和兴旺发达,关键在于它从社会的角度上,满足了人们的群体和个体自我创造的某种需要。体育美不仅在于创造者具有自我价值,更在于它具有广阔背景和深刻内涵的社会价值,是社会群体的特定需要,也是社会群体的创造。社会心理学的调查研究表明,许多人对运动世界感兴趣并不仅仅是对运动成绩感兴趣,或仅仅是希望巩固自身的健康,从体育与人的相互关联方面看,其内在原因是体育运动能引人入胜,能激起人们的美感,满足人们的美学要求,实现人们的美的享受。对大多数人来说,他们从体育训练和直接观看美的过程中——动作美、躯体美、艺术美、意志美和动作的完美等,得到美的享受、愉快和充实,这就是体育美的社会价值所在。同时,体育美又是社会群体所

---

[1] 敖灿.体育文化的美学艺术价值研究与探析[J],重庆交通大学学校学报.2011.

共有和共享的财富,人们把体育比喻为一个展示民族精神的橱窗,以及国家和社会经济、文化、科技等发展兴衰的标志,正是因为它所反映的不只是某个具体体育队伍状况,更是一个国家社会文化等综合因素的体现。一个体操运动员,可以通过他(她)的优美表演给自己和观众以美的享受,但运动员本身这个自然实体,他(她)的体形和气质本身就是一种美,具有一定的价值。因此,我们说体育美既是客体的,又是主体的,是主体和客体的有机结合,其本身又是一个自然实体。体育美既有自然美,又有社会美,它是任何其他美所没有的,是任何美所不能比拟的,这就是体育美区别于其他美的本质所在。而且从体育运动的运行机制看,体育运动主体与客体的审美价值相一致的过程是全程的,也就是说创造美的主体和审美客体对象是从始点起到终点止的全过程相一致的,不可分离的。这是体育审美价值的特殊点,即创造者的自我价值和评价的创造机制。

（二）体育艺术的美学价值

体育活动展现的是运动员优美的形体动作,但是对于现实生活中的普通大众来说,虽然自身的条件不能与运动员相比,但是他们仍然对于体育活动有着狂热的喜爱与迷恋,他们对于审美的需求较高,能够从体育活动中享受到体育所带来的美感,所以体育带给人们的美的享受足以令人们痴迷于体育。此外,人们对于体育的热爱并不单纯来源于体育本身,而是一种对于体育艺术的热爱,运动员在赛场上所展现的体育运动不仅包括了高难度的动作,而且也具有一定的美感,所以观众对于运动员动作与美感的结合非常期待,而这二者的结合也正是运动员取得优异成绩的前提条件。比如在2008年的北京奥运会上,阿尔及利亚选手内夫费尔·瓦塔在男子拳击91公斤以上级1/8比赛中,战胜委内瑞拉选手何塞·戴维·帕亚雷斯·胡利奥,晋级八强。获胜后的内夫费尔·瓦塔亲吻拳台;古巴举重选手约丹尼斯·博雷罗试举成功后激动得跳了起来。这样表示庆祝的动作,也展示出了体育竞技的技术之美。再比如篮球比赛中的跨步扣篮、足球比赛中的精彩射门等等,都展现的是体育运动中的技术美感,从而使观众也身临其境,感同身受,产生一种美的享受。再比如跳水比赛。跳水也要求运动员必须按规定条件和动作质量去完成比赛,跳水比赛更强调动作的技术难度与艺术性的结合。跳水运动员在比赛时助跑要平稳,起跳要果断有力,起跳角度要恰当,并要有一定高度,而且在空中的姿势要优美灵动,翻腾、快速转体,人体与水平垂直,在入水时水花要越小越好。观众在欣赏跳水比赛时,关注更多的是运动员在跳水过程中技术美的展现,这种身体健美的张力,也将体育艺术完美地呈现出来,塑造出一种艺术气息浓烈的造型,给人以美的享受,这也是跳水比赛带给人们的技术之美。

四、体育艺术之美

(一)体育艺术的"欣赏美"

体育艺术带给人们的除了运动员力量的展现外,更多的是美学价值的体现。而体育艺术带给人们最直观的视觉效果正是"欣赏美"。人们在观看运动员比赛时,最直观的视觉感受就是运动员的身体外观的美感。这种运动员最外在的东西给人以美的享受。比如男人的阳刚美与女人的阴柔美,这种日常生活中最常见的东西也是体育艺术所带给人的美学价值体现。人们在长期坚持的体育活动过程中,身体都会逐渐呈现出美感。体育不仅带给人们健康,同时也使身体展现出美感,这二者的结合不仅是人们一直追求的效果,对于人的视觉更有着极大的影响。体育运动员的身体之美带给人们的不仅是一种感官的享受,也是一种审美情趣的提升,从中可以感受到体育带给人们的美的熏陶。

(二)体育艺术的"战术美"

在体育运动中,对于战术的要求是极其重要的。尤其是在体育比赛中,运动员不仅要具备较高的竞技水平,也要在战术上下一番功夫,才能最终赢得比赛。在体育比赛中,个人比赛与团体比赛都需要精心安排战术,尤其是在双方实力相差无几的情况下,战术的得当与否直接影响到最终的比赛结果。如果战术的把握得当,即使实力差一点,也有可能取得最终的胜利;可是如果战术运用不当,即使胜算在握,也有可能失败。体育运动中的战术是一种智慧的较量,也是一种艺术的体现。要做到恰当地把握和运用战术,也需要运动员在平时的训练中不断地总结和发现,这是一种精力的投入,也是一种审美价值的体现。观众在观看体育比赛中,也会对战术非常关注,这也是体育艺术所体现出的战术之美。

(三)体育艺术的"精神美"

体育运动使人们看到的不仅仅是运动员的身体与技术,同时也会给人们带来了精神之美。这种美的体验是深刻而巨大的。比如在 1984 的第 23 届洛杉矶奥林匹克运动会上,中国运动员许海峰赢得了第一块射击金牌,当他站在领奖台上,看着五星红旗冉冉升起,耳边响起熟悉的国歌时,激动得热泪盈眶,这一幕使所有的中国人都感动不已,深深地感受到作为中国人的自豪感,这也是中华民族所特有的民族荣誉感与价值观的体现。对于这种勇于拼搏的体育精神更加敬佩。这种精神给予了我们巨大的力量,感动着每一个具有爱国热情的中国人。这也是体育所展现出的精神之美,它的力量是巨大的,是不可估量的。

(四)体育艺术的"心灵美"

随着体育运动的发展与繁荣,越来越多的人开始喜爱并参与到体育运动中来。他们不仅愿意参与其中,同时对于体育运动员的关注也越来越高,对于运动员在比赛中的动作与技术等相关方面都产生了浓厚的兴趣。这个参与的过程对于观众来说也是一种美的享受。比如,在看到跳水运动员郭晶晶多次完成了高难度的跳水动作,最终取得骄人成绩时,都会给人们的心灵带来快慰与享受,这是体育艺术带给人们的心灵之美,也使观众感到一种最朴实最真实的内心的升华。再比如美国游泳健将菲尔普斯在北京奥运会上的惊人表现,他不仅超越前辈施皮茨的纪录在奥运会上摘取 8 枚金牌,同时也打破了 80 年奥运会累积 9 金无人能破的壮举,改写安德里亚诺夫所保持的奥运会奖牌 13 枚的纪录,菲尔普斯一个人在两届奥运会上创造了前无古人的历史。这些精彩的体育情景都使人内心升起一种无比的崇敬之情,这也正是体育艺术带给人们的心灵之美。①

(五)体育艺术的"悬念美"

体育运动最令人激动的正是竞技带给人们的悬念之美。体育比赛中,观众不仅能看到运动员的精彩表现,同时也对比赛结果充满了期待。这种期待是对于未知结果的猜测与判断,观众会根据运动员的表现来预测比赛结果,这也是体育带给人们的最大乐趣。虽然体育传承重在参与的理念,但是无论是运动员还是观众对于比赛结果还是相当看重的。运动员在比赛场上展示了动作及身体等方面的表演,给人以不同的情感体验,但最终的比赛结果却是人们最关心

---

① 黄渭铭.论体育美学的现状与发展趋势[J].福建体育科技,1990(12):8-11.

的,正是这种对于结果的期待,观众才会看完整场比赛,使人们在精彩动作出现时忍不住屏息观看,甚至还为运动员加油欢呼,希望运动员可以表现出最佳状态,以取得最终的胜利。比如看足球比赛,当球员准确射门时,观众会情不自禁地屏住呼吸,期待看到球员精彩的一个射门能够进球,当球进时观众会激动地欢呼,从而获得一种精神的快感与满足。再比如跳高比赛,运动员准备起跑的时候,观众也会目不转睛地盯着,为运动员加油,当看到运动员以娴熟优美的姿态越过两米多的横竿时,观众会有一种喷涌而出的痛快淋漓。在最终比赛结果出来之后,获奖运动员会登上领奖台,升国旗、奏国歌,这不仅仅是运动员个人的荣誉,同时更代表了一个国家的体育实力,所以观众也会为自己的国家而感到自豪,从而获得一种精神的享受,这也是体育运动带给人们的悬念之美。①

综上所述,体育运动不仅仅是一项身体的运动,同时也具有极其深远的艺术魅力。体育文化所展现出的美学价值,使人们不仅拥有了健康的体魄,同时也带来了震撼的视觉效果,也提升了人们的审美修养,陶冶了情操。体育已经深深地融入人们的社会生活中,并与人们有着密不可分的联系。体育文化的美学价值越来越深远,越来越不可估量,无论是运动员还是社会大众都从体育文化中体会到了一种艺术魅力的享受。体育与艺术的融合也展现出极高的美学艺术价值。

第三节 体育与美育

体育和美自古以来就是紧密相连的。随着体育活动内容的不断丰富,人类认识事物的能力也在不断地深化,于是对体育活动的动作、技术等提出了更高要求,关于体育美的鉴赏与评价也就产生了。西方文明是从古希腊开始,体育美育思想也在这时候开始形成。柏拉图在其著作《理想国》中阐述了他关于青少年身心和谐发展和理性教育的思想,他认为体育锻炼可以使身体健康、体型完美、体力充沛,并且培养人勇敢顽强的意志。亚里士多德则认为"人的身体发展在前,灵魂培养在后,美育是贯穿整个过程中的"。教育理论家滕纯先生

---

① 崔昌水.中国体育美学的未来展望研究[J].企业导报,2015(13):60-61.

提出的"大美育"思想是美育向各个学科发展的标志。

一、体育与美育的关系

体育和美育虽然是两个独立的学科,但它们并不是孤立的,而是育人的两个方面。马克思指出"人类依照美的规律塑造物体"。著名美学家曾繁仁先生曾说过:"美育与体育作为身心两个方面是相辅相成的,同样是体育所追求的目标之一,体育运动本身就包含美的因素。"著名体育美学家胡小明先生在《体育美学》中对体育进行了三个方面的论述,分别是体育教学中的美育、运动训练中的美育和面向社会的美育。所以体育与美育的结合才是体育的发展之道。廖艳君指出,在美育与体育的融合过程中,二者有着不解之缘。美育培养的是"美",体育塑造的是"健",于是"健美"一词就由此而生。体育和美育的关系决定了学校体育美育的主要任务,那就是培养青少年学生对于人体美、运动美和心灵美的感受、理解和评价能力,使他们养成积极向上的审美情趣,在体育美中热爱运动,并在运动中发现美、享受美。所以,要打破当前学校只满足于"书声",忽视了"歌声""球声",忽视了美育教育的不良现象,让音乐、美术、体育等课的教学与美育有机地结合起来,以提高学生的学习兴趣。

二、体育美育的多维视角

体育美的形态多种多样,主要表现为人体美、运动美、精神美。体育运动要以人体动作为基础和前提。所以人体美是体育美的第一要素。通过人体的运动来完成体育动作所达到的形态、姿势美就是运动美,这就构成了体育美的第二要素。人体美、运动美的表现都是为精神美做铺垫,只有真正对运动中的美感产生能动性的反应,通过审美的心理活动表现出来才能达到真正美的享受。

(一)体育美育中的人体美

身体美是人类健康身体所呈现的美,是一种由良好的生理和心理状态综合显示出的健康之美,身体美与人类的健康理想相一致。体态美是身体美的基本表现形式,指人的形体和姿势美。主要通过体育运动使人的身体形态、骨骼和肌肉发育呈现出比例匀称、和谐和线条上的完善化程度。人的身体形态,一般说是获得性遗传赋予的,但体育运动能够改善和加以控制身体形态,使之完善[1]。健康美是体育对人类文化的特殊贡献,也是对体育运动进行审美评价的重要标准之一。

人本身的生理结构是最高形类的典范,人体美源于劳动改造人体形态。人体美最直观的表现是人体符合美的规律,而健康则是人体美的基本条件。从生物学角度看,健康表现为人体各器官发育良好、功能正常、体质健壮,精力充沛。健康另一个重要内容就是人体各个系统、器官功能正常,这也是人体美的必备条件。

法国著名艺术大师罗丹说:"自然界中没有任何东西比人体更美",苏联的马雅可夫斯也说:"世界上没有任何一件衣衫比健康的皮肤和发达的肌肉更美"。这些观点表明了人体美在体育美中的重要作用。体育运动是以人体美的运动形式来表现和创造美的。如健美运动,健身运动员做动作的时候会根据音乐节奏来展现自己的健美肌肉。他们健壮的肌群、挺拔的身躯、优美的线条,无处不是体育美的展现,让人陶醉其中。

(二)体育美育中的运动美

运动美是身体运动之美,是在体育活动中表现出来的美。体育运动中的美以观众对人身体活动的直观感受表现出来。体育运动既具有观赏性,丰富了人们精神生活,又增进人类健康,发展个性。

体育的根本属性就是运动,体育运动能给人以精神上的愉悦及美的享受。人的机体掌握的技术和技能是后天获得的,不是遗传的。在最简单的走和跑的体育活动中,也必须学习要领和方法,掌握正确的技术,这样才能有益于身体健康和提高竞技水平。因此,所讨论的运动美,是具有体育概念的运动美,它不是日常生活中无锻炼目的的身体动作,而是有目的的身体练习。对运动美的认知和感受,有赖于社会文化的发展,只有不断地挖掘人类的生理潜能,锻炼更加精湛的动作技能,才能为人类文明宝库提供精神财富。

当人们在观看竞技体操比赛中,运动员那稳健、准确、高难、优美的动作给人以精彩、动人、魅力无穷的回味,使人进入梦幻般的境地;在观看球类比赛时,

---

[1] 王永志.体育的文学价值浅析[J].当代体育科技,2016(6):190-191.

球场上那快速多变的战术,紧张激烈的争夺,熟练默契的配合,更是高潮迭起,精彩纷呈,把人带入神话般的世界;更有跳高运动员的腾空飞越横杆、帆船运动员搏击惊涛骇浪、击剑运动员敏捷灵活的雄姿、花样滑冰运动员在冰上的千姿百态的舞姿、棋类运动员统率千军万马的气概等。这些诗情画意无不使人陶醉于体育美的享受之中,激励人们对体育美更高、更深的追求。

(三)体育美育中的艺术美

体育美和艺术美无本质的差异,但是它们在美的创造方法和表现形式上,以及人在审美关系中所处的地位是有很大差异的。艺术美是生活美的集中体现,它充分、强烈、典型地反映出生活的美。艺术美不仅是生活美的概括与加工,更融进作者的审美意识和审美情趣,塑造一系列的艺术形象。而体育美主要本质在于解决美的有机构成,也就是说它在接受竞技性要求的同时,也要尊重人体科学规律,通过最少的体力消耗把人的天赋、技能和速度发展到极致。

体育是一种社会实践活动,是艺术创作的生活源泉之一,对艺术来说,体育就是艺术取材的领域。体育借助艺术来丰富自身的文化内涵,正是通过体育的"艺术化"趋势,美学因素越来越多地渗透到体育领域中,在实践中发挥了越来越重要的作用。"珠缨炫转星宿摇,花蔓抖擞龙蛇动",古人优美的舞姿也把运动的姿态美演绎得惟妙惟肖,秀美大方。当今,大型运动会开幕式已经成为全球文化盛宴,开幕式的设计往往把体育精神与举办地的文化融合在一起,集体育、音乐、艺术表演等多种元素于一体,以运动会为载体,表现体育伟大的艺术之美。2008年北京奥运会就被称为"中华艺术的满汉全席"[①]。2021年北京冬奥会一场空灵、浪漫、唯美的开幕式,彰显文化之美、艺术之美、精神之美、科技之美,再次惊艳世界。整体将节目融入仪式之中、实现艺术与科技的融合,摒弃大歌舞、大场面,回归于普通人,都践行了化繁为简、回归素朴的东方美学。如果说2008年北京奥运会开幕式是盛唐气象的豪放之美,那么2022的冬季奥运会开幕式则是"致广大而尽精微"宋代极简美学的素朴之风。开幕式导演团队用最少的笔墨勾勒出了最精美的东方画卷。体育因艺术大放异彩,艺术令体育

---

① 徐通.当代体育艺术化趋势形成原因的美学阐释[J].沈阳体育学院学报,2013(4):33-36.

得以升华。

课后练习与能力提升：

北京奥运会以来，体育与艺术相结合备受社会重视，产生了许多新时期优秀的电视作品。请结合我国体育文化发展的相关政策，谈谈你的认识。

拓展阅读与资料库链接：

1. 艺术里的奥林匹克 CCTV 节目官网（https://tv.cctv.com/lm/ysldalpk/index.shtml）

2.《国家宝藏·展演季》助力体育从传统文化中汲取灵感 中新网（https://www.chinanews.com.cn/yl/2021/12-06/9623501.shtml）

3. 艺术呈现竞技体育的魅力 光明网（https://wenyi.gmw.cn/2022-03/13/content_35582903.htm）

第八章 体育文化的亚文化形式

导读：

亚文化，又称集体文化或者副文化，是与主文化相对应的那些非主流的、局部的文化现象，是在主文化或综合文化背景下，属于某一地区或某个集体所特有的观念和生活方式。一种亚文化不仅包含着与主文化相同的价值观念，也有属于自己的独特的价值与观念。亚文化是一个相对的概念，是总体文化的次属文化。体育亚文化作为体育文化的一种次属文化，是在体育文化的发展过程中，在人们生活的过程中，通过不同地域、不同文化的人们的践行中展现出来的。当前，体育文化衍生出很多亚文化，如赛事体育文化、体育群众文化、体育服饰文化等。按照不同的表现形式有如下几种分类：按照体育开展中涉及的内容分类、按照体育外围衍生品的分类、按照不同人群的分类。

第一节 按照体育开展中涉及的内容分类

一、体育赛事文化

体育赛事是人类的一种重要文化活动，蕴含着丰富的文化内涵；具有生命力的体育赛事可以形成特有的体育赛事文化，是随着社会进步发展、在特定历史环境背景下赋予社会发展现实需要而出现的新词汇，它是体育产业中不可或缺的重要环节。体育赛事是文化传承的有效载体。体育赛事中渗透的文化能够彰显体育赛事更高的品位和更高水平，从而提升举办国家的知名度，真正体现赛事文化的品牌、内涵、价值。体育赛事文化是指组织实施体育赛事的实践过程所创造的物质、精神和制度财富的总和[①]。是一种有着深刻内涵和丰富外延的独特文化现象,是体育文化的重要组成部分。

(一)体育赛事物质文化

依据物质文化的定义,体育赛事的物质文化则是体育赛事实践过程中所产生的物质财富的总和。体育赛事物质文化的组成依照类别主要包括以下几方面:①体育赛事的场地、场馆建筑文化;②体育赛事的竞赛器材文化;③体育赛事的服装文化,如工作人员服装、志愿者服装、运动员服装、颁奖服装、球迷服装等;④体育赛事视觉系统文化,如体育比赛出版物、形象景观、标志等;⑤体育赛事的特许产品文化,如体育赛事纪念品等;⑥体育赛事网络信息技术文化。

体育赛事物质文化的作用。①强化体育赛事品牌的标志符号。体育赛事的物质文化与环境、形象、行为、规则、制度、知识、技能、色彩等许多文化因素有关,它是一种强化的标志符号,具有独特的可识别性。对于标识体系最为完善、细致的奥运符号而言,每届奥运会都有专属的会徽、logo 形象。②塑造城市形象景观。体育赛事物质文化可以极大地丰富城市的风貌,成为城市发展规划的重要内容,让城市的外在景观和内在积淀更好地结合,形成鲜明的城市品位或格调。③提升体育硬件服务水平。体育赛事物质文化建设的前提是以人为本。如北京奥运会场馆设计中充分体现了人文关怀,碗状座席环抱着赛场的收拢结构,上下层之间错落有致,无论观众坐在哪个位置,和赛场中心点之间的视线距离都在140米左右。在鸟巢的观众席里,还为残障人士设置了200多个轮椅座席。这些轮椅座席比普通座席稍高,保证残障人士和普通观众有一样的视野。同时,比赛期间场内还提供助听器并设置无线广播系统,为有听力和视力障碍的人群提供个性化的服务。

(二)体育赛事的制度文化

体育赛事的制度文化包括体育赛事的基础理论和规则系统两部分。体育赛事的基础理论体现为一种意识形态文化,体育赛事的规则系统体现为一定的

---

① 武胜奇.体育赛事文化对城市文化核心竞争力的影响及提升路径选择[J].天津体育学院学报,2009,24(6):480-483.

意识形态文化和社会心理文化的结合体。

体育赛事制度文化在宏观层面是指体育赛事的管理体制及运行机制,微观层面是指筹办体育赛事的各项管理规章制度。从横向看,可以分为办赛制度和竞赛规则;从纵向看,包括办赛制度的演变和竞赛规则的演变,论述办赛制度或竞赛规则的演变过程、思想源起以及特点等。

体育赛事制度文化建设的作用就在于探究体育赛事制度的科学性与合理性,充分发挥体育赛事制度的激励和约束作用。体育赛事在良好的制度环境下组织实施,体育赛事的公平与公正,体育赛事的精彩与感动,以及体育赛事在正确的轨道上高效运行。

(三)体育赛事精神文化

体育赛事的精神文化是指在体育赛事实践过程中产生的属于精神、思想、观念范畴的文化。体育赛事精神文化主要由体育赛事理念、体育精神、体育道德以及体育审美等组成。体育赛事的思想体系、宗旨、口号、格言、主题歌曲、宣传片、礼仪、人物故事、相关电影与文学等。

体育赛事的精神文化是体育赛事的思想和灵魂,代表一种正能量,肩负着引领体育赛事文化发展方向的重任,其地位与作用无可替代。好的体育赛事一定要有好的精神文化内涵,并能够向社会传播,以实现教育社会大众之功用。它通过各种形式,利用现代化的工具和体育展示手段,把体育赛事举办过程中出现的各种蕴含人性之美的感人事件以及富含体育精神之魅力的情景展示给广大观众。例如,在2015年4月20日举行的第119届波士顿国际马拉松赛事上,患有先天性肌肉萎缩症的迈克尔·梅拉梅德,在一个风雨交加的夜里用时20小时,终于在次日凌晨5点多才"走"完全程。摄影师描述当时的场景:"大约有100人陪着他缓慢地走,大家边走边唱歌。这真的是我见过最神奇的事情了。他向大家传递了这样的正能量:只要有梦想,你就一定能做到。在他比赛结束后,波士顿市长马丁·沃尔什亲自为他戴上了奖牌。这绝对是一个激励人心的故事,他的精神会在跑道上不断延续下去。"另外,北京冬奥会的成功举办,运动员奋勇拼搏的事迹感人至深,广为传播,北京冬奥精神也随之鼓舞、振奋着社会各行各业。

二、体育项目文化

体育项目都是人类生产和生活智慧的结晶,是体育实践形态最重要的要素和文化符号,折射出各个民族特殊的社会文化心理。流行时间长、传播范围广、影响程度深的运动项目,都包含着不同地域和不同时代人们的体育情感取向和体育审美观念。

(一)体育项目的文化含义

体育项目既是体育存在的外在标识,也是体育实践的核心内容。达到体育的目的、实现体育的功能、满足人民日益增长的体育运动需要,都要通过具体的体育项目来实现。所谓体育项目文化,就是围绕体育项目本身挖掘出许多有关该项目的体育文化内涵与规范,以反映体育项目与社会文化间有规律的发展模式与表现形式。

(二)解读体育项目文化

体育项目是展现、传承某一国家或民族传统文化较为直观的方式之一。通过对其运动规律、技巧、规则及活动组织与功能的梳理,可以发现体育项目文化受社会文化的影响与渗透,呈现出多姿多彩的文化风貌。当然,体育项目文化不会仅由项目本身的运动形式和方法所决定,它不能脱离项目产生和发展的社会文化背景、项目组织管理的有关制度以及项目发展的社会文化等多种文化要素。

世界范围内的体育运动项目历史悠久,内容丰富,形式多样,异彩纷呈,有浓厚的哲学、宗教、习俗以及审美观念。例如,博大精深的中国传统体育养生文化,汇聚了中国历代人们对于生命、宇宙和社会等一切自然、人文现象的思考与探索。其中的导引气功养生类、武术养生类、舞蹈养生类项目等是以提高人类生命质量为养生宗旨的,同时蕴含着中华民族丰富的文化哲学理论、宗教、习俗以及审美观念要素;再如日本的柔道、相扑、弓道、剑道;朝鲜的秋千、跳板、跆拳道;蒙古国的马术、射箭、摔跤;马来西亚的纸鸢赛、陀螺赛、藤球;印度尼西亚的赛牛、跑牛赛、跳石马;巴基斯坦的拔桩比赛、藤球,斯里兰卡的爬树、打椰子、拉角等传统体育项目,都有着浓厚的哲学、宗教、习俗以及审美观念,是人与自然和谐结合的最好例证,在一定程度上它还与生产方式、医学、健身、风俗、道德、思想、艺术、兵法和制度等都有着密切的关系。

体育项目是一种特殊的文化符号。作为人类体育文化的一部分,体育项目首先是一种身体符号,其最大特点在于它所创造的是身体运动本身的内在价值,即主体与客体的统一性和目的与手段的统一性;体育项目也是一种认知符号,它使身体符号中带有某一群体的特性;体育项目还是一种审美符号,即精神符号,它注重空间扩张,在身体与外界的接触中获取精神体验,在时间的延续中通过身体运动带来历史效应。不同体育项目各自有其运动方式所决定的不同规定性,但植根于共同的传统文化大背景下的体育项目,又体现出伦理性、整体性、公平性和礼仪性等共同的特征,具有深刻的文化内涵。

三、体育观众文化

在当今竞技体育的生长要素中,有一个最不容忽视的群体,那就是体育观众,无数的体育观众成为支撑竞技体育的基础力量。如果用经济的眼光来看,可以说,观众就是买主,没有买主的市场是不存在的,否则整个活动就无法进行。因为在运动赛事的运作过程中,观众形成了一个特殊的群体,同竞技者发生着密切的双向关系,直接影响竞技体育的发展。这个群体有自己特殊的构成方式、心态和行为表现,构成一种特定的群体文化,并且对竞技者也会产生明显的影响。

(一)体育观众的文化含义

体育观众文化由观众构成,观众分层类型、观众守则、观众心态和行为、观众与竞技者和管理者、新闻媒体等构成体育观众文化统一体,是体育文化必不可少的组成部分。广义的体育观众是指以体育竞赛表演为欣赏对象,享受和消费体育竞赛表演这一精神文化产品的个体或人群聚合体;而狭义的体育观众是指亲临现场观赛的人群聚合体。

(二)体育观众的特点

第一,心理倾向性极为明显;

第二,感情投入较多,情绪反应激荡起伏;

第三,体育观众往往与体育竞赛现场形成"共振"而相互影响;

第四,易产生集群行为(一种在人们激烈活动中自发形成的无指导、无明确

第八章 体育文化的亚文化形式

目的、众多人的狂热行为)。

(三)体育观众文化的行为属性

1. 共同心理需求、特殊的社会集群

在一般情况下,赛场上的气氛至关重要,运动员如果听不到观众的呐喊声,就觉得比赛不真实,就兴奋不起来,这说明竞技者对观众的依赖关系。当然,两者是相互依存的,观众就是因为有欣赏高水平比赛的要求才能成其为观众,也才能形成体育观众文化或运动看台文化。无论什么项目的比赛,看台的主体和灵魂都是观众,观众的职业、年龄、地位、身份、行为表现和心理反应,共同构成一种体系庞杂的社会文化现象,这些因素的变化都有可能影响到竞技者的表现。所以,体育观众文化,不仅表示竞技体育赛事进程中观众的心理和行为的总体,也包括围绕竞技者和观众甚至管理者多方的社会关系,是一个由看台和传媒联结起来的具有共同心理需求的特殊的社会集群和社会文化现象。

2. 桥梁、纽带

竞技体育对群众体育可起到引导、示范作用,只有通过观众观看比赛,群众才能了解这个项目,体会项目的魅力,然后才有可能参与这个项目的锻炼,甚至进行专业训练。针对群众体育来说,尽管我国目前还没有确切的统计数字,但可以肯定地说,经常参与体育锻炼的人(即体育人口)与经常观看体育比赛的人有很大的重合,两者之间存在着良性循环的关系。如中国的乒乓球,美国的棒球、篮球,欧洲的足球等,基本上在高水平专业训练和业余爱好者之间形成了这样一种关系。美国学者研究指出,美国的高尔夫、篮球两个项目的观众和参与该项目的人群重合比例分别达84%和81%。当然,看体育比赛和参加这个项目的锻炼并不是一回事,两种人群之间也有差异。比如,同样是美国的研究结果,在赛车和跑步两个项目上,观众和参与这两项运动的人群的重合比例极小:赛车的参与者少而观看者多,跑步的参与者众而观看者寡。但这并不妨碍观众作为桥梁和纽带所起的作用,因为观看比赛后对他人、对社会仍然有潜移默化的影响。

3. 相互依赖,相互促进

现代竞技体育的一个基本特征是它的社会性。运动员比赛首先是因为有观众或是为了吸引观众。观众的多少、观众气氛的冷热,对运动员发挥水平、创

造成绩有重要作用,有时甚至起着决定性作用。如果说竞技体育发展的早期,运动员更多的是自身娱乐、观众居于次要地位的话,那么,现在的高水平竞技体育则是观众和运动员居于同等重要的地位。至于竞技体育的顶端——职业体育比赛,观众甚至要比运动员重要得多,因为观众是运动员赖以生存的基础,没有观众,职业运动员就不可能将其作为职业,甚至不能保证有基本的收入。所以有人说,在职业体育比赛中,观众是上帝,因为一切职业体育比赛赛制的编排、地点的选择、时间的确定、规则的修改,甚至运动员服装的变化都是以方便甚至取悦观众为第一目的。而从观众自身来说,在现代生活方式日趋多样化的今天,他们也并不是被动地接受运动员的表现,而是对比赛具有极强的选择性。看什么项目、不看什么项目,在一个项目中看哪个明星出场、哪些明星队,全都是经过慎重选择的。他们往往对这些项目和运动员比较熟悉和热爱,因此,在赛场上能够和运动员产生强烈的互动,进而促进比赛水平的提高。如果仅有运动员而缺乏观众或观众不懂得比赛,即使竞技水平再高、比赛再精彩、运动员的名气再大,这样的体育比赛也不能说是成功的,至少不能说是完美的。因此,就竞技体育自身来说,观众和运动员在赛场这样一个相对封闭的系统中,处于一个相互依赖、相互促进的动态过程,缺一不可。

第二节 按照体育外围衍生品分类

按照体育外围衍生品的分类,可将体育亚文化分为体育建筑文化、体育器材文化、体育服饰文化。

一、体育建筑文化

体育建筑是以物质载体的形象综合反映体育活动的文化内涵和社会文化心理,同时也以一种意义独特的文化形式存在于社会生活之中。文化的力量将会使体育建筑的发展创新获得持续的生命力。

(一)体育建筑的文化含义

建筑作为一种综合性的文化,是哲学观念、伦理观念、宗教观念、价值观念、美学思想、行为心理和环境意识等多方面因素的外在体现。从这个意义上说,体育建筑又是一部反映特定时空范围内人类文化特点的"百科全书"。在"穴居野处""构木为巢"的远古时代,人类在世界各地的居住条件都大同小异。到了"易之以宫室"的文明时代,随着不同历史时期具有不同特点的地域文化体系的形成与发展,相应地形成了各具特色的体育建筑体系和丰富多彩的体育建筑形式。之后,随着交通和传播事业的发展,不同体育建筑体系之间又呈现出了相互交流、相互影响、相互补充和相互结合的发展趋势,并逐渐融合了健身养性的价值取向,展示出娱乐、表演的形式特征和天然、随意的场所氛围等文化基因特点。

(二)体育建筑承载的文化属性

体育建筑以承载体育运动行为的基本物质文化形态、渗透其中的体育运动精神以及相关的艺术形式和社会文化心理,共同构筑了整体的、复合的文化属性,并表现出多层面的品格特质。其文化属性主要表现在以下几个方面。

1. 多元的功能性

不同的功能类型赋予体育建筑文化多元、多义的功能属性。例如,竞技体育场馆应具有相当的规模和专业性、国际性及观赏性,休闲娱乐型体育场馆以生活性和社会性以及能最大限度地激发使用性为其特征,而教学训练场馆则以使用目的的明确性、使用状态的稳定性、功能内容的专向性和实现传授体育技能与专门化运动技术训练为主旨。

2. 丰富的人文性

体育建筑突出的人文特征是顽强进取、勇于竞争、挑战极限、超越现实的理想主义色彩以及通过体育活动获得心理释放和自我能力实现的快乐感。

3. 鲜明的时空性

竞技体育场馆具有超常且鲜明的时空性,在有限的时空里可以容纳数万甚至十数万观众,并同时获得全世界数十亿人的瞩目。这就要求场馆高度集中,建筑的功能空间高效紧凑,流线序列明确清晰,并具有交通、疏散、通信和安全等方面的超常承受能力。

体育建筑以物质载体的形式综合反映出体育活动的文化内涵和社会文化心理,同时也以一种意义独特的文化形式存在于社会生活之中,具有文化内涵与精神。体育场馆的历史文化展示可以唤起人们的依恋之感,特定体育历史虽然已离我们而去,但其神韵却凝聚、沉积于展示体系中,并可激发起人们对于这些事件的依恋。世界很多一流体育场馆都设有场馆运动文化博物馆和官方网站,目前已经形成了比较成熟的展示体系。如北京的鸟巢、水立方等,在奥运会后也都成为著名的旅游景点,节日期间每天接待游客20万人次,已经成为与故宫、长城、颐和园等景点齐名的顶级旅游胜地。可见,体育建筑文化正在向人们展示其特殊的魅力和风采。

二、体育器材文化

体育器材以运动项目的发展和变革为基本依据,体育器材文化是在体育项目文化的发展中不断完善和更新的。随着人类文化的不断发展和科学技术的不断进步,人们在促进体育运动创新发展的同时,也带动了体育器材的科技化发展。

(一)体育器材文化的含义

体育器材属于体育文化用品,是依附于体育运动项目的设备和用具,同时它也是构成体育运动项目的基本要素之一。体育器材是一种历史悠久的传统产品,产品类别丰富、品种多样、规格繁杂,其原材料、翻造工艺设备涉及多个学科。随着高新技术向传统产业的渗透,体育器材行业无论是产品开发,还是制造工艺和制造设备,越来越多地应用微电子、计算机技术,新材料、生物工程技术,航空技术和自动化技术等,促使其不断发生变革。科学技术的应用是体育器材文化发展的最重要标志。

(二)体育器材产品的分类

体育器材主要有3种分类方法:①依据体育运动的项目分类,这是将所有与同一运动项目有关的器材和装备等归为一类的方法,如田径器材、举重器材、冰雪器材等。②依据体育器材的性质分类,一般可分为指定器材、自备器材、场地器材和其他器材等4类。指定器材类是参赛方共同使用的,为避免产生分歧而需事前加以指定器材的牌号(商标)、生产厂家及规格型号;自备器材类是运动员自己使用的器材,如球拍、帆船和赛艇、船浆、运动服装、护具、鞋帽等;场地器材类是指竞赛和训练场馆的设施装备器材用具,如各种球门、球架、挡板、计时记分装备、裁判用具等等;其他器材主要指非竞赛使用的器材,一般是体能训练、健身活动、体育游艺用器材。③依据体育器材的用途分类,分为竞技体育器材、国防军事体育器材、中国民间体育器材、健身健美体疗康复器材、儿童体育游艺器材、伤残人竞技器材、辅助性器材等。

(三)体育器材产品的文化特征

体育器材是体育运动必不可少的物质条件之一,尤其在科学技术飞速发展的今天,体育器材的科技水平关系到运动成绩的高低,有的甚至对运动成绩起着关键作用。因此,不少国家为提高运动成绩,都大力应用高新技术改进、研制高性能的体育器材与辅助仪器及现代体育设备,呈现出体育科学技术百花齐放的文化特征,具体表现在以下几个方面。

1. 高性能性

当今,应用高新技术新材料制造的体育器材可以说比比皆是,突出体现了现代科技文化发展的特征,如羽毛球拍、网球拍、乒乓球拍、棒球棒、滑雪板、撑竿跳高的撑竿、赛船和赛艇等,应用新材料的体育器材具有新的功能,使其面貌焕然一新。在一些发达国家,碳纤维复合材料、陶瓷石墨复合材料、钛合金等高新技术材料,除了在航空、航天产业上应用较多以外,还在体育器材上得到广泛应用。如田径器材中的标枪,过去的标枪是木制或竹制的,后来有专家应用生物力学、航空技术、计算机技术等对其运动特点进行了全面研究,继而采用新的设计理论对标枪的投掷角、重心等进行了设计。通过采用新材料和新工艺,极大地提高了标枪的飞行性能,使得运动员的运动成绩有了大幅度的提高,以致后来国际田径组织不得不采取改变标枪重心的措施来限制标枪的投掷距离。再如,高尔夫球杆杆头虽小,但应用钛合金制造的杆头是一个技术含量高、附加值大的产品,要求空心、薄、无余量铸造,表面只允许抛光,不允许有针孔、气孔、疏松,重量偏差不大于3克,而且工艺又非常复杂,工序达50多项。我国一家材料研究所已经研发出具有高新技术含量的新产品,并形成规模生产。在参与国际市场的竞争中,已经取得了显著的经济效益。

2. 科技助力训练

体育运动是人的体能技能的竞争,人的身体状态及运动能力直接关系到运动成绩,因而训练本身就是科学的竞争。相应地,具有高新技术含量的体育仪器器材则是科学训练得力的辅助手段。近几年来,我国体育仪器器材科研人员应用生物科学、现代测试技术、微电子技术、计算机技术和遥感遥测技术等,研制开发了不少高新技术产品,如升降平台式皮划艇自动起航器、YX型游泳训练测试器、体质测定用生物电传感器、皮划艇等动力量测试练习器、短跑速滑强化训练系统、摔跤运动员测力仪器、多功能素质测试记录仪、红外智能分段测速系统、跨栏支撑与腾空时间遥测系统、关节周围肌群专项力量训练器、赛艇电脑测功仪、运动雷达测速仪、自行车车踏速度测定分析系统等。另外,中国科学院与沈阳体育学院合作研制的 SAFMS-1 多维力测力平台,适用于有关运动环节对外部发力过程有关的各项力的测试,如跳高、跳远、跑步、拳击、划船等力和力矩的测试,能帮助教练员、运动员提高运动效率和运动水平。

3. 人工智能全面应用

目前,人工智能服务于体育事业和体育文化等领域已有很多尝试。为了使人们亲身体验到如冲浪等一类运动的感受,一些厂商应用高新技术研制了方便人们进行体育运动和休闲娱乐活动的现代体育设施。如英国一家公司用电磁技术开发出一种叫作"真实运动"的系统,它可使人们在房间里就可以领略到冲浪、滑雪和滑翔等运动的乐趣。这种系统是用计算机来控制活塞运动而工作的,它有一排由钢线圈组成的汽缸组,通电后,脉冲电流产生磁场,使活塞起伏运动。将冲浪板或滑雪板安装在活塞上,上面安有传感器,当人站在板上,计算机会根据人施加于板上的压力,指挥活塞运动。房间还可以装饰上大自然的景色,人们在运动时戴上耳机可以聆听大自然的声响。

近年来,伴随大数据、云计算、虚拟现实和人工智能等新科技的发展和应用,模拟比赛条件进行练习,有助于减少运动损伤,为运动员提供了细微之处的改进策略,提高运动成绩。在训练竞赛等领域运用人工智能相关系统、技术可以确保建立正确的人体运动模式,掌控调节运动员的心理状况。目前我国正在形成人类智慧、体能与人工智能互相促进的局面。

三、体育服饰文化

体育服饰作为服饰的一种以适应运动项目的特点和服务于运动中的人为主要目的,随着体育的发展和科技的进步,体育服饰也以惊人的冲击力向国际科学化和高水平化地推进其所渗透出的体育文化气息以及蕴含的体育现代价值,对于提高社会文明起到了非常重要的作用。

(一)体育服饰文化的含义

体育服饰文化是人类在长期的体育运动实践中形成的一种亚文化,是介于体育文化和服饰文化之间的一种边缘文化。从体育的角度来说,它指的是体育服中所体现出的物质、制度和精神文化的总和;从服饰的角度而言,它是人类皮肤特殊衍生物的一种,与不同民族、不同时代的物质和精神文明紧密相连。

(二)体育服饰的文化特征

人类穿戴服饰兼有实用、遮羞和美化三重含义。随着社会的发展,人们的衣着观念变得更加开放,几千年传承下来的具有阶级差别的服饰体系被打破,体育服饰概念得到宣扬,呈现出实用性、审美性和民族性等文化特征。

1. 实用性

实用性是体育服饰文化的首要价值取向与特征。《墨子·辞过》说,人穿上衣服的目的在于"适身体,和肌肤"。而人们常说的"衣食住行"中,"衣"居其首,反映了人作为社会成员的实际需要。由此可见,实用性是服饰存在和发展的基本出发点。然而,体育服饰作为体育运动的辅助语言,既具有一般服饰的实用功能,更要适应体育活动的要求。同时,体育服饰对于竞技体育的发展也有重要的现实意义。由于科学合理的运动训练方法的运用,一些运动项目的纪录已接近人体运动机能的极限,人们不得不借助外力来进一步提高运动成绩,体育服饰便是其中的手段之一。例如,田径运动中使用的钉鞋能够增加摩擦力,提高运动速度;气垫底篮球鞋能有效减少篮球运动员在起跳落地时地面反冲力对人体脊柱和大脑的震动。对于一些危险性较大的运动项目,如自行车比赛、F1方程式赛车、滑板、滑雪和击剑等,为了防止或减少运动员在激烈对抗中造成的运动损伤,也对相应的体育服饰提出了严格的要求,这些都突出了实用性的特征。

2. 审美性

随着社会生产力的发展与人类文明的进步,为了适应人体自身及体育活动的需要,美化的意义变得越来越显著。"衣服容貌者,所以悦目者也。"体育的审美性价值取向也逐渐成为体育服饰文化的另一个基本特征。当代体育运动体现了服饰美与形体美的完美结合,体育服饰适应某些运动的技术特点,与运动本身的美感共同衬托出动作的多样、洒脱与优美。如体操、游泳、跳水等运动服装面料以具有弹性、伸缩性良好的尼龙等纺织品为主,既突出了人体的线条与流线型的轮廓,又便于身体的舒展与灵活运动,显示出勃发的生命活力,极具感染力。一般来说,在构成体育服饰的三要素(形、色、质)中,色彩是最活跃、最醒目、最敏感的要素,它兼有实用与审美双重意义,是人与体育服饰之间的第一媒介,体育服饰的配色经常利用色彩的对比作用,达到相互衬托易于辨认的目的。例如,在足球、篮球、排球等项目中,双方运动员的衣裤、鞋、袜都要求有鲜明的色彩区别,有些运动如体操、武术等,为了突出运动员的矫健美,常采用轻盈、绚丽的配色,并十分注重运动色彩的扩张或收缩感,常以服饰来帮助表现身姿的优美与刚健,以突出最佳审美效果。

3. 民族性

文化是人类社会中存在的一种现象,迄今为止的人类社会都是按民族或国家(由单一民族或多民族组成)来区分的,各种文化都不可避免地会被打上民族的烙印。各民族的体育运动代表着相应的物质文明和民族精神,体育服饰也反映出民族文化的沉淀,具有鲜明的民族性特征。首先,从东西方不同的民族文化传统来分析,中国传统文化将个体融入家族、社会整体,强调人对宗族和国家的义务,崇尚"中",在性格上主张中和,为人要适度,不偏不倚,不卑不亢,讲究人与人之间的和谐统一,反对个性的突出,这在一定程度上限制了竞技体育的发展。如中国古代的蹴鞠,到了宋代广泛流行,但由于受"不悖礼教"思想的影响,踢球者身着长袍,腰上束着丝带,衣服的前摆被掖在涤边上,下身穿着长裤。整体上着装和平常没有多少变化,运动中透着含蓄。

与中国古代的体育精神不同,近代竞技体育鼻祖——古希腊和古罗马的竞技体育,则偏重追求个性,思想自由开放,形成了独特的体育服饰文化,表现出与东方相去甚远的服饰造型与理念。他们崇尚人体造型,追求外在形式上的感官刺激。而从文艺复兴时期人们的服饰可以看出,男装通过上半身雄壮和下半身贴身的对比,已经呈现出上宽下窄的倒三角形,雄健且富有动感和进攻性。从民族文化遗留的角度来分析,体育服饰中同样保留着各民族在漫长岁月中曾经经历过的特定时期的典型文化。如位于比利牛斯半岛上的西班牙人能歌善舞,他们特有的舞蹈和斗牛士的雄姿已成为这个民族的象征。在充满野性的斗

第八章 体育文化的亚文化形式

牛场上,勇士们头戴别致的黑色三角帽,上穿配有金色图案的红色窄袖短上衣,下穿紧身长裤,脚穿灵巧的皮鞋,手持红色的披风,极富精神与朝气。精彩的表演和别致的服饰相得益彰,使人对其民族文化和体育精神留下难以磨灭的印象。在英国和德国流行的马术"盛装舞步",要求骑手与马匹都要装扮得精雅、漂亮,比赛时骑手策马而行,人马合二为一,显得端庄而优雅。无论是斗牛,还是"盛装舞步",从流传下来的体育服饰中可以清楚地看到各民族文化的不同表征。

(三)体育服饰文化欣赏

1. 奥运会上的体育服饰文化

在雅典举行的第一届现代奥林匹克运动会上,各代表团的衣着形式多样,只有体操运动员身着该项目特有的赛服参赛,而当时德国代表团一行中11名自行车运动员把自己喜爱的白色帽子作为统一的身份标志。在1908年奥运会开幕式上,特制的体操服、摔跤服和击剑服出现在入场式中,而运动帽依然受到各国运动员的青睐。从斯德哥尔摩奥运会开始,统一的代表团服装成为开幕式上与对手竞争的重要内容。

当1928年德国重返圣莫里茨冬奥会赛场的时候,多数来自军队的运动员保持戎装,而滑雪运动员穿着带斜条纹的套衫和滑雪裤大出风头,充分展示了运动员的风采。

在1956年墨尔本奥运会上,联合组队的民主德国和联邦德国达成一致协议:男运动员身穿米色西服,女运动员上身穿红夹克配米色裙,合身得体的窄腰女套裙加上米色帽子展示了女性独立、自信的气质。

直到今天,各国代表团参加的入场式就像一次特殊的时装表演,已经发展成为参赛各国间接展示民族风采的一次绝好机会,成为服装行业进行时装演示的最佳时机。《奥林匹克宪章》允许在国际奥委会执行委员会的监督下,在保护各国奥委会利益的原则下,签订赞助合同,但仍禁止在运动员和体育官员的服装上和一切体育设备上进行广告宣传。《奥林匹克宪章》规定,生产厂家的标志可以用标语、商标的形式在12平方厘米以内出现在衣裤上,6平方厘米以内印在运动鞋、帽和眼镜上,60平方厘米范围内出现在运动设备上,因为标志太小,观众看不清这些"活广告栏",但是先进的传媒手段为市场的决策者们提供了足够的活动空间。可以断言,奥运服饰将在奥林匹克运动与企业,尤其是服装业的互相交流中发展到一个更高的阶段,奥运服装将成为奥林匹克运动中不可缺少的重要组成部分。

2. 科学技术在运动服装上的应用

随着科学技术在竞技体育中的应用和运动水平的不断提高,科学技术也日益渗透到专业运动服装的设计和制作上。人们对运动服装作用的认识越来越深刻,今日的运动服装,经过人们的精心设计和制作,更趋于科学化和合理化同时也更加时髦了。目前,各国都十分重视应用新材料、生物工程技术等高新技术对运动服装进行研制和开发,不少新功能的高新技术产品相继问世。

【会"呼吸"的运动服】

其特点是在尼龙塔夫绸上涂上基酸系聚合物,基酸系聚合物是构成人体皮肤中蛋白质的成分之一,因而具有类似"皮肤呼吸"的吸湿和排湿功能,其透气率是一般衣物的 2 倍,并有高度的防水、防风性能,这种衣料适合于制作登山服、滑雪服、航海服和其他高级运动服。

【冬暖夏凉的空调运动服】

其材料是一种新型纤维,主要由可塑性非常好的晶体构成,这种晶体皆经过特殊处理,能够随气温变化而有效地储存或释放热量。当周围的环境温度升高时,晶体会把热量释放出来,故由这种材料制成的运动服一年四季都可穿用,穿上后十分舒适。这种材料可用来制作训练服、田径赛服、排球运动服和滑雪服等。

第三节　按不同人群进行分类

按照不同人群进行的分类,可将体育亚文化分为女性体育文化、职工体育文化、农村体育文化。

一、女性体育文化

女性体育文化作为一种隐性文化,长久以来处于人们的视野之外。随着女性解放运动的兴起和经济社会的发展,女性体育得到了飞速发展,体育文化也经历了从原始蒙昧、封闭异化、社会觉醒,到自我解放的文化嬗变过程①。

(一)女性体育的内涵

女性体育看似一个指向较为明确的范畴,指与"男性"相对应的女性的体育活动与体育现象。女性体育文化作为一种文化现象涉及女性体育生活的方方面面,包括女性的体育知识、体育情感、体育价值、体育理解、体育道德、体育制度和体育的物质条件等。它是女性在社会生活和体育实践中创造出来的,通过有形的身体形态、动作技能、运动器材、物质以及无形的与社会属性有关的意志、观念、时代精神反映出来的关于女性体育活动的物质、制度和精神文化的总和。

(二)中国女性体育文化的变迁过程

中国女性体育文化随着社会的发展、朝代的更迭、社会制度的改变不断发展,并伴随着中国社会性别关系的发展而不断变迁,主要经历了以下五个阶段。

1. 从混沌蒙昧到以弱为美

文化是伴随着人类活动的出现而产生的。人类在劳动过程中使用生产工具,进行跑、跳、投、射等活动,从而孕育了体育文化。原始社会人类对于体育并无明确的意识和目的,因为生存的需要,男人同女人一起学习跑、跳、投、摔跤、攀登、搏斗、射箭等基本的生存技能,通过舞蹈进行祭祀以祈求神明的保护。随着社会的发展,在劳动之余,人们通过舞蹈、游戏与娱乐进行休息、放松。在母系氏族社会,女性居于主导地位。原始社会末期,随着生产力的发展私有制的产生,社会形态从母系氏族逐渐发展到父系氏族,男性社会地位开始高于女性,家庭婚姻关系也由母系氏族社会的"从妻居"改变为"从夫居",女性的体育活动开始受到限制。

伴随着周朝封建宗法制度的形成,中国女性的体育文化观与审美观逐步被"男尊女卑""女以弱为美"的观念所影响,女性体育在"从父、从夫、从子"和"生儿育女是本分"的传统观念和封建思想影响下被局限于舞蹈、棋类或家中小小的秋千架上,呈现出封闭性、轻柔性、自娱性特点。

---

① 夏青. 社会性别理论视角下中国女性体育文化的变迁[J]. 山东社会科学,2014(08):189-192.

2. 从意识萌动到以壮为美

女性体育文化的发展转变，不仅受到一个时期时代风气和道德伦理等的影响，还受到社会政策的影响。隋唐时期，开明的社会政策、儒释道三教并行的文化政策、各国之间的文化交流与融合，使女性意识获得了一定程度的觉醒，女性体育文化呈现出欣欣向荣的态势。这一时期，各国之间的文化交流与贸易往来十分频繁，丝绸之路的开通使大批的西域商人和王公贵族来到大唐，他们在接受唐文化的同时也把本国的文化融入大唐文化，使大唐的审美风貌呈现出明显的"胡风"特征。异域的风俗对本国女性体育文化的影响巨大，这个时期舞蹈、蹴鞠、射箭、散乐、马球、拔河、郊游、田猎、秋千等在妇女中广泛流行，女性的体育活动异常丰富。故宫博物院收藏的唐代妇女打球铜镜，1972年陕西乾县唐章怀太子李贤墓中出土的马球图壁画都反映了唐代女性的体育运动情状。

3. 从思想禁锢到行为束缚

经历了唐朝的短暂解放与繁荣，中国的女性与女性体育很快进入了深不见底的漫漫黑暗之中。宋元明清时期，统治者采用高度集中的中央集权制。宋明理学在约束人心、维护社会秩序的同时，对女性的文化约束也比以往任何时代都更为严重，制定出种种道德规范进行规训禁锢，使女性在行动上渐渐丧失其独立的思想与人格，成为被压迫、被奴役、可被任意处置的物件。《女四书》中把女人定义为"妇者，伏也，伏于人也"，更是把女人说成是男人的附属物。被引为经典的《女教篇》中规定女子"勿出中门，勿窥穴隙，勿越墙垣""唯女之容，贵于和婉，坐立恭庄，步骤祥缓，头容常直，目容常端"；《说文解字》是这样解释"妇"字："妇者，服也，服于家事，事人者也"，女人生存的目的只是为了做家事、侍奉别人。跑、跳、习舞、练箭、骑马被认为有失风雅、大逆不道、伤风败俗。这一时期，在思想上中国女性被重重的封建礼教所约束，身体又被一条长长的裹脚布所禁锢，这双重的禁锢如一道密不透风的城墙把女性隔离在体育之外。

4. 从西学东渐到解放身体

中国封建传统文化、男权主流文化中"男尊女卑"已经逐渐内化为一种思维定式，沉潜在中国女性的心灵深处，女性体育文化观在这种文化中扭曲了千年。1840年，随着"鸦片战争"爆发，中国闭关锁国的大门被西方列强大炮攻破，西方的新思想新思潮伴随着西方列强的入侵传到国内。为了救亡图存、富国强民

"保国强种",男权社会的先进人士和革命家们发起了一场女性解放的运动。19世纪末,康有为、梁启超提出了"废缠足"、兴女学、发展女性体育的主张。康有为从"天赋人权""自然人性"的观点出发指出男女应该平等,并且强调男女应该有同等受教育的权利。梁启超在其《论女学》中提出:"二十世纪之中国妇女,譬犹春初之笋,骤出于斩伐之余,欲与西林之森然矗立者竞秀。顾欲解除传统之束缚,而与世界之出类拔萃者角胜,则必先培其本根,养其元气,使体格与心智俱臻健全。"严复在他所著的《原强》中说"盖母健而后儿肥,培其先天而种乃进也"。

此后,西方教会和传教士在中国兴办女学,课间教授体操、游戏等体育活动。"五四"新文化运动之后,女子开始享有与男子同等受教育的权利,中国开始出现女子学校,并开设体操、篮球课。其实早在"五四运动"之前,在西方进步思想的影响下,1913年中国就有了专门的女子体操学校——上海中国女子体操学校。随着中国体育运动的发展、女性解放运动的深入,学校开始举办运动会、学校间的联合运动会,女性有了参加体育运动的机会。1923年,中国女子第一次走出国门参加在日本大阪召开的第六届远东运动会。自此中国女子体育开始走出国门,参与到世界竞技体育的大舞台中,慢慢成为世界体坛上"一道不可缺少的风景线"。中国女性的身体被封建男权社会扭曲了千年之后,在"保国强种"的巨大社会责任与历史使命下,慢慢得到解放。在男权社会,女性身体解放在中国女性体育发展史上具有里程碑式的意义,它使女性体育的发展成为可能。

5. 从妇女解放到男女平等

新中国成立之后,"男女平等"的思想进一步确立。国家及各省、市、自治区纷纷设立体育运动女队,在"为国争光"的历史使命下,中国女性在体育竞技舞台上大放异彩。国家高度重视女性体育的发展,制定了许多对保护女性有利的政策,婚姻法、宪法和劳动法等也相继出台,女性的体育文化观发生了根本的变化。为了改善国民体质、尽早摘掉"东亚病夫"的帽子,1949年9月,中国人民政治协商会议通过的《共同纲领》中明文规定提倡国民体育,把改善国民健康、增强国民体质变成一项重要政治任务。国家和各省市运动委员会、专业运动队相继成立;女性开始走出家庭、进入社会,走上世界竞技体育的大舞台。

中国女性体育的真正发展和女性体育意识的改变是在"文化大革命"之后,中国改革开放的春风以及女性竞技体育运动的快速发展,带动了大众女性体育运动的发展,更新了女性的体育文化观念。这一时期中国女运动员在奥运会赛场上屡传佳绩,中国女排、女子体操、女子跳水、女子羽毛球、女子乒乓球、女子举重、女子柔道等,都取得了令人瞩目的成绩。20世纪90年代中期以后,全世界对于女性体育运动的关注、对女性健康美的宣扬,使中国女性健康意识和健身意愿增强,中国女性的体育意识发生了极大改观,中国的女性大众体育开始快速发展。尤其是2008年北京奥运会的成功举办,进一步激发了全民的健身热情。2009年经国务院批准,把每年的8月8日正式定为"全民健身日",2011年年初,国务院发布关于印发《全民健身计划(2011 – 2015年)》的通知,自此,在林荫小道、广场、花园、运动场经常能看到女性运动的身影,中国女性的体育文化观念经历了几千年的混沌、蒙昧,从最初的"救亡图存""保国强种""为国争光",逐渐走向了女性体育的自觉、自愿、自我,中国的女性体育呈现出蓬勃发展、欣欣向荣的局面。

二、职工体育文化

众所周知,在我国众多企业之文化建设中,最重要的就是精神文化建设,企业在承受重大的压力之下也需要释放压力,企业开展职工文化体育活动的意义就是如此——保证整个队伍的生机与活力从而推动企业继续发展。企业职工文化体育活动是企业建设的第一步,对于增强企业凝聚力,增强职工的责任心,释放压力有着积极的作用。①

(一)职工体育的组织机构

中国职工文化体育协会是报经民政部批准成立、由中华全国总工会主管的国家一级社团。协会实行团体会员制,全国各省、自治区、直辖市职工文化体育协会,省会城市、计划单列市职工文化体育协会,全国性行业、系统职工文化体育协会,地级市以上总工会管理的文化宫、俱乐部、体育馆以及大型企业工会均

---

① 何彬彬. 浅析体育活动对于企业职工文化生活的重要性[J]. 企业文化(中旬刊),2016(7):2 – 3.

第八章　体育文化的亚文化形式

可申请入会。

其主要职能是，作为群众性的全国职工文化体育组织，中国职工文化体育协会将加强与党和国家有关文化体育部门的联系与沟通，大力推动社会各界关心、支持职工文化体育工作；努力组织开展全国性的职工文化体育竞赛、交流、展演、展示活动，推动职工文化体育事业发展；指导基层单位和职工群众开展丰富多彩的文化体育活动，抓好宣传推广、辅导培训等基础工作；兴办为满足职工精神文化需求服务的经济实体，增强自我发展能力；开展职工文化体育业务研讨，发展国际文化体育友好交流活动等。

（二）职工体育文化建设的作用

1. 提高职工综合素质

针对职工开展文化体育活动，有利于提高职工的综合素质，不仅对推动其实现全面发展具有积极影响，还能有效提升企业整体工作效率与质量。企业在组织文化体育活动时，将思想政治、科学技术、企业文化、职业素养等多项内容融入其中，大大提高了职工的参与度，有利于提高职工对企业的忠诚度，为创设和谐发展环境奠定了坚实基础。

人的健康包括身体健康和心理健康，即通常所说的身心健康。随着现代社会生活水平的不断提高，工作节奏也日益加快，竞争压力越来越大，高血压、冠心病、糖尿病和抑郁症等所谓"现代文明病"正以惊人的速度，向以职工群体为主的青壮年、中年人的身体健康发起进攻。而科学的体育锻炼正是抵御"现代文明病"侵袭的最有效手段。体育工作的根本宗旨就是"发展体育运动，增强人民体质。"

2. 提高职工自我认识

体育运动大多是集体性、竞争性的活动。自己能力的高低、修养的好坏、魅力的大小，都会明显表现出来，职工便会对自我有一个比较符合实际的认识。在比较正确地认识自我的基础上，便会自觉或不自觉地修正自己的认识和行为，培养和提高企业发展所需要的心理品质和各种能力，从而达到职工自我教育的目的。

在社会主义市场经济快速发展的背景下，我国企业当前所面对的内外部环境皆发生了较大变化，尤其是互联网等信息技术的发展进步，极大地改变了职工的思想观念与生活方式。企业若想有效地加强内部管理,营造良好工作氛围,可以通过举办形式多样的文化娱乐与体育活动,令先进思想占据职工思想阵地,帮助其树立正确思想观念,养成文明科学的生活方式,从而实现提高生活品质、保证自身健康的目的。

体育一般都具有艰苦、疲劳、激烈、紧张,以及争竞性强的特点。通过体育运动,有助于培养职工勇敢顽强,吃苦耐劳,坚持不懈,勇于拼搏的思想作风,有助于培养团结友爱,集体主义和爱国主义精神,有助于培养机智灵活,沉着果断,谦虚谨慎等意志品质,使职工保持积极健康向上的心理状态。

3. 增强企业凝聚力

毛泽东在《体育之研究》一文中提出:"体者,载知识之车而寓道德之舍也。"这也是对职工体育在塑造企业文化中地位最精辟的论述。人是生产力中最活跃、最具主观能动性的要素。体育运动与企业文化的精神实质都是以人为本。体育不仅有强身健体的作用,它还能引导健康的生活方式,可以改变人的生活态度,使人树立积极的生活理念。职工体育则可以激发职工的潜能,提高他们的合作与竞争意识,增强企业团队的活力、创造力和凝聚力,达到提高团队整体绩效的目的。

文化体育活动要求参与的职工团结合作,尤其是竞赛类体育活动要求职工具备较强的竞争精神与拼搏精神,只有队伍通力合作且自身不断努力,才能赢得最终胜利。在这一过程中,职工必然会站在自己所代表的一方,且为了胜利不断挖掘自身潜能。文化体育活动有利于促使企业思想统一,对增强内部凝聚力具有积极影响。

4. 推动企业文化建设

由于体育文化是企业文化建设的重要组成,因而加强体育文化建设对推动企业文化进一步发展具有十分重要的意义。文化活动可以为职工提供展示聪明才智的场所,体育活动能够提高职工的专业技能水平,有利于培养广大职工积极参与意识,切实增强自信心,对企业焕发活力、增强竞争力具有重要作用,能够推动经济建设与文化建设共同发展。

提高企业知名度和职工的自豪感。职工体育是企业长盛不衰的重要一环。企业运动队是企业形象的代表,从体育竞赛的角度,反映企业的实力。企业体育代表队在对外交流中,能够充分展现企业精神和职工的风貌,提高企业的知名度,引起社会广泛的关注,从而提高职工的自豪感和自信心。

企业形象与企业环境有着必然的联系,要提高企业形象就要大力改善企业环境,加大对体育设施的投入力度,使职工有一个良好的体育活动环境,满足职工参与体育活动的需要,从而树立良好企业形象。

三、农村体育文化

在城镇有社区体育义化,在农村也有属于农民的体育文化,即农村体育文化。发展农村体育文化是建设体育强国的一个重要内容,也是全面建成小康社会和新农村建设的重要方面。

(一)农村体育文化概述

农村体育文化,主要是指生活在农村区域的人群,在从事体育活动相关的物质生产和精神生产的过程中,所构成的具有浓郁地域特征的基础设施、价值观念、心态、精神、风俗习惯和道德规范等的总和。

农村体育文化是世世代代的农民共同发明的一种物质和精力财富,是农民的体育文化水平、思想观念以及在长期的体育文化实践中形成并沉淀下来的认知方法、思维方式、价值观念、情感状况、处世态度、人生寻求、生活方法等深层次心理结构,它所表达的是农民的内心世界、人格特征以及文明开化程度。

农村体育文化是一种显性的、区域性的、有别于其他社会文化形态的健身文化。它作为新农村文化建设的重要组成部分,不仅对农民强身健体、培育坚毅性情和公平竞争意识有着良好的效果,还对丰富农村文化内容、全面提升农民文化素质起着不可代替的作用,有效促进农村经济、政治的进一步发展。

(二)农村体育文化的特点

农村体育文化是社会文化的一个重要组成部分,它既有社会文化的一般性质和主要特点,即具有时代性、民族性、区域性、前史传承性和相对独立性,也具有体育活动的特征。它以体为本,身心并重,不拘方式,重在参与,易于交流。因为农民在生产方式、生活环境和生活习惯等方面有自己的特点,农村体育文化构成与其成长的环境、背景的特殊性有关,从而使其具有区别于城市体育文化的一些特点。

1. 时节性

农村体育健身活动带有显著的时节性。农村体育活动的开展易受生产活动、体育认识及观念、健身条件等制约,农村体育活动特别是单独的体育活动比较多;在农忙时节体育活动较少,比较多的是结合劳作和休息时间进行,只有在农闲时节或盛大节日,体育活动才具有明显的社会性和群众性,此时,也是促进各项体育活动连续开展的重要时期。

2. 传统性

我国农村的体育活动具有悠久的历史,在农村地区很早就有了功夫、摔跤、射箭、马术、划龙舟和荡秋千等民间体育活动和竞赛,并且在活动内容与形式上多种多样,广大人民群众一般是依据自己的具体情况选择所喜爱的活动内容,既能够以个人为单位、也能够以集体为单位参与,因人而异、因时而定。农村展开的体育活动内容多带有浓郁的乡土气息和地域特征。例如,在南方农村会开展龙舟竞渡、舞狮等体育活动,北方农村则开展的踩高跷、闹社火、舞龙、扭秧歌等文化体育活动。

3. 不平衡性

农村体育文化的不平衡性一方面体现在不同区域的体育文化差异上。从当前阶段看,因为农村经济存在不平衡,使得农村体育活动开展也存在着不平衡性,尤其是在居住分散的偏远区域差异较大,存在着民族差异与南北差异。不平衡性另一方面还体现在我国一些地区体育文化建设显著落后于经济的发展,主要表现在对体育文化建设重视与引导不够,体育场地、器材较匮乏,人们参与体育活动存在无人安排或无处可去的现象,致使文化体育这一健康的生活方式没有完全融入人们的生活中。

(三)农村体育文化的发展

随着乡村振兴战略的不断推进,农村体育文化建设日益受到重视,政府、社会、企业都对农村体育文化建设加大了投入。为了能够实现农村体育文化的可持续发展,使其在我国体育事业中发挥出应有的作用,可通过以下方式促进农村体育文化建设的进一步发展。

1. 积极宣传,提升体育意识

地方政府要加大体育文化活动的宣传力度,在农村进行体育科普知识宣传,开展"体育下乡"等活动,全面提升农村群众对体育文化活动的认知。逐步提升农民体育文化活动的参与度,培养体育生活理念,在农民日常活动中不断渗透体育文化,让体育成为我国农村居民的日常生活方式之一。此外,当地政府还可以引导和组织体育赛事,降低体育锻炼的门槛,组建体育团队,积极利用周边体育资源开展体育活动。

2.城乡统筹,补齐资源短板

在全民健身及"健康中国"战略下,各地要推动城乡统筹,提升农村体育文化事业发展活力,缩小城乡体育资源差异,逐步建立覆盖面比较广的公共体育服务系统。地方政府可以引导城市户外体育或休闲体育赛事在农村开展,组织徒步比赛、越野比赛、自行车比赛等赛事,让城市体育激发、感染农民对体育活动的兴趣,从而推动农村体育文化事业的发展。

此外,地方政府可以动员社会力量参与我国农村体育文化活动建设及体育活动组织运营工作。政府应强化在农村体育文化建设中的服务意识,加大农村体育经费投入,弥补农村体育设施上的差距。[①]

课后练习与能力提升:

习近平在党的二十大报告中提出"全面推进乡村振兴",强调"建设宜居宜业和美乡村"。请分析论述体育如何在乡村振兴中发挥其应有的作用?

拓展阅读与资料库链接:

1.关于体育亚文化的一些看法 简书(https://www.jianshu.com/p/bf7364c84697)

2.体育文化为体育强国建设凝心聚力 国家体育总局(https://www.sport.gov.cn/n20001280/n20067701/n20067719/c…)

---

① 周沛."健康中国"背景下开展农村体育文化活动的思路[J].山西农经,2019(10):128.

第九章 体育文化的交流与传播

导读：

随着全球化进程的不断发展，世界性与民族性融合成为21世纪体育发展的主流，而体育文化的交流与传播，更以其独特的功能和影响力彰显于世，体育传播将体育文化的精髓传承下去，使之世代相继并与其他文化碰撞、融合，使体育文化在历史的长河中得以沉淀和积存，对人们的生活方式和习惯产生潜移默化的影响，对提高人类生命质量具有重要价值。当今世界的体育文化交流与传播，具有什么样的理论意义和现实意义，具有什么样的交流与传播方式，存在着什么样的交流与传播冲突等，亦是我们所要关注的问题。本章我们一起了解体育文化的传播意义与方式、当代体育文化的冲突与整合。

第一节 体育文化交流与传播的意义及传播方式

一、体育文化交流与传播的意义

在当今世界体育发展中，虽然以西方文化为基调的奥林匹克运动主导着世界体育的发展方向，但是在全球化背景下，文化的多元化和多极化同样是世界发展的基本走向和趋势。因此，注意加强中外体育文化的交流与传播，在与各国的交往过程中使中外文化双方受益，取长补短，不仅成为中国与各国之间体育文化交流与传播的历史必然，而且也是保证中国体育从大国走向强国的一个不可或缺的环节。

第九章　体育文化的交流与传播

(一)人们身心健康发展的需要,提高生活质量

体育对人们的生活方式产生了深刻的影响。现代社会,人们通过体育传播,用运动换取健康、预防疾病、缓解工作压力、松弛疲惫的身心、锻炼意志、培养协作精神,同时追求延年益寿。在观赏体育运动的过程中,人们感到愉悦,满足了身心健康发展的需求,养成了良好的生活方式,提高了生活质量。

(二)满足人类社会交流的需求,协调关系,促进世界和平

体育活动不分男女老少,不分运动水平高低,面向所有的社会阶层,包括一切运动和竞技项目,人们通过体育活动进行身体和情感交流。体育传播就是通过体育活动的手段,把世界上不同国度、不同种族、不同语言、不同宗教信仰的人凝聚在一起,人们在相互交往中,增进了解和友谊,进而达到世界团结、和平、进步的目的。

(三)教育与体育文化传承功能

体育是人类社会发展中,根据生产和生活的需要,遵循人体身心的发展规律,以身体练习为基本手段,达到增强体质,提高运动技术水平,进行思想品德教育,丰富社会文化生活而进行的一种有目的、有意识、有组织的社会活动。体育传播的教育功能是指通过运动对人进行全面教育。体育传播教育过程是通过身体以及心理的过程,由身体运动和动作技术的学习,而发展人的主体性。

体育传播的教育功能就是人对自己身体的自我培养,这是有意识地优化自我身体教育的活动。体质是人的生命存在十分重要的方面,这就要求体育教育强调主体性人格的确立。体育传播的教育功能就是要改变以往我们把身体当作纯粹的运动的工具,忽略主体人的感受及身体的主体性。主体性人格是一种具有主动性、独立性、责任心和合作精神的人的类型特征。体育传播的教育功能就是使人们在体育运动中确立主体性意识,让人们在运动中体验感受、自我判断、自我测评。在运动中体会人际的互动、配合中的效益、协作创造成绩的团队意识,在规则约束下的公平竞争意识,遵守规则的行为规范,不断超越的自强奋斗精神。

体育传播是时代纵向传播和各民族、地域横向传播过程的统一体。现代体育作为人类社会几千年积累下来的精神文化财富,是一种具有丰富内涵的社会活动和文化现象,对于人类自身的进化、完善和社会进步发挥着重要的作用。

通过传播把体育文化传递给下一代,使社会成员继承体育文化遗产,树立正确的体育价值观念,形成良好的社会行为规范。

(四)满足人类发展的需要,促进社会和谐发展

体育经历了从挑战自我、追求人的身心协调和全面发展到追求竞技的人性化、人类文化的多元和谐、人与自然的和谐共存的历史演变,体育不仅仅是为了锻炼体格和显示一种壮观场面,也是为了锻炼人的性格、培养人的道德、磨炼人的意志、培养人的个性、增强人的体魄。体育传播就是倡导对人的潜能与自由创造、对人类的文明与优良秩序的最大尊重,对人类一切优良道德价值和伦理规范的继承与发扬;引导人们追求一种最优化的生存与发展的伦理观念,尊重文化身份、文化个性、文化多样性。这种伦理观念是人类与环境协调发展、个人与社会相协调的保证。

二、体育文化交流与传播的方式

关于体育文化交流与传播方式的问题,实际上就是交流与传播的载体和路径问题。由此,我们不仅需要讨论不同体制和不同层面的政府组织作用,而且需要研究那些国际非政府体育组织的具体担当和作为;不仅需要了解中外留学生在体育文化交流与传播方面的特殊作用,而且需要关注跨国公司这一新的体育文化交流与传播角色。

(一)政府组织体育机构的交流与传播

纵览世界各国的体育文化交流与传播途径,大致分为两大部分:一是官方途径,以各国政府的相关体育机构为代表;二是民间途径,以非政府体育组织为代表。而其中,官方途径的体育文化交流活动开展得更为频繁、更为广泛。

1. 不同体制下的政府机构组织

为实现体育运动的开展,各国政府纷纷成立专门的政府体育组织,以对体育运动进行更好的约束管理。但由于各国政府的体育机构隶属于不同的社会制度,因而具有不同的特点。此外,在受到各国政府领导和扶持的同时,这些体育机构也会在一定程度上受到各种体制的制约。

(1)不同体制下各国政府体育组织文化交流的特点

一是服务于政治需要。自第二次世界大战后,随着国际形势的缓和,国家

之间的交流活动开始增多。作为交流活动的手段之一,政府间的体育交流在国际关系中的作用和地位越来越突出,各国政府也开始普遍借助体育手段来展示本国文化,宣传自己的价值观,提高和扩大国家的影响力。由此,体育突破了单一的教育、文化、娱乐甚至商业功能,逐渐成为国家外交活动的先行者,成为服务于政治的重要手段。譬如中美之间的"乒乓外交"开启了中美关系的破冰之旅。

二是服务于文化传播。传播本民族体育文化,将民族体育文化推向世界是政府体育组织的重要职责之一,各国政府体育组织都将传播体育文化活动作为重要工作内容,积极举办各种体育文化活动。2011年,为纪念中美"乒乓外交"40周年,中国国家体育总局派出武术代表团赴美国华盛顿、纽约和亚特兰大举行巡演和武术推广活动。中国武术代表团此次访美,大力宣传了中国传统体育文化,扩大了武术的影响,并借助联合国舞台向国际社会展示了中国武术的魅力。这些活动与举措对提升中国的国家软实力,促进中美人文交流和文化交融起到了积极的作用。

(2) 不同体制下政府体育组织文化交流的方式

政府体育组织之间的体育交流,主要是通过签订双边文化、体育交流合作协定来进行的,一般有三种方式。

一是举行双边体育竞赛和体育友好活动。2007年,正值中日邦交正常化35周年,两国领导人将2007年确定为"中日文化体育交流年"。在体育交流领域,中国国家体育总局和日本国家体育部门共同举办了丰富多彩的体育交流活动,活动内容包括"中日韩青少年体育交流大会""中日智力体育比赛""中国乒乓球队元老队员访日""中国武术代表团访日巡回演出"和"中日友好城市小学生乒乓球交流赛"等。

二是互派教练员、提供体育援助。"1957年,经周恩来总理等中央领导批示,原国家体委向越南派出了我国历史上的第一支援外体育教练队伍,拉开了新中国援外教练工作的序幕。"[1]从此,开启了政府体育组织派出人员相互学习、

---

[1] 刘鹏. 春华秋实50载五洲遍开友谊花[EB/OL]. [2007-09-28]. http://www.gov.cn/gzdt/2007-09/28/content_764107.htm.

相互指导、共同提高的历史。60多年来,应世界各国的邀请,中国共向世界上120多个国家和地区派遣了近40个体育项目的体育教练人员,共计2600多人次;共为50多个发展中国家援建了70多个体育场馆设施[①],这些体育设施为体育欠发达的发展中国家人民提供了更多接触现代体育的机会。

三是举办体育会议、论坛,加强体育对话。2012年5月3日,第三轮中美人文交流高层磋商工作会议在北京举行。在体育组的磋商中,中方来自国家体育总局对外联络司及有关体育协会代表,与美方来自美国国务院教育文化事务局体育联合办公室、美国驻华使馆、NBA、NFL和美国滑板公司协会的代表,开展了友好而热烈的对话,双方就大众体育交流、篮球项目交流和体育教师交流等方面进行了深入探讨。

2. 不同层面的政府体育机构组织

不同层面的政府体育机构组织,主要指国际体育关系中国家层面下省市级政府之间的体育组织。这一层面的体育交流活动也十分富有特色,如随着我国体育体制的改革和中央机构的权力下放,地方和单项体育协会发展体育的自主权加大,发展体育的积极性得到了更多激发。由于他们也能更直接地和国外体育组织或俱乐部建立各种各样的联系或协作关系,从而使我国的对外体育交往,在层面上更宽了、层次上更多了。[②] 在国际交流与合作越来越深化的时代,不少国家为了与他国建立友好合作关系,加强城市之间的友谊,开展了形式多样的文化交流活动。不同国家的城市之间政府体育部门也随着城市关系的加强而展开了积极的文化交流活动,这种交流的渠道主要有两种。

一是学习借鉴他人举办体育赛事的经验。为了学习借鉴世界城市成功举办大型体育赛事的经验,前往这些城市参观学习、加强交流,成为世界城市之间的重要交流途径。如我国广东省在举办2010年亚运会和2011年世界大学生运动会前期,专门组织代表团访问希腊,就如何深入推进广东省与希腊的文化体育交流合作问题进行了磋商,并达成了令双方满意的共识。希腊是奥林匹克运动的发源地,广东省体育部门及其他相关部门与希腊建立的紧密联系,有助

---

① 立大国风范 树中华形象[N].中国体育报,2009-08-18(3).
② 罗时铭.改革开放以来中国体育的对外关系[J].武汉体院学报,2008(1):24.

第九章 体育文化的交流与传播

于中方各省市体育部门学习借鉴希腊在举办大型体育运动会方面的经验,更好地推动体育文化交流和发展。①

二是举办体育文化交流活动。主要指在友好城市之间开展体育文化交流活动,具体形式有举办城市体育竞赛、体育活动展演、政府体育部门组织的青少年体育交流活动等。2011年北京国际友好城市青年体育交流大会于6月15日至22日在京举行。"交流大会期间,首尔体育代表团、莫斯科体育代表团与北京市运动队开展了男子排球、女子体操、女子乒乓球等项目的训练、友谊比赛、经验交流等活动。"②

近年来,中国以主宾国的身份组织并参加了一系列"中外文化年"活动,如"中法文化年""奥地利中国年""中国意大利年""中国俄罗斯国家年""中印文化年""澳大利亚中国文化年""土耳其中国文化年",以及不同规模的文化周、文化行、文化节等。据统计,"目前,中国已与143个国家和地区达成政府文化协定,签订年度文化交流计划约700个,每年经文化和旅游部批准的中外文化交流项目达2000起左右,涵盖60—70个国家,计3万人次。"③这些主题鲜明、影响深远的文化活动已经成为中国对外文化交流的重要形式。

(二)非政府组织体育机构的交流与传播

与政府组织相比,非政府组织在层次上应更加复杂和多样,不仅有国家层面的非政府组织,更有许多国际性的非政府组织,它们在体育文化的交流与传播方面,无疑担任着重要的角色。下文仅以国际奥委会、国际单项体育组织以及中国的孔子学院为例做以分析。

1. 国际奥林匹克委员会

国际奥林匹克委员会,简称"国际奥委会",是一个国际性的、非政府的、非营利性的组织,是奥林匹克运动的领导机构。它于1981年9月17日得到瑞士

---

① 符信.学习借鉴希腊经验办好亚运会大运会[EB/OL].金羊网－羊城晚报.[2008-10-24]. http://news.sina.com.cn/o/2008-10-24/135814624731s.shtml.

② 北京市体育局新闻中心.2011年北京国际友好城市青年体育交流大会[E/OL]. [2006-06-23]. http://www.bjsports.gov.cn/news/ViewOrderProgrammeAction.do?id=201&flag=mod.

③ 中外文化交流每年2000起魅力文化推升"中国热"[EB/OL]. hp://china.com.cnV Gouchina/ txt/2008 －02/02/content.9636484.htm

· 183 ·

联邦议会的承认,确认其为无限期存在的具有法人资格的国际机构,总部位于瑞士洛桑。

《奥林匹克宪章》明确规定,国际奥委会的宗旨是:鼓励、组织和发展体育运动,组织竞赛;在奥林匹克理想指导下,鼓舞和领导体育运动,从而促进和加强各国运动员之间的友谊。国际奥委会组织举办奥林匹克运动会、青年奥林匹克运动会、冬季奥林匹克运动会、残疾人奥林匹克运动会。

国际奥委会下属的奥林匹克文化与教育委员会(The Commission for Culture and Olympic Education),其主要任务是从文化与教育的角度促进奥林匹克运动的发展。奥林匹克在从文化角度促进自身发展的同时,以体育为载体,促进了体育运动与文化的结合与创新,它不仅丰富了体育内涵,而且赋予了体育运动极大的文化价值。

2. 国际单项体育联合会

国际单项体育联合会,是世界范围内管辖一个或几个运动项目,并接纳若干管辖这些项目的国家和地区级团体的国际性非政府组织。它与国际奥委会、国家和地区奥委会共同组成奥林匹克组织的"三大支柱",但并不隶属于国际奥委会,拥有充分的自主权,一切规程都是由国际单项体育联合会决定和执行,在管理上保持独立性和自主性。

根据《奥林匹克宪章》规定,被国际奥委会承认的国际单项体育联合会应在保持与奥林匹克精神一致的前提下,在全世界进一步发展自己的运动项目,致力于实现《奥林匹克宪章》中确定的目标,传播奥林匹克主义和普及奥林匹克教育,在奥林匹克运动中负责它所管辖的运动项目的技术性工作。国际单项体育联合会的主要作用有:制定并推行本运动项目的规则并保证其实施;保证本运动项目在全世界的开展;促进实现《奥林匹克宪章》中提出的宗旨;根据《奥林匹克宪章》制定参加奥运会比赛的资格标准,并提交国际奥委会批准;负责奥运会和其他受国际奥委会赞助的运动会中本项目的技术监督和指导;在奥林匹克团结基金计划实施方面提供技术帮助。国际单项体育组织的出现,使各种运动项目在国际范围内有了统一的领导核心,能够制定统一的比赛规则,使运动竞赛摆脱了原来的地方传统,具有了真正的国际性,有利于体育文化的交流与传播。

3. 孔子学院

孔子学院是中国和外国合作设立的非营利性教育机构,旨在推广汉语教学、传播中国文化,促进中外文化交流与友好关系。2004年11月21日,随着首家孔子学院在韩国首都首尔成立,中华传统体育文化也伴随着中国文化以积极稳健的步伐走向世界。

近年来,孔子学院的民族传统体育活动开展得有声有色,已经成为中国民族体育文化传播的重要舞台。挪威卑尔根孔子学院,将中国民族传统体育作为一个特色项目来开展。俄罗斯布拉戈维申斯克市国立师范大学孔子学院、泰国川登喜皇家大学素攀孔子学院、喀麦隆雅温得第二大学孔子学院、伊朗德黑兰大学孔子学院等等常年举办中国武术培训班。很多外国人士冲着中国武术、太极拳等运动来到孔子学院。可见孔子学院为中国民族传统体育的国际交流提供了良好平台。

(三)体育文化使者的传播

1. 留学生

在中国近代史上,留学生是一个特殊的群体。他们在历史中的地位正如《中国近代留学史》的作者舒新城所言:"现在教育上的学制课程,商业上之银行公司,工业上之机械、制造,无一不是从欧美、日本模仿而来,更无一不是假留学生以直接间接传来。"[1]可以说,中国近代史上的大规模留学生运动,加快了近代中国的社会转型和文化转型。而在"体育"这个舶来品传入中国的过程中,留学生自然起到了十分特殊而重要的历史作用:引进西方体育文化、开启近代中国体育外交、引导近代中国体育价值观。

1901年,中国留日学生在当时的《教育世界》上介绍西方学校历史时,首先引进了"体育"一词(参见《教育世界》,1901年第十七册,第38页)。1903年,又有中国留日学生岚僧翻译了日本学者西川政宪的《国民体育学》,并在《杭州白话报》上连续发表,从而使"体育"一词得到了更大范围的传播。[2] 另外还有对于西方体育项目和比赛如游泳、划船、溜冰、球类等的引进。

---

[1] 舒新城。近代中国留学史[M].上海:上海文化出版社,1989:1.
[2] 罗时铭,近代中国留学生与近代中国体育[M].体育科学,2006(26):38-39.

中国留学生还借体育一途当起了"外交官",与美国的"棒球外交"就是一个典型案例。20世纪初,清政府委任梁诚为驻美公使,他在麻省理工学校留学期间是棒球好手。"在1881年间,参与对额士打队(Exeter)争夺锦标一役,凭其个人技术及努力,得获大捷,数十年后至今日,仍为当地人所乐道。故位任之初,其时之总统曾问梁公使,当年得获好评蜚声校际棒球好手究为何人,梁氏答:'就是我。'自此以后,对于交涉事项一帆风顺,而白宫政要无不刮目相看。"①

近代中国主流体育价值观主要有两种,即以"兵式体操"为依托的军国民体育思想和以西方现代体育为依托的自然体育思想。而每一个思想的兴起与衰落都与留学生的主张与倡导密切相关。中国近代教育史上的第一个学制,是于1904年颁布的《癸卯学制》,它规定各级学堂都要开设体育课程。因以日本学制为蓝本,也同时引进了日本的"兵式体操"以及以"兵式体操"为依托的军国民体育思想。军国民体育思想所提倡的尚武精神曾得到不少留日学生的青睐。曾于日本留学的梁启超,深受日本尚武风气的影响,认为中国人之所以在战争中失利,关键是缺少尚武个性。为此他专门写了《中国之武士道》一书,旨在提倡尚武精神。资产阶级革命派领袖孙中山先生也提倡"兵式体操",认为"今提倡体魄之修养,此与强种保国、强民自卫有莫大之关系"②。在这些留日人士的提倡下,"兵式体操"曾在近代中国学校体育中盛行了近20年。

近些年来,随着我国社会经济的迅速发展和国际影响力的不断提高,以及受中国传统文化的魅力所吸引,越来越多的外国学子将求学的目光聚焦到拥有五千年灿烂文明的东方国度,在华留学生成为和平使者、友谊使者和文化使者。来华留学生中有部分选择了体育专业。以北京体育大学为例,至2019年已培养了来自40多个国家的300名长期留学生和8000多名短期培训学员。来华留学生大多选择武术、太极拳、导引养生功等专业进行研修。在留学生的培养过程中,北京体育大学、上海体育学院突出了自身的办学特色,在民族传统体育上

---

① 吴文忠.中国体育发展史[M].台北:三民书局,1981:71.
② 何启君.中国近代体育史[M].北京:北京体育学院出版社,1989:88.

第九章 体育文化的交流与传播

大做文章。此外,武汉体育学院对留学生开设了武术套路、散打、中医骨伤、推拿、保健、针灸、运动医学以及传统体育养生、气功等具有中国特色的民族传统专业。在体育运动训练方面,还开设了田径、篮球、排球、跆拳道、拳击、中国式摔跤、皮划艇和艺术体操等多个项目。[①]

这些在华留学生或缘于各自的喜好,或因为自身的专业(体育专业)而对中国传统体育文化有了一定了解,从而成为中国体育文化的传播者。

2. 国际跨国公司

跨国公司是经济全球化的产物,在当今的国际经济舞台上发挥着举足轻重的作用。在体育日渐成为一种受到高度关注的"注意力资源"的背景下,跨国公司与体育的联姻,扮演着体育文化传播使者的重要角色。

近年来,越来越多的跨国公司利用体育赞助来提高他们在国际新兴市场上的竞争优势。从被赞助的体育机构的角度看,通过赞助促进消费,为体育事业的发展提供了资金保障,体育赞助为体育与商业提供了联姻的平台。另外,广告也是跨国公司传播体育文化的一个重要载体。许多著名的跨国公司都有这一方面的成功案例。例如,"耐克"作为全球年营业额和营业利润排名第一的体育用品品牌,其成功的一个重要原因就是它注重传递自己的核心品牌价值观。在耐克的广告中,很少有对品牌或产品的直接宣传,更多的是在提倡一种运动的习惯,一种生活的态度。再如可口可乐的广告向消费者展示的是"乐观奔放、积极向上、勇于面对困难"的核心品牌价值,将自己的品牌文化与"拼搏、进取、向上"的奥运精神完美结合,在提升企业价值的同时也将奥运文化传递到了全世界。我国著名的"李宁""安踏""361°"等体育用品品牌也在体育文化传播方面逐渐壮大。以"安踏"为例,它长期致力于体育赛事的赞助和公益活动,秉承"让世界分享中国的运动梦想"的理念,提倡"永不止步"的体育运动精神。

---

① 王惠茹.武汉体育学院来华留学生教育的发展现状及对策[D].武汉体育学院,2007:14.

第二节　当代体育文化的冲突

一、体育文化冲突的概念

文化冲突是指不同形态的文化或者文化要素之间相互对立,相互排斥的过程。从某种程度上来讲,人类历史是一部人类的文化史。不同的民族,不同的部落、不同的群体,在不同的生活环境、生存经验与生命体验以及生活方式下产生了不同的文化。在 21 世纪的今天,随着国家、民族间交往的不断扩大,其文化交流也日益深入。由于习惯与民族情感的作用,每个民族都将本民族的文化视为优秀文化,并对其他民族的文化产生排斥。所以,文化在其传播、接触、交流过程中,就必然会产生冲突。文化的冲突是由文化的本性所决定的,是文化在发展、交流过程中不可避免的一种现象。

体育作为人们生活的一部分,也由于各个不同民族、不同群体、不同国度的文化观、价值观、生活方式的不同而形成不同的体育文化。例如,古希腊时期形成的西方竞技体育文化与以"武术"与"养生"为代表的中国实用体育文化。由于这两种文化的价值观不同,所以在交流时产生冲突也是必然的。

同样的,由于不同人群的价值观的不同,也会产生文化之间的冲突。例如,中国内部的竞技体育与群众体育之间的冲突、学校中其他文化课程与体育课程的冲突等。

二、体育文化冲突的类型

(一)区域性文化冲突

不同区域之间文化往往有各自的特性。正是这种特性,当别的区域体育文化传入时,区域体育文化的封闭体系往往会产生排外性,冲突是一种必然存在。

不同区域的体育文化一般具有不同性质,有些是地理条件带来的,如在我国北方不便游泳,南方不便滑冰,如果反其道而行之,很可能带来冲突;有些是心理和价值观念的不同引起的,如近代中国人最初之所以不愿意学习现代足球,华夏中心观和文化优越感对其是有很大影响的。

（二）阶级性文化冲突

在阶级社会中，一切文化都代表一定阶级的利益，都是为不同阶级服务的。不同阶级与阶层之间在文化上存在有差异、矛盾，因而必然会存在冲突。作为文化中的一种，体育文化也不例外。统治阶级往往通过政策获得体育文化的某些特权，如早期的英国资产阶级热衷赛马、狩猎、拳击等赌博性体育项目，且颁布狩猎法，限制平民狩猎，而工人阶级则只能进行街头足球。体育文化的阶级性非常鲜明。

（三）时代性文化冲突

文化具有鲜明的时代性特点，不同的时代有不同的文化。由于各个地区、各个民族或各个国家的文化在发展上存在着不平衡性。在文化发展过程中，旧文化中孕育出的新文化，必然使文化具有鲜明的先进与后进之区别。这种先进与后进文化之间存在交往过程中的碰撞，从而使不同时代之间的文化发生冲突，这种文化冲突表现为两种形式：一是新旧文化冲突；二是先进的外来文化与旧文化之间的冲突，如中国近代学习西方体育时产生的"土洋体育之争"。

（四）集团性文化冲突

集团性是文化的一个显著特性。这是因为文化最早就是从族群或原始群这种集团性人群中发展起来并逐渐扩散开来的。各集团必定都有各自的集团利益，而利益的不一致，必然会导致冲突发生，这也是一种文化冲突。

不仅阶级集团之间存在文化冲突，即使是同一阶级的不同集团之间的体育文化也会产生冲突，如历史上统治阶级的体育文化往往存在的勇武刚健型和消遣享乐型两种类型的冲突。

三、中西体育文化的冲突

（一）中华民族传统体育文化与西方竞技体育文化的冲突

作为世界文化中两个根本不同的体系，中华民族传统体育文化与西方竞技体育文化随着历史的发展先后出现且并列平等发展。在"鸦片战争"以前，它们是各自独立发展的。伴随中国社会生产力的发展，科学技术的进步以及国际交流的频繁，特别是由于西方列强的对华殖民和侵略，使得这两种不同体系的文化开始正面交锋,冲突日甚。其冲突主要表现为以下几个方面。

1. 发展方向上的冲突

中华民族传统体育文化注重个人修养,逐渐形成以追求"健"和"寿"为目的的民族内向性格,其发展方向为娱乐性、礼仪性和表演性,这在一定程度上削弱了体育运动中的竞争性;西方竞技体育文化始终向着竞争性、公开性、健美性、惊险性、趣味性方向发展,并使体育形成体系,注重人的全面发展,而忽视了人竞争中的道德教育,容易产生残忍与暴力。西方竞技体育文化追求"强与险",而中华民族传统体育文化追求"健与寿"。

2. 侧重点之间的冲突

中华民族传统体育文化植根于"天人合一""阴阳""八卦""五行"等理论之中,而西方竞技体育文化在西方哲学重外在分析、重与自然的斗争的观念指导下逐步形成并向前发展;中国传统体育文化整体侧重人体自身的统一性及与自然界的和谐,带有某种经验、直觉的性质,而西方竞技体育文化则是重科学实验、解剖学、生理学、现代医学等的综合运用;中国民族传统体育文化重节奏、韵律、神韵、内涵、和谐美,重朦胧、抽象、含蓄美,而西方竞技体育文化重力量、速度之美,重外在、形体美。

3. 人生理想上的冲突

中华传统体育文化是通过身体锻炼以外达内、由表及里,由身体有形的活动来促成无形精神的升华,实现理想人格的塑造,从而透射出十分明显的重人格倾向;而西方竞技体育文化则重人体胜于重人格,注重人体本身的价值,更讲究从人体的培养上来考虑体育的价值,通过让人在肌肉的运动中、在各种力的交汇中去实现完美人体的塑造,进而实现理想的人生。

(二)中西方体育之间的民族文化冲突

1840年"鸦片战争"后,西方近代体育传入中国,两种不同性质的体育文化产生激烈的碰撞与冲突,这种冲突既属于民族性文化冲突又具有阶级性时代性文化冲突的特点。冲突的结果导致中国体育文化的分化。

1. 东西方体育民族性的差别

(1)体育的民族心理特征不同

从体育原理上看,中国传统体育借助于人体内部物质系统的信息流、能量

第九章　体育文化的交流与传播

流维持与外界时空环境的有序活动,进而调节机体的新陈代谢,在锻炼过程中追求平衡,顺其自然,采用基本功练习与完整练习相结合的方法;而西方体育通过"超量恢复"产生"适应性反应",从而使人体在特定条件下单项机能得到最大发展,充分展现出生命运动的能力。西方民族追求个性解放,挑战生命的极限,在训练过程中多采用专项素质练习与专项技术分解,组合练习和单项练习相结合,要求动作规格准确,强调训练与密度的合理调控。

从技术特点上看,中华传统体育有"声东击西,避实击虚,守中有攻,就势借力"的特点,重视智与谋,追求技巧;而西方的拳击具有"步法灵活,出手凶狠"的特点,技术动作高、快、大,实战中审时度势,以勇敢进取为主要特征。

从竞赛规则方面来看,中国传统的比武通常是表演性的,没有具体动作规定和比赛规则,交手过招强调"礼让为先,点到为止";而西方拳击比赛则是在允许击打部位和规定使用拳法的严格限制下,拳击运动员依据不同体重分组进行"公平竞赛"。

(2) 中国与西方传统体育的民族文化特征差异

中国与西方传统体育的民族文化特征差异主要表现为以下几点:第一,中国传统体育注重整体性,以整体的概念描述人体运动过程中形体、机能、意念、精神诸方面的活动,以及这些状态与外部世界的联系;西方传统体育注重对个体与局部进行深入的研究,最大限度地发挥某一单项技能方面的潜力。第二,中国传统体育强调"中庸为本,不偏不倚,过犹不及",体育行为恪守"中正平和,敦厚温雅"的理念;而西方体育充满竞争和对抗,项目大都是以速度、力量、体能的竞争为核心,具有非常强烈的竞争性。第三,中国传统体育带有非常浓厚的道德色彩,练功习武,强调道德为先,在武术的习练中,"重武德轻武技"是习武者的首要品质,体育的伦理教化被摆在至高无上的位置;而西方以"培养完美的身体作为人生的主要目的",体育被作为最有效的手段应用于人的培养和教育中。

2. 西方体育的传入及中西体育文化的冲突

1840年以前,西方近代体育活动主要在中国沿海地区和外国传教士所在地进行,直到洋务运动以后,西方近代体育才开始大规模地传入我国。"鸦片战争"失败以后,我国一些先进的知识分子努力向西方寻求救国真理。在此背景下,西方近代体育进入中国,并同中国体育文化展开了长期的纷争,最后促使中国体育文化分化并占据了主导地位。

20世纪20年代,在美国实用主义教育思想和自然主义体育理论的影响下,我国体育界发起了"兵操废存"与"新旧体育"的论战。对于西方的"洋"体育,批判者采取抵制和全盘否定的态度。在提倡传统体育、批判西洋体育时,弥漫着浓厚的妄自尊大的情结。

20世纪30年代,"土洋体育"论争再次兴起,争论的焦点在于选择什么样的模式,走什么样的道路,如何发展中国体育的问题。针对这一问题,出现了两种不同的主张,第一种,以程登科、吴伟文、肖中国等人为代表,主张"体育军事化";第二种,以袁敦礼、方万邦、吴蕴瑞、章辑五为代表,主张"体育教育化"。

民国时期,以武术为代表的中国传统体育项目曾一度得到发展。1926年,张之江与李景林、钮惕生创办武术研究所(国术研究所)。1927年,在一些党政要员的支持下,张之江在国术研究所的基础上正式组建了中央武术馆(中央国术馆)。此后,国民政府通令各地设立相应机构。据统计,至1933年底,全国共有25个省市建有国术馆。[1] 许多县、市甚至乡、村都相应设立了下属机构,其发展模式在许多地方模仿了奥林匹克运动的管理模式。从中我们不难看出中国传统体育在融合借鉴西方体育方面,开始学习奥林匹克运动中的先进经验。1934年,教育界成立了全国国术统一委员会,加强武术教育。1936年,教育部修正公布的初中及高中体育课程标准及《暂行大学体育课程纲要》均将国术定为教学内容,并有相应的规定。1941年,教育部再次训令《各级学校提倡国术》,并设立"国术教材编审委员会"。到1944年,编有包括健康操4种、普通教材24种、军事教材4种等,共计49种,由体育委员会制定实施[2]。总之,在两次中西体育文化的激烈碰撞后,中国传统体育在一批有识之士的带领下,比照近代体育原理,进行了系列规范研究、普及、推广的工作,使得中国传统体育在继承中革新、发展,加速了体育现代化的进程。

新中国成立以后,特别是在改革开放后,我国举全国之力发展竞技体育,经

---

[1] 谭华.体育史[M].北京:高等教育出版社,2005:282.
[2] 易剑东,张苓.中国武术百年历程回顾[J].体育文史,1998,(3):21-23.

过几十年的发展,迅速使我国成为一个体育大国,目前我们正在向体育强国的目标迈进。竞技体育捷报频传,群众体育蓬勃发展,体育产业发展态势良好,中华体育精神得以有效传承,我国体育文化的感召力、影响力、凝聚力在不断增强。

四、我国体育文化冲突的主要表现

在我国,按其载体的不同,体育文化可分为体育管理文化、群众体育文化、竞技体育文化、学校体育文化和商业体育文化等。在体育文化多元化发展过程中,各种体育文化形式的冲突也呈现出不同的态式。①

(一)体育管理文化与其他文化的冲突

作为代表各级政府的体育管理者,是各类体育文化的协调者、促进者,但由于要服从服务于国家文化利益以及国家的政治利益,政府往往会在不同阶段有不同的体育文化利益需求,所以会在体育文化发展方向上有所倾斜,必然会引起与其他文化之间的冲突。在我国,表现最为明显的是各级政府都在努力为树立中国良好形象而大力发展竞技体育,使得竞技体育文化得到优先发展。

即使在竞技体育领域,也存在体育管理文化与竞技体育文化的冲突。由于体育管理部门掌握着政策的制定权,教练的任命权,经费的分配权,申诉裁决权,等许多行政权力,所以,许多本该是运动队与教练决定的问题,却在官员手中受到阻碍,许多本该正常运行的工作却非得官员批准才能运行。

(二)群众体育文化与其他体育文化的冲突

众所周知,我国经历了经济落后、体育基础薄弱的发展阶段,国家在很长的一段时期只能先把有限的财力、人力、物力投入到竞技体育中去。这样一来,群众体育文化需求与政府供给不足的矛盾就非常突出,如体育场馆缺少,体育经费缺少,群众体育指导员缺少,体育活动时间不够等方面。虽然很多地方积极采取措施解决这一矛盾,并建立了一些高档的体育场馆,但由于距离居民居住

---

① 吴丹英.现状,变迁与融合:大学文化冲突模型建构[J].现代教育科学(高教研究),2012,(3):9-12.

区较远,一些场馆很快就被闲置甚至荒废。即使有些场馆就在市区中心,受管理与经费等因素的影响,这些场馆并不向普通群众开放。以前,学校体育场地是向群众免费开放的,但受管理经费与管理不便的限制,许多学校体育场地也不向群众开放。

目前,我国群众体育的发展虽取得了一定的成就,但在区域平衡性、城乡均衡发展、健身人群结构、社会力量的参与度、公共服务体系、群众体育综合价值体现等方面需要进一步完善和发展。

（三）学校体育文化与其他体育文化的冲突

受应试教育的影响,学校体育一度不被重视。不管是在中小学还是在高等院校,学校首先考虑的是其在各级各类考试中的排名。改革开放以来,学校教育以知识教育为主要教育内容,学校体育文化发展仍长期不被重视。体育纳入中考之后,中学体育教学也出现了应试教学的现象。

学校体育是一个国家最为基础的教育,是为培养全面发展的受教育者奠定基础的,也是为各级各类竞技运动队培养体育人才的地方。但是,由于体育教师的缺失,特别是高水平体育教师的缺失,加之体育教师的不受重视,所以,学生运动量不足,加之学校体育活动开展的深度和广度不足,很难发现与培养高水平的体育人才。

另外,受传统文化观念的影响,以"玩"为耻,"玩物丧志"的观念根深蒂固,学校教育也以传授知识为主,而对学生的健康教育常常是停留理论层面上。

（四）商业体育文化与其他文化的冲突

所谓商业体育,主要是指近年发展起来的各种体育俱乐部与体育健身俱乐部。我国商业体育起步晚,但发展比较迅速。目前,国内各个体育门类基本都有体育俱乐部运行。商业体育文化与其他体育文化的冲突主要表现为以下几个方面。

第一,与管理文化的冲突。据研究表明,在体育俱乐部早期,我国体育俱乐部大多是从省队等直接改制过来的,因此仍然与原来的管理部门存在着剪不断、理还乱的关系。

第二,在巨大的市场利益面前,行业俱乐部内部管理也存在很大的问题。部分管理者、教练、球员被经济利益所腐蚀,赌球、"打假球""吹黑哨"等。

第三,俱乐部管理者对体育俱乐部的文化产业性质及其服务性质认识不足,把俱乐部当作宣传企业和个人的名片,而对于俱乐部的长远发展缺少规划,俱乐部财务管理随意,青年队员培养缺失。

第四,优秀运动员的严重不足。受各种因素的影响,我国愿意从事体育活动的职业运动员人数近年来逐渐下降,更不要说优秀运动员了。20世纪90年代中期以来,我国体育后备人才数量呈逐年递减的趋势,而且项目之间、地区之间人才分布不平衡。

(五)竞技体育文化与其他体育文化的冲突

尽管竞技体育是我国体育大力发展的方向,也取得了令世界瞩目的辉煌成就。但在社会不断进步的今天,竞技体育的发展也遇到了许多新的困难,竞技体育文化与其他文化的冲突会越来越多、越来越激烈。首先,竞技体育文化与群众体育文化、学校体育文化的冲突有趋向激烈的倾向,主要表现为竞技体育文化与学校体育文化、大众体育文化发展上的严重失衡。2008年北京奥运会,我国取得金牌第一的成绩,此后的三届奥运会上,我国连续保持金牌与奖牌总数第二的优秀成绩。但是在欢喜之余,也引发了人们的深刻思考:体育难道仅仅是金牌吗?金牌能够支撑起中国体育的未来吗?能够带来全国人民的身体素质的提高吗?能够推动全民体育的发展吗?能够促进中国体育文化产业的发展吗?我国获得如此多的奥运以及各种世界级运动会的金牌,可以说繁荣至极,但群众体育虽有发展,却并没有真正繁荣,真正需要锻炼身体的学生、需要通过体育活动恢复精力的年轻人参加体育活动的机会却依然很少。

第三节 当代体育文化的整合

一、体育文化整合的概念

文化整合,是指不同的文化要素、文化系统相互适应、而趋于和谐或统一为整体的过程。而体育文化整合是指不同体育文化特质或要素乃至于体育文化系统相互吸收、适应、协调达到和谐统一的过程。

这一过程是一个动态的历史过程,是逐步走向相对均衡的过程,是不断综合化的过程。其主要包括以下三个方面的内容：(1)体育文化规范与行为的适合；(2)在各种意义中的一种逻辑的、情绪的或美感的协调；(3)不同成分的体育风俗制度在功能上的相互依赖及加强。

体育文化整合的重要意义在于它表现了人类在体育领域的创造力。学习、继承、积累，并从其他民族借鉴，然后聚合成新的适应新时代要求的体育文化整体，使得体育文化发展得以实现。体育文化整合是体育文化主体——人的创造力的表现。

二、体育文化整合的原因

（一）不同体育文化含有各自特殊价值

当两种体育文化相遇，而一种体育文化的某种价值是另一种体育文化所不具备的时候，这种价值就会被另一种体育文化所汲取。研究表明，不管何种体育文化，它作为民族的、社区的或其他人类共同体验的结晶，都含有特殊的价值。当这些体育文化相遇时，它们就会彼此吸纳、融合。例如我国"中华新武术"就是我国武术与西方体操相互吸收、整合的例证，虽然它们之间存在许多相互排斥和冲突的地方，尽管"中华新武术"中有不足之处，但对于将武术推广至学校中是有明显作用的。又如中国近代武术散手比赛采用西方拳击的点数计算法决胜负，这也是一种中西方技击的整合。

（二）体育文化对环境的适应

体育文化的适应性是指民族渊源不同、价值体系不同的文化，经过相互接触、拒斥、涵化、协调，彼此修正、吸收，发生变化，整合成新的体育文化体系。这种整合是相互吸收、融合而产生的一种新的体育文化。

（三）人类认识体育的思维取向

对一个国家或一个民族来说，它的体育文化体系越是整合了不同的体育文化特质，就越丰富，越有生命力，而一个体育文化体系越丰富，越有生命力，它的整合能力就越强，这是一个良性循环。为什么中国体育文化具有无限的生命力，具备那么庞大而完备的体系？那是因为中国体育文化在各个历史时期不断整合各民族体育文化特质的结果。例如，20世纪末期，中国整理出676项少数民族传统体育项目，汉族301项传统体育项目；又如西方一些国家掀起的学习东方体育文化的热潮也是他们体育文化观念转型的结果。体育文化整合不仅可以促进体育文化不断更新和发展，还可以使体育文化保持旺盛的生命力。

三、体育文化整合的方法

（一）求同存异

中国传统体育文化与奥林匹克文化有着很多相似的地方，如和平、公正的价值观，促进人的完善和发展的内核宗旨，塑造理想人格的最终追求等。21 世纪的今天，奥林匹克运动中出现的种种问题，如兴奋剂的滥用、决策中民主化的不足、规模过大、重胜负轻参与等，都可以在奥林匹克文化和西方体育文化中找到根源。要想解决这些问题，奥林匹克文化显得有些力不从心，从其他的文化形态中汲取有益的成分加以补充成为必然趋势。在长达 5000 多年的儒、道、佛文化浸润中发展壮大的中国传统体育文化所表现出的公正、诚实、仁爱、友善等观念，对当今奥林匹克运动中出现的这些问题有着极其明显的净化作用，这样一来，中国传统体育文化与奥林匹克文化互补成为历史发展的必然，所以，中国传统体育文化与奥林匹克文化进行整合的首要方法是求同存异。所谓求同，是指要在正视人类在文化利益根本一致的前提下，努力寻求和扩大两者共有的价值观，达到对人类体育运动所面临的一些重大问题上的共识；而所谓的存异，是指尊重奥林匹克文化对文化价值观的选择，同时保留了中国传统体育文化的丰富个性和多样性。

（二）文化移情

移情，最早产生于美学领域，后被扩大到认知心理学和跨文化交际学等众多领域。是指直观与情感直接结合从而使知觉表象与情感相融合的过程，是人的意识活动的结果，是主体把自己的感受、情感和思想注入对象使之染上主观色彩的结果。所谓文化移情，就是在跨文化交际中，交际主体自觉地转换文化立场，有意识地将自己置于另一种文化模式中，在主动的对话和平等的欣赏中达到如实感受，领悟和理解另一种文化的过程。中国传统体育文化与奥林匹克文化整合过程中的移情就是指我们要有意识地摆脱中国传统体育文化对自身的束缚和影响，站在奥林匹克文化和其他西方文化的立场上与之进行交流和整合,从而能够淡化长期积淀的文化偏见,保证中国传统体育文化与奥林匹克文化整合的顺利实现。这就要求我们必须做到尊重和乐于体验并主动接受奥林匹克文化;掌握与奥林匹克文化整合所必需的知识;善于站在奥林匹克文化的角度去观察和思考问题;能够按照新的行为模式和思维方式进行跨文化交流。

(三)唤醒对传统体育文化的自觉

唤醒对传统体育文化的自觉,其最终的目的在于突出对传统体育文化的主体意识。21世纪的今天,随着文化全球化的发展,全球化与本土化使文化发展陷入尴尬境地。全球化推动了文化认同的潮流,而文化的本土化则推动了文化自觉。所谓文化自觉,是指生活在一定文化中的人对其文化有自知之明,并对其发展的历程和未来有充分的认识。目前,一些发展中国家的民族文化就是由于其在精神上丧失了"自我",而逐渐成为西方文化的附庸。除此之外,全球化的文化互动给发展中国家带来的最大危机在于文化的"认同危机"。在全球化的迅猛发展下,为了避免出现以上两种不良倾向,我们必须唤起对中国传统体育文化的自觉。这种自觉不仅要求我们要认同中国传统体育文化,还要努力维护中国传统体育文化的特色和个性,从而保持我国传统体育文化在世界体育文化中应有的地位和价值。

(四)健全对传统体育文化的心态

北京奥运会和冬奥会的成功举办,人们对中国传统体育文化的心态更为复杂。主要表现有三:其一,中国传统体育文化将进入新的繁荣;其二,中国传统体育文化走向没落;其三,中国传统体育文化会被以奥林匹克文化为代表的西方体育文化逐步吞灭。针对以上这些看法,我们有必要健全他们对中国传统体育文化的心态,要摒弃极端主义观念,用一种理智、客观的眼光来看待在以西方体育文化为主导的世界体育文化格局下中国传统体育文化的发展。这就要求我们在大力弘扬和发展中国传统体育文化时坚持中国传统体育文化的民族性。但是有一点是需要明确的,即坚持中国传统体育文化的民族性与中国传统体育文化的世界性是不冲突的,因为民族性本身就含有世界化的规定,越是民族的才越是世界的。我们提倡民族文化迈向世界,中国传统体育文化与奥林匹克文化的整合,在一定程度上说,就是将奥林匹克文化民族化,将中国传统体育文化世界化。

课后练习与能力提升：

整理收集在中国引起较大注意的体育传播事例,讨论其对于传播中国体育文化的启示。

拓展阅读与资料库链接：

1. 谈体育外交——认清体育与外交管理体制 国家体育总（https://www.sport.gov.cn/n20001280/n20745751/n20767279/c...）

2. 国家体育总局体育文化发展中心官网（https://www.sport.gov.cn/whzx）

3.《2021-2022 中华文化国际传播十大案例》中国日报网（https://cn.chinadaily.com.cn/a/202205/31/WS62958e8ca3101...）

第十章　体育文化与地理环境

导读：

　　体育文化与地理之间一直都有着密切的联系。体育场所大都是山川湖泊或平原旷野。不仅如此，体育运动的项目也会随着季节的变化而变化。从体育的发展史可以看出，体育与当前社会流行的文化息息相关。产生体育文化的空间环境是体育与地理之间的纽带。作为一种与地理环境息息相关的文化，体育和地理之间的联系，不仅在于其关注的对象有许多相同之处，如空间、占据空间的方式、地理空间内人与物、运动等，而且在其他方面也有体现，如在具体区域中，体育组织往往形成自己独有的特征，其中有不少体育运动队直接以地方名来命名。体育在许多方面都受到自然环境和自然景观的影响，甚至有时候体育是一些区域和等级的组合体。近年来，随着体育文化的广泛传播和体育产业化进程的加速，体育越来越受到包括地理学在内的相关学科的广泛关注。本章让我们一起了解体育文化与地理环境的内在关系。

第一节　体育文化与地理环境的关系

　　广义来讲，地理环境是自然地理环境与社会人文地理环境的有机结合，是人类赖以生存和发展的必要前提。体育文化根植于民族文化，以地理环境为发展基石，其发展从本质上而言就是整个自然生态体系运动的结果。随着历史的不断发展、社会的变迁，体育文化也随之发展变化。在体育文化的发展史中，地理环境对体育文化的产生和发展起着决定性作用。体育文化在本质上表现出人对自然的征服,但这种征服是有度的,受地理环境的限制。地理环境不仅对体育文化的产生和发展起推动作用,同时也制约体育文化发展的深度和广度。

第一,地理环境在一定时间内存在不稳定性,其对体育文化的影响也存在不确定性。在不同生产力发展阶段和不同社会发展时期,地理环境对体育文化影响的不确定性集中体现在体育项目上,体育项目的数量以及形式等因素会随着时间的推移产生相应的变化。

第二,地理环境与体育文化相互联系,互相作用,在动态中把握平衡。在历史发展中,地理环境与体育文化各成体系,有其独特的发展规律,但从本质上而言,两者又紧密联系,是不可分割的整体,体育文化以地理环境为基础,地理环境通过多种途径影响体育文化。

第三,生产力是沟通地理环境与体育文化的媒介,在两者动态联系中起着根本作用。人类实践活动为自然界与社会搭建桥梁,在实践活动中地理环境和人类文明产生相互作用,推动人类社会发展。地理环境制约生产力发展,进而影响人类社会的发展,对体育文明起到加速或延缓作用。人类体育文化活动作为特殊的社会实践,对地理环境有一定改造作用。随着生产力的发展,地理环境与体育文明的关系进一步密切,各地域内体育文化现象也会随之出现不同程度的改变。可见,生产力在地理环境与体育文化之间的关系中具有重要作用,以生产力发展为内在机理,推动两者关系的不断变化发展。

历史唯物主义认为体育文化与地理环境的关系是伴随着人类社会的发展而不断发展的,发展过程中的相互作用是客观的,有其自身的规律,不以人的意志为转移,两者在动态中保持平衡,在平衡中获得发展。

第二节 体育文化区

地域性是体育文化的一个显著特征。运动项目所表现的精神实质的一致性程度,所需要的物质、身体基础等因子都会在一定的区域形成相对共同的特征,将这些具有相似性的因子聚合在地理空间之中,就可以形成对体育文化区的基本认识。划分体育文化区的文化因子就是体育运动项目。将一个区域具有共同特征的体育文化聚集并进行分区是体育文化区研究的主要任务。体育文化区研究不仅是对差异性体育文化进行简单的地理分区,而且还要探索其形成的地理机制和历史发展过程,以及区域文化交流的方式、结果等问题,以此解释文化的发展基础和历程,促进人类文化的交流。解释今天文化区域的由来、演变、发展,以及为增进区域间文化的理解构筑桥梁。

一、体育文化区的形成与演变

不同地区体育文化在形成发展过程中必然受到自然环境的约束。自然地形、地貌对于文化形成初期的人们来说,具有天然的阻隔作用。这种状况一方面保护了不同体育文化向独立的方向发展,一方面又妨碍了体育文化之间的相互交流,从而形成了各具特色的区域体育文化。

从地理空间区域的角度解读人类文化,是人文地理学的研究内容之一,其研究结果之一即为文化区的划分。文化区域研究不仅为我们展现多元文化的区域分异,而且,这种研究也力图展示区域内与区域间多种文化冲突、整合的历史发展过程。[①]

中国幅员辽阔,地形复杂,在这块土地上孕育、生长、发展、演变而来的中华文化源远流长,影响着国人的思想,规范着人们的行为。一脉相承的中华文化并非是单一色调,呈现出异彩斑斓的绚丽景色。所谓"百里不同风,十里不同俗"。文化差异的原因是极其复杂的,地理环境的差异和地理空间的阻隔是重要原因之一。地理环境的阻隔,形成了不同特色的文化区域。

文化区域的形成需要经过一个漫长的历史过程,廓清文化区有赖于对历史过程尽可能地复原。[②] 历史地理学者在此方面开展了卓有成效的工作,学者们探讨了文化区域形成的历史过程。在这些研究中既有全面性的文化地理研究,也有分区和分时段的研究成果,其研究内容十分丰富。

二、体育文化区的形成机制

体育文化区的形成是一个复杂的过程,有着特殊的形成机制。

---

① 王会昌.中国文化地理[M].武汉:华中师范大学出版社,2010.
② 韩渊丰,张治勋,赵汝植,等.区域地理理论与方法[M].西安:陕西师范大学出版社,1993.

第十章 体育文化与地理环境

(一)自然环境——体育文化区域的地域分异机制

自然地理环境是形成体育文化区最基本的条件。自然环境对体育文化区的影响表现在多方面:第一,不同的自然地理环境条件提供了差异性的物质条件,这是人类和其他生物赖以生存的自然基础。人们根据这些物质产品的性质,组织差异性的生产方式。而生产方式的差异会直接影响到生活方式,进而形成色彩斑斓的文化景观。因此,地理环境为体育文化提供了基本的物质基础。第二,地形条件不同导致交通情况差异显著,特别是在古代,文化交流的方式比较单一,多以言传身教为主,文化交流必须依赖人员流动。在高山、大河、冰川、沙漠等交通不便的地区,人员流动极为困难,无论是外来文化还是本地文化都很难沟通交流。这种封闭状态进一步强化了区域文化的独立性,也制约了文化区域的交融。第三,自然环境改变对生产方式具有决定性意义。人们在适应自然环境的过程中必须不断改变其原有的生活方式,进而影响到体育文化区域的流变。第四,人类对自然环境的认识和利用走过了相当长的历史阶段,人们利用自然的过程也在不断演化。在这样一个复杂的过程中,人类体育文化逐渐丰富起来。

历史上,文化区域从整体上说存在着农业文明和牧业文明两种基本形态,它们的分界线实际就是一条由气候条件、土地条件等要素共同形成的分界线。这条分界线不但决定了历史时期人类社会不同的生产方式,也产生了差异明显的文明形式。游牧民族产生的马上体育项目比比皆是,而农业区域的体育文化更是丰富多彩。

(二)行政区划——体育文化现象的整合机制

行政区划是服务于政府管理的行政区域。一般来说,政府在进行行政区划时要考虑自然地理环境、人文区域等因素。在许多情况下,政区和自然区划相吻合;在一些情况下,政区与民族生活区域相一致。

从管理层面上讲,处在同一政区内的文化交流更加便捷,接触更加频繁,联系也更为密切。管理者出于管理的便利,其组织的文化活动往往受到政区的限制。从百姓生活的角度看,处在一个政区内的百姓更容易组织在一起。当然,行政区划与自然地理环境一样,很多时候也限制了文化区域的形成与发展。行政区划不仅仅是一种管理区域,也是一种区域身份的认同。从历史上看,管理者都试图将不同人群纳入不同的政区内进行管辖。就管理而言,这样无疑可以使管理更为方便,更为有效。可是,这样的方式也在一定程度上限制了文化的畅通交流,有的时候还会产生矛盾,发生新的文化区域整合。

在政权稳定的状态下,长期稳定的政区也很容易形成稳定的文化区。在这样的政区内,人们世代相传,风俗差异不大,体育文化传统相近。

在不同等级的政区,其内部的密切程度也不同,也就形成了不同等级的文化区。政区形成以后,往往就会反过来对区内的文化现象进行整合,在区域内形成同质文化。一般说来,高层政区对文化具有明显的整合作用。而与高层政区相比,县治区域内部文化现象具有更强的一致性,相似性程度更高。因此,政区不仅对文化亚区的形成有着绝对的影响力,而且对文化中心的形成也有着较大的影响力。行政区划对文化现象具有较强的整合作用,使同一政区内的文化现象有趋同的倾向。

(三)生产方式——体育文化区发展的促进机制

生产方式和生产条件改善与科学技术进步直接相关。自古以来,人类就不断在寻求提高生产效率的各种方式,既有从生产方式上的努力,也有技术形态上的跃进。这些进步又都直接影响着人类的思想与文化,同时也被思想文化所影响。这是一种极为复杂的历史进程。在这种历史进程中,文化区域被不断创造和改变着。

不同的生产方式创造出了差异性的文化景观。在一定的生产方式条件下,人们的社会组织、休闲时间等都会产生结构性的稳定性。在这样的稳定结构当中,体育文化才能够找到真正的依托。农业生产劳动会形成以农闲时节为高峰的娱乐形式,农忙之后的欢庆也带有众多的娱乐元素。现代工业文明之下,劳动生产率日益提高,产品更加丰富,而人们对休闲娱乐的要求越来越高。如节假日不断增加,节假日的娱乐活动不断丰富,以节假日为主要时间段的体育运动自然也就出现了。农业文明时期,区域间有很多文化的交流,区域间的文化独立是其显著特点。工业文明时期的区域文化则显示出了更强的交融。

生产方式对区域体育文化的影响也有很大的差异性。即使在生产方式基本一致的区域,人们也存在分工的差异,进而导致其在体育文化方面的差异性。

第十章　体育文化与地理环境

从人类社会整体上来说,生产方式总是在不同的区域之间存在巨大差异。时至今日,我们仍然能够看到世界范围内各种生产方式并存的局面。这种情况有一部分是由于分工造成的,但更主要的原因则是由非均衡发展造成的。

(四)传播媒介——体育文化区域形成的传播机制

一般而言,体育文化区域只是某一时段体育文化现象分布状况的反映,是一个时间性和区域性非常明显的开放系统。作为一个开放的系统,体育文化区域在不断接受本区域内文化中心所施加影响的同时,也受到其他地区文化现象的侵染。历史上,体育文化区在接受异质文化时,主要的制约因素是交通条件。无论是人的移动还是书籍的运输都有赖于交通条件的便利情况。交通发达的地区,其文化交流的速度和程度往往更加深刻,文化传播的速度也更加迅速。各种文化在一个区域内不断地交流,往往会使得文化区域更加易变,形成混合型的文化区域。在这样的区域内,各种体育文化形式都会有其存在的基础,找到适宜的人群,形成层次较为明显的体育文化差异。

人类改变交通条件的努力一直没有停止过,不断有新的交通工具创造出来,原有的交通工具在性能上也会有极大的改进。这一切使得今天人们的出行更加便利,也为体育文化的传播带来了巨大便利。

体育文化的传播介质也是伴随着人类自身的发展不断变化的。历史上,口传心授是最原始、最广泛,也是最有效的传播方式。后来人们又通过文字、形体动作、绘画等形式,将体育文化不断地向外扩散。人类自身、书籍等成为传播的主要媒介。到了现代社会,传播领域发生了根本性变化,人们传播体育文化的手段更加丰富多彩。学校成为体育文化最重要的传播地点,电视、网络等一系列新型的传播工具彻底打破了交通条件对体育文化传播的桎梏,体育文化以更快的速度,在更大范围内被人了解。

除此之外,体育文化的传播媒介随着科学技术的发展而愈加丰富。体育文化的传播首先表现为外在形态的传播上。历史上主要有口传心授、图画等方法用以传播,语言描述只能是在形态问题解决之后才能发挥作用。这样体育文化的传播媒介限制了区域的形成和发展。现代传播方式的改变,彻底打破了这个界限。即使没有人的移动,体育文化还是能够以更加快捷的方式广泛地传播出去,进而影响体育文化区的演变。

(五)移民——体育文化区域突变机制

移民的概念一般意义上有两种解释:广义的移民和狭义的移民。

广义的移民是指改变了居住地点,也就是说一个人或者群体从原居住地到另外一个居住地;狭义的移民一般指定居。

移民和一般流动人口是有区别的,一般的流动人口是不稳定的,有的只是临时的,移民必须是在一地定居下来的人。

移民对于迁入的定居地会产生一定的归属感,而流动人口不一定会有。流动人口对当地的环境、文化等状况习惯与否不是非常重视,只要达到自己的目的就可以。作为移民,必须适应迁入地的语言和文化。当然也有自己完全认为不好的,要想办法去干预它、改变它。在这种情况下,如果迁入者自己比较强势,他就会用自己认为比较先进的文化来加以改造,创造出新的文化。

当具有某种特定文化的人群迁移时,他们也将原来的文化带到新的地区。这些文化特质不仅为移民继承下来,而且还会为当地人所接受,形成新的分布区域,这种文化现象称为文化的迁移传播。迁移传播是文化传播的重要方式,迁移传播也只有在大规模的移民运动中才有可能产生。移民对文化区域的形成无疑具有巨大的作用,这一作用表现在两个方面:一是文化区域的形成,二是文化区域内文化的嬗变。移民不仅会对文化区域的形成具有较大的影响,而且还会在短时期内改变一个地区的文化特点,影响文化的发展进程。

总之,体育文化区域的形成受多方面因素的制约。一般来讲,自然条件从宏观上制约了体育文化区域的分异,大的山川和广阔的海洋界线往往是体育文化区域的边界;政区则对体育文化区域进行整合,使区内文化现象趋于一致,从而形成均质的体育文化区域;传播媒介交通条件只能在一定程度上改变体育文化区域内的区域特色,但对体育文化区域的形成作用有限;移民则是体育文化区域内各影响因子中最活跃的因子,常常迅速而有效地形成或者改变一个体育文化区域的原有特点。

三、体育文化区的层级结构

体育文化区的划分需要建立起一个多层次的层级结构,这种划分的主要目的在于说明文化区的差别层次。文化区的划分既要说明大区域一致性文化特性的功能,同时也需要说明具有相同特征的大文化区域内的细微差别。从这个意义上说,划分层级结构是体育文化区研究的必然选择。

如对西北地区民族体育的研究,该区域民族众多,宗教信仰各异,地理环境差异也很大,区域内的民族体育文化自然也是多样的,所以对该区域体育文化的研究需要进行更细致的划分。我国其他地区的情况同样也很复杂。

由于各种原因,我国历史上曾经有过多次较大规模的移民过程。[①] 人口的迁徙使得中国各地区的体育文化既具有区域内的一致性,也具有区域间的关联性,这种关联性很多在区域上是不连续的。这种复杂的区域体育文化关系不可能用一个区域体系来完全反映,比如陕西省的情况就很特殊。由于历史原因,陕西成为历史上移民的主要区域,因此在大量融入不同民族文化的基础上,形成了陕北、关中、陕南三个既有紧密联系又有明显差异的文化区域。这些区域体育文化既有一定的共同性,又有显著的差异性,表现出一定的层级特征。

体育文化区的层级结构还需要解决另一个问题,即一个区域内的体育文化层次问题。具有相同体育文化的区域内部还存在着更细微的差别和层次感,需要更细致地甄别。

第三节 体育文化的空间传播

体育文化在其发源地都具有广泛的社会基础,历经沧桑,传承下来,成为区域性体育景观和文化传统。一些体育文化随着人们的频繁交往,在空间上不断扩散,这种扩散就是体育文化地域传播过程。

一、体育文化的空间传播类型

体育文化的空间传播有多种类型,主要有膨胀型传播和迁移性传播两种类型,两类中还有更细致的形式。

（一）体育文化的膨胀型传播

膨胀型传播,也称为扩展型传播,是指某种体育文化在核心地(核心地一般

---

① 蓝勇.中国历史地理学[M].北京:高等教育出版社,2003:95-160.

指发源地,但有时核心地是在发源地以外,发展较快并成为当地主要体育文化生活的地区)得到发展,保持兴旺的同时还在向外传播。膨胀型传播又可分为传染型(或称接触型)传播、等级型传播和刺激型传播三种类型。[①]

1. 传染型传播

传染型传播是指某种体育文化比较容易为接触者接受。接触的人,如同接触到易于传染的细菌一样,自然地接受了该文化,从而实现了其传播。该种传播类型的体育文化大多具有趣味性强、娱乐性强的特点。这些体育运动项目比较易于上手,而且其技术学习和练习具有持久性,技术种类多样。随着训练水平的不断提高,技术水平提高也较快。同时,具有这种传播方式的体育项目对场地、器材等硬件条件要求不高,可以随时随地进行运动。因此,此类体育文化更加吸引受众,容易产生共鸣。

传染型传播具有传播速度快、传播面积广、传播持续时间长等特征。传染型传播与社会经济发展、体育文化传统的形成也有一定关系。当社会发展为某一个运动项目提供了足够的物质基础之后,更容易促进项目的传染型传播。如果社会物质基础没有达到要求,即使项目吸引人,也不会很容易传播开来。

2. 等级型传播

等级型是指某种体育文化的传播在空间上或在社会人群方面有一种等级现象,也就是说,有些体育文化只在一定的区域和人群中传播。这种现象的产生主要与该项目的运动技术、规则的变迁,地方的经济基础、地理环境、传统文化和从事该项目的群体经济基础等有密切的关系。

等级型传播还受到运动项目物质条件的限制。每项体育运动对硬件的要求不同,在运动中所占据的个人运动空间和物质消耗也有差异。差异性的体育项目总是寻找适合其物质消耗能力的消费者为传播对象。人们选择体育运动往往从个人的经济角度考虑得较多,也就是说,必须考虑是否能支付该运动的物质消耗。由于运动对于物质产品的消费和个人占据空间大小有差异性要求,人们选择运动就会产生差异。一般来说,经济基础越雄厚就越需要宽松的运动空间和较大的物质消耗,反之,空间和物质消耗需求量都变小。正是由于经济

---

① 王恩涌,等.人文地理学[M].北京:高等教育出版社,2000.

基础的限制,人们对体育运动选择会出现差异,而且,会根据人群文化需求对运动进行档次划分。

等级型传播还常见于不同年龄阶段。由于机体能力的影响,不同年龄阶段的人群,运动能力有很大差异。不同的体育运动对运动者的身体素质有一些特殊的要求。因此,对不同身体素质有差异性要求的体育运动项目就会在不同年龄阶段的人群中传播。

等级型传播有着层次性和地域性的特征,就等级本身而言,具有国际性,即在世界范围内找到相同特征的传播对象。虽然有些项目在一定时间和特定区域会失去等级型传播特征,但体育项目自身的成本和文化特征会逐渐将传播对象固定下来。当然,不同阶层在接受体育项目时并非一成不变。往往会随着自身阶层的变化改变对原有项目的选择。同时,体育项目传播过程中也会发生一些变化,造就新的社会阶层。

3. 刺激型传播

刺激传播是指一个地域的体育文化受某些因素影响而无法在另一地存在,不得不将原有文化现象做某种程度的改变,使其得以在当地存在,得到传播。这种情况广泛地出现在民族传统体育中,如太极拳运动的传播就属于这种传播。

这种传播形式不仅使许多体育文化得以广泛传播,还会创造出很多新兴的运动项目。

刺激型传播的主要表现是改造,这种改造主要有以下几个原因:一是自然地理环境发生了改变,失去了支持原有体育文化的物质基础,传播者不得不改变项目所依赖的物质基础,改为以当地物质条件为基础;二是传播地的人文环境发生了变化,传播者必须考虑传播地的文化氛围以及体育运动的特征,进行适当的改造以适应接受者。

刺激型传播的核心是变化,变化的原因从根本上说主要是地理环境和人文环境。科学技术的发展也会导致这种变化的出现,现代科学技术可以从场地、器材装备等方面改造一项运动,从而使得运动更加丰富多彩。

(二)体育文化的迁移型传播

迁移型传播是指具有某种体育文化生活的人或集团从一地迁移到另一地,

将该运动向外传播。这种情况多见于移民,同时,经商者、官员、军队、留学人员、流浪艺人和脚夫等多种人群也是迁移型传播的主体构成。迁移型传播可以分为占据式、蔓延式、墨渍式和变异式四种类型。

1. 占据式扩散

占据式扩散是指甲地的体育文化被移民带到乙地,移民们所带来的体育文化至今仍与旧地项目基本相似,仍属于同一体育文化生活系统。

占据型扩散还可以再划分为两个小类:第一类为大一致型扩散,即移民迁移的人数较多,在一定范围内形成了大面积同源体育文化生活,在这一文化区内存有一小部分的异体育文化生活,移民将这一小部分的异体育文化生活同化掉,从而形成文化区内一致性的体育文化生活。

第二类为小一致型扩散,即移民从自己的祖辈们所在地迁移到与此地并不相邻的地区,这两个区域内文化并不一致,但移民在新居的文化与旧地原有文化仍保持一致,属于同一文化系统。我国少数民族体育文化生活的传承主要是这种方式。历史上,许多少数民族历经数次较大的地域迁移。每到异地,这些民族总能保持其特有的民族体育特色,并不为原住民的体育传统所同化。

占据型传播的体育文化大都代表了主流文化,其方式也是多种多样的。我国接受西方现代体育的进程就是比较典型的占据型传播。我国接受了西方的学校体制后,也接受了西方学校体育运动项目。应该说,这是西方现代体育传入中国并取得主导地位的主要原因之一。随着我国学校教育的普及,这种占据更加具有广泛性,成为中国体育文化的主流。

2. 蔓延型扩散

蔓延型扩散是指移民并不形成成片的居住地区,而只是选择一定的地点居住下来,散居在原住民之中。但是,因移民所带来的体育文化生活较优越,加之经济实力较强,政治地位较高,其体育文化生活慢慢地对周围地区有所浸润,同时也吸收了一部分土著体育文化生活。这种体育文化生活扩散方式属于混合型,新地的体育文化生活并不完全等同于旧地的。我国近代学校体育文化生活就属这种情况。晚清时期,欧美教会在其教会学校开展体育文化生活,并将现代体育文化生活思想在学校中进行传播。当时国民缺乏有效的身体锻炼方式,在体质方面与西方发达国家存在较大差异。国内一些有识之士从"强国强种"的角度出发,在全国各级学校大力推进体育文化生活。在大力学习西方现代体育的同时,我国的民族体育教育也开始了积极的探索。中国也有一些与现代西方类似的体育文化生活,如武术等。因此,一些教育界人士、武术家极力将中国传统武术与西方现代体育文化生活进行接轨,将其引入学校体育教学之中,形成了西方现代体育与东方传统运动相结合的中国特色学校体育项目。

3. 墨渍式扩散

墨渍式扩散即移民首先占据式地迁移到区域内的若干小区内,之后进行蔓延式的体育文化生活扩散。但是,这几个小地域并未连成一片,中间尚被别的体育文化生活所隔开,只是散落其中的若干个地点,这种扩散由占据式扩散和蔓延式扩散两部分组成。扩散后,新居住地域内的体育文化生活虽都与旧居住地有一定关系,但它们之间的差异已经很大了。

该类型是体育文化生活中比较常见的扩散形式。就移民来说,大规模迁居某一地域的情况并不多见,小规模的移民往往只能迁居某特定的区域。移民的区域移动也并非只向某一特定区域,他们受到经济、地理、传统、信息量、个人判断力和宗教等各种条件的制约,往往向不同的地域迁移。而其他人群的迁移也有这样的特点。移民所带来的体育文化生活要接受原住民的考察。为了在某一地扩散以求得发展,移民对体育文化生活也同时进行了改造。历史上,由于处在不同地区的移民存在地域交流不畅、迁移地的文化传统观念不尽一致、移民本身文化信念的差异等情况,其改造被打上了民族的烙印。

4. 变异式扩散

变异式扩散即移民到新地域后与原住民杂居,其体育文化生活往往会掺杂进原住民的文化。如果原住民的社会经济地位较高,移民又处在原住民的包围之中,人数和社会经济地位处于劣势,则旧有的文化不可能长期保留原有的基本面貌和特征。随着时间的推移,移民的旧体育文化生活逐渐被原住民的体育文化生活所同化,形成了移民所具有的体育文化生活与迁居地体育文化生活完全不同的新体育文化生活。变异式扩散会产生不同的结果,一种是移民彻底融入迁居地的体育文化生活之中,完全放弃了原有的体育文化生活;一种则是还保留了一小部分比较有代表性的原有体育文化生活,在适当的时机作为一种表演方式存在下来,成为当地非主流的体育文化生活;还有一种则是原有体育文化生活经过移民与原住民的共同改造,以全新的方式存在下来,成为两种文化交流的象征。

二、体育文化的空间传播方式与媒介

体育文化的传播途径与科学技术发展水平和人类文化传播方式进步息息相关。从传播媒介的递进关系看,体育文化传播途径发生过几次重大变化。

(一)手手相教,口口相传

手手相教,口口相传是体育文化乃至其他文化最古老的传播方式之一。人类早期文化传播主要依赖人与人之间的肢体动作和语言来完成。

最初,人类通过肢体动作来传达感情。在语言发达之后,口口相传不断得以加强。由于体育运动具有直观性特征,肢体动作的示范和模仿一直被认为是体育最佳的传播方式。这种以示范为主的传播方式发展至今仍然没有本质上的改变。因为肢体动作只要通过刺激人类的第一感觉信号系统,就能发挥信息传递的作用,通过学习者的视觉、触觉和本体感觉等渠道来获得体育运动的信息,达到学习的目的。由于这种传授方式的直观性,因而比较容易被接受。即便在今天,以此种方式传播体育运动和肢体类技能动作仍然占据着重要位置。对肢体动作的表达方式进行改造之后,就是今天所熟知的示范、模仿、练习了。

口口相传则是在人类语言逐渐发达以后的另一种主要传播方式。与直观的传播方式相比,利用第二信号系统的传播方式更加抽象,尤其对于运动文化的形成与传播是决定性的。人们将体育运动的动作转化为语言概念,通过语言方式进行传播。

两种方式在传播过程中有一个共同特点,即传播者必须与被传播者直接接触,被传播者往往有一定的数量限制。

由此可见,上述两种方式既是最古老的方式,也是最常见的方式。不过,这两种方式由于受到传播媒介的制约,其传播范围十分有限,大多数只能在族群内部传播。

第十章 体育文化与地理环境

(二)文字依托,书本媒介

文字的发明为人类文化的产生和传播提供了便利。文字出现以后,人类文化得以迅猛发展,并逐渐完善起来。人类依托文字摆脱了传播参与者之间需要直接面对的局限,从而使得传播范围更广。众多文化形式正是通过这种方式超越了地域限制,在更广大的地区传播开来。

文字能够更加详细地叙述身体运动动作的原理,也能够将体育运动的思想表达得更为深刻。不仅如此,通过文字可以将运动动作记录得更加详细,过程描述得更加清楚,便于学习者学习、模仿。因此,文字将体育文化的传播范围进一步扩大了。

文字出现以后,人们对于体育文化的记载更为丰富。与口口相传不同的是,文字以及图画等记载方式可以更为准确地记录运动的具体形式。这样,体育文化的传承可以在一定程度上保持原有的状态。例如,唐永泰公主墓壁画就反映了唐代马球运动的基本状况。这幅壁画不仅有马球运动的基本形式,而且壁画也反映了服装、器具、场地等马球文化,可以帮助我们更好地认识唐代马球运动的发展状况。

(三)电影电视,网络媒体

现代体育的传播方式已经发生了深刻的变化。人类利用不断发展的科学技术,一步步突破了地理界线,把体育文化传播到了世界的各个角落。

现代传播方式的介入对推动体育文化的传播功不可没。随着电视、电影的不断普及,从 20 世纪后半叶开始,体育与电视结下了不解之缘,电视把体育运动带到了世界的各个角落。尤其是现代奥林匹克运动会的成功转播,进一步将体育运动普及开来,让全世界人们认识到了体育的无限魅力。李小龙则通过电影让世界认识了中国功夫,其继承者如成龙、李连杰等更是将电影艺术与武术成功地结合在一起,实现了武术的国际传播。好莱坞还将体育电影发展为一种新的电影类型,通过银幕传播体育精神。

互联网的发明和应用的逐渐扩大为所有文化传播提供了一条新的路径。互联网更加快捷、更加开放,能够实现世界的同步化。互联网不仅实现了信息的快速传递,同时为人们提供了更开放的空间,每个人的选择更加多样化,更加自由。随着体育在人们生活中的地位越来越重要,互联网上体育的消息更加丰富。为了满足人们对体育的需求,许多体育人利用互联网传播体育文化,进一步加大了体育文化的传播力度。

(四)现代学校教育成为主要传播途径

学校一直是体育文化传播的重要场所。在西方和东方的学校里,都无一例外地将体育运动(特别是与军事训练有关的运动项目)作为教学的重要内容。这无疑为体育文化的延续和传播提供了非常重要的条件。

现代学校的体育文化具有较高的世界性,西方体育文化占据主导地位,包括我国在内的大多数国家的学校体育都是以西方体育运动项目作为主要内容来安排教学的。这样一来,体育文化的基本内容多数是西方式的。虽然各国在体育教学内容上都增加了一些本国传统的体育文化,但仍然是以奥林匹克运动会竞技项目为主的西方体育文化。学校作为体育文化的主要传播地点,改变了以往体育文化传播的无序和分散,体育文化的传播更加规范和集中。不过,由于学校体育内容过分强调一致性,在一定程度上限制了各国体育文化的差异性发展,使体育文化发展更加单一化。

专业的体育运动学校更是体育文化传播的重要场所,这里不仅培养出了专业体育工作者,而且也为广泛传播体育文化提供了新的手段。

(五)体育机构,作用突出

专门性体育机构是体育文化传播的主要力量。国际奥委会及其组织体系、职业竞赛组织、健身体育俱乐部、各种体育娱乐场所都在发挥各自的作用。

大多数国际体育机构是非政府组织,但是这些机构在国际体育文化传播中扮演着主要角色。为了不断推动项目发展,许多国际体育机构都制定了体育文化发展战略目标,并持续地推动体育文化发展。如国际奥委会一直倡导文化的交流与理解。在世界各地举办奥运会时,也推动着区域之间的文化交流。从第一届现代奥林匹克运动会开始,举办国就不断采用各种方式向世界展示其文化。2008年北京奥运会、2022年北京冬奥会、2024年的巴黎奥运会都是其中的经典代表。在奥运会期间举办的一系列体育文化活动,如举办体育电影节、体育集邮展、文艺表演、奥运会的各种标识等,都是体育文化传播的重要手段。许多国家在奥运会申办成功后都会制定相应的文化推广战略,以此传播国家与民族璀璨的体育文化。

课后练习与能力提升：

我国地域辽阔，不同区域的体育文化受区域环境的影响均具有各自的特色，请论述某一区域的体育文化在中国式现代化发展进程中的发展路径。

拓展阅读与资料库链接：

1. 哪些天气条件会对运动项目造成影响 中国天气网（http://news.weather.com.cn/2014/09/2197765.shtml）

2. 关于印发《长三角地区体育一体化高质量发展的若干意见》的通知 浙江省体育局（https://tyj.zj.gov.cn/art/2020/10/23/art_1347213...）

3. 我区加快从"体育大区"到"体育强区"的发展步伐 上海市杨浦区人民政府（https://www.shyp.gov.cn/shypq/xwzx-bmdt/20230113/420622.html）

4. 世界文化地理 北京大学 中国大学 MOOC（慕课）（https://www.icourse163.org/course/PKU-1003060004）

第十一章 体育文化遗产的传承与保护

导读：

中国体育文化遗产，是我国体育事业发展过程中的宝贵财富，是中华民族智慧的结晶，也是国家非物质文化遗产的重要组成部分。当前，国家出台了相关政策、法律法规促进我国体育文化遗产保护工作的开展，这些文化瑰宝一部分在传承中创新发展，而另一部分生存现状却不容乐观，濒临失传的危险。由此，我们应该充分认识体育文化遗产保护的重要性，突出重点，做好体育文化遗产项目保护规划，加强管理，建立完备的传承机制，实现我国体育文化遗产的全方位多层次传承与发展，推进中国体育文化遗产的保护进程。

第一节 文化遗产与体育文化遗产释义

一、文化遗产

"从东方到西方，在不同的语境中，遗产既指物质财产，也指传统、生活方式等精神财富。"[1]在中国，遗产一词首先见于《后汉书》："（郭）丹出典州郡，人为三公，而家无遗产，子孙困匮。"这里用的是遗产的最初含义：祖先遗留下来的物质财产。后来，"遗产"的范围扩大至精神层面。目前，我们所指的遗产主要包

---

[1] 周耀林.可移动文化遗产保护策略研究[D].武汉大学博士论文,2005:9.

括物质财产和精神财富两个层面。如《辞海》中将"遗产"界定为:①死者留下的财产,包括财物和债权;②历史上遗留下来的精神财富,如文学遗产、医学遗产。

外文中的"遗产"与中文相近,如《剑桥高级词典》认为,遗产"属于特定社会文化的特征,例如从过去遗留至今且具有历史意义的传统、语言或建筑"[①]。鉴于此,20世纪70年代,爱尔兰曾将遗产分为科学遗产、历史艺术遗产、文化遗产和风景遗产四类。后来,欧洲普遍将遗产分为自然遗产(类似于爱尔兰目录中的科学遗产)、文物古迹遗产(类似于爱尔兰目录中的历史艺术遗产)、文化遗产和风景遗产四类。

联合国教科文组织借鉴上述分类方式,将世界遗产分为自然遗产、文化遗产、自然与文化双重遗产、文化景观遗产和非物质文化遗产五种类型。其中,除自然遗产外,其余的四种遗产均与文化遗产有关,均可看作广义的文化遗产。

联合国教科文组织1972年《保护世界文化和自然遗产公约》指出,文化遗产是"具有历史、美学、考古、科学、文化人类学与人类学价值的古迹、建筑群和遗址",它包括①文物:从历史、艺术和科学的角度来看,具有突出价值的建筑群、雕刻和绘画,具有考古意义的部件和结构、铭文、洞穴、住区及各类文物组合体;②建筑群:从历史、艺术和科学的角度来看,在建筑形式、统一性及其与环境景观结合方面,具有突出的普遍价值的单独或相互联系的建筑群体;③遗址:从历史、美学、人种学或人类学的角度来看,具有突出的普遍价值的人造工程或自然与人类结合工程以及考古遗址的地区。

二、世界文化遗产的评定标准

世界文化遗产的评定依据是联合国教科文组织颁布发行的《实施世界遗产公约的操作指南》(以下简称《操作指南》)。该《操作指南》一直进行着周期性修改,以反映世界遗产委员会的决定。2005年以前,世界遗产的遴选标准共10条(文化遗产6条、自然遗产4条)。[②]

[①] 周耀林.可移动文化遗产保护策略研究[D].武汉大学博士论文,2005:8.
[②] 2005年版《操作指南》是在1999年版的基础上修改完成的。修改历时4年,2004年12月通过。2005年2月正式公布并实施。

(1)代表一种人类的创造性天才杰作。

(2)能在一定时期内或世界某一文化区域内,对建筑艺术、纪念物艺术、城镇规划或景观设计方面的发展产生过重要影响。

(3)能为一种已消逝或仍在延续的文明或文化传统提供一种独特的至少是特殊的见证。

(4)可作为一种建筑或建筑群或科技成就或景观的杰出范例,展示出人类历史上一个(或几个)重要阶段。

(5)可作为传统的人类居住地、使用地或海洋利用的杰出范例,代表一种(或多种)文化,或代表人类与环境的融合,尤其在不可逆转之变化的影响下变得易于损坏。

(6)与具有突出普遍意义的事件或现行传统或思想或信仰或文学艺术作品有直接或实质的联系(世界遗产委员会认为该项标准更适宜与其他标准一起使用)。

(7)具有绝妙的自然现象或稀有的自然景色和艺术价值的地区。

(8)构成代表地球演化史中重要阶段的突出例证,包括生命记录、进行中的重要地貌发展的地质过程、重要的地质地貌特征。

(9)构成代表具有重要意义的进行中的生态和生物演化过程,陆地、活水、海洋海岸生态系统及动植物群落发展的突出范例。

(10)最重要和有意义的珍稀濒危动植物种的自然栖息地,是生物多样性的真实体现,它包括从科学和保护的角度来看具有突出普遍价值的濒危动植物的自然栖息地。

上述 10 条标准中的前 6 条实际上就是文化遗产的评定标准,该标准对 2005 年文化遗产的 6 条标准有所修订与完善。

三、体育文化遗产

体育文化遗产是指人类为适应自然和社会,在以身体练习为基本手段而自觉地改善自我身心和开发自我潜能的社会实践过程中,遗留下来的物质财产和精神财富。它主要包括体育物质文化遗产和体育非物质文化遗产。其中,体育物质文化遗产,是指具有历史、艺术和科学价值的体育文物,主要包括体育历史文物、体育历史建筑和历史上人类体育文化的遗址;而体育非物质文化遗产,是指那些被各群体或个人视为其文化财富重要组成部分的具有游戏、教育和竞技特点的运动技艺与技能,以及在实施这些技艺与技能的过程中所使用的各种器械、相关实物和空间场所。它既有与体育活动相关的竞赛程序、器械制作等身体运动内容,又有与各民族的社会特征、经济生活、宗教仪式、风俗习惯息息相关的传统文化现象,是一种"活态人文遗产"。

第二节 中国体育文化遗产的保护历程及现状

一、我国体育文化遗产的保护历程

(一)滞后而松散的保护阶段

国际社会对非物质文化遗产的认识与传承保护实践起始于20世纪五六十年代,因率先倡导"无形文化财产"理念,日本和韩国成为全球最早关注非物质文化遗产及其传承保护的国家,但直到20世纪80年代,国际社会才首次使用"非物质遗产"这一称谓[1]。21世纪之初,在联合国教科文组织的带领下,世界范围内的非遗传承和保护达成共识并开始加速;1997年,启动"宣布人类口头和非物质遗产代表作"项目;2000年,实施"人类口头和非物质遗产代表作名录";2001年,公布第一批"世界人类口头和非物质遗产代表作"。我国对非遗的认识与传承保护实践要明显滞后于国际社会,但也在一定时期进行了一些文化、文物方面的传承保护工作。新中国成立初期,中央民委开展的民族文化普查、历时十多年的民族社会文化调查和文学、舞蹈、作家、美术各类协会开展的民间文化艺术活动等,使大量散乱存续于民间的体育非遗被挖掘、整理和传承保护下来,其中包括抖空竹、少林功夫、太极拳、梅花拳、蹴鞠、龙舟、秋千以及各少数民族的特色传统体育项目。特别是20世纪80年代以来,在"文化热"的背景下,随着全国文艺汇演、全国少数民族传统体育运动会等活动的持续举办和《关于做好当前民族文化工作的意见》等文件的颁布,我国大量的传统体育项目获得展示、发展与创新的机会,这为我国融入"非遗"传承保护的世界话语体系奠

---

[1] 周亮亮,等.非物质文化遗产理论认识与我国立法保护历程[J].紫禁城,2012(8):16-19.

定了基础。

（二）进入非物质文化遗产名录后的快速发展阶段

2001年,昆曲入选联合国教科文组织"人类口头和非物质遗产代表作",标志着我国开始融入世界非物质文化遗产话语体系。2005年3月26日,国务院办公厅发布《关于加强我国非物质文化遗产保护工作的意见》,明确提出要建立我国非物质文化遗产名录代表体系,武术、太极拳、舞龙、舞狮、达瓦孜、摆手舞、锅庄舞、阿细跳月等著名的传统体育项目都是在这个阶段被进一步挖掘、整理,并以非物质文化遗产的身份被保护起来的。体育"非遗"从无到有,从2005年至2009年,我国第一次开展了全国性的"非遗"普查活动,共统计出约87万项非物质文化遗产,并构建起"四级非遗名录体系"[①],其中体育约有1593个项目。在2006年、2008年、2011和2014年我国先后公布的4批1372项国家级"非遗"中体育类至少占有200项,如果加上省、市、县三级项目,我国体育非物质文化遗产数量已经超过1000项,各地区、各民族喜闻乐见的传统体育项目大都被涵盖其中,"体育非物质文化遗产"开始逐渐代替"民族传统体育"的称谓,使这些具有悠久历史的东方传统身体运动纳入全球"非遗"的传承保护网络体系之中。随着2011年2月25日《中华人民共和国非物质文化遗产法》的颁布,以及《中国体育非物质文化遗产保护与推广管理办法》(2013)、《国家级非物质文化遗产代表性传承人抢救性记录工作的通知》(2015)、《关于实施中华优秀传统文化传承发展工程的意见》(2017)、《关于进一步加强少数民族传统体育工作的指导意见》(2018)等重要文件的相继颁布,标志着我国在融入世界"非遗"话语体系后,已迅速走出独特的中国体育"非遗"传承保护之路。

（三）体育文化遗产研究兴起

国家体育总局体育文化发展中心是指导、协调全国各省、市、区体育文化发展的专门机构。近些年来,在其领导下,不但在全国各大专院校及地方建立了50余个体育文化研究基地,而且还分别于2010年、2011年在云南昆明、河南焦作主办了"全国民族传统体育学术大会"和"中国首届体育非物质文化遗产大

---

① 开创非遗当代发展的生动局面—党的十八大以来我国非遗传承保护工作综述[N].中国文化报,2017-10-17.

会",对中华民族体育文化遗产的现状、生存危机和保护措施等进行了充分的研讨。

在保护体育文化遗产的热潮中,学者们对体育文化遗产的研究工作涉及众多方面。例如上海体育学院的博士生导师郭志禹教授将全国分为中原、巴蜀、吴越、齐鲁、燕赵、西北、荆楚、赣皖、关东、秦晋、闽粤、黔贵、西域、西南边疆14个武术文化区,并带领他的博士生对其中的武术流派、传承特点、生存现状及保护建议等进行研究,取得了不少研究成果;再如2005年岁末,少林寺与中国社会科学研究院世界宗教研究所联合举办了"少林学"学术研讨会,来自全国40多个科研单位的近百名学者就"少林学"的创立和建设进行了深入地探讨。最后,大家一致认定"少林学"成为一个学科必要且可行。随后,少林书局还编辑出版了《少林学研究丛书》之《少林学论文选》(2006)、《少林武术通考》(2006),组织专家编写了《民国国术期刊文献集成》(30卷)等书籍,将少林武学研究提升到一个新的高度。

二、我国体育文化遗产的保护现状

(一)中国体育文化遗产保护的法律制度尚不健全

随着全球化趋势和现代化进程的加快,我国的传统体育文化遗产受到越来越大的冲击,传统体育在与现代体育的对接中明显处于劣势。现阶段,有不计其数的非物质文化遗产正在不断消失,加强我国体育文化遗产这一非物质文化遗产的保护已经刻不容缓。然而,目前,我国体育文化遗产保护的相关法律制度并不完善,还没有形成一个统一的、规范的法律体系,在体育文化遗产资源的保护内容、形式、方法和措施上,也都没有具体、详尽的法律规定,致使我国体育文化遗产保护盲目、混乱,多数情况下只能以相关的非物质文化遗产的法律制度以及地方性法律制度作为参考,造成不同地区依据不同的法律制度实施不同的保护措施,极大地影响了中国体育文化遗产保护的协同发展。

(二)中国体育文化遗产保护受地区经济发展不平衡的制约

改革开放以来,我国各地区经济都获得了不同程度的发展,但是也存在着地区经济发展不平衡的现象,甚至有些地区发展还很落后。许多地区经济跟不上,财政收入少,就造成对于体育文化遗产保护的资金支持力度有限,资金投入严重不足,这在一定程度上影响了我国部分地区体育文化遗产的保护措施的实施和发展,使得我国体育文化遗产保护形不成规模,制约了体育文化遗产保护顺利开展。

(三)中国体育文化遗产保护中忽视了学校教育的作用

中国体育文化遗产是一种历史文化,需要不断地传承和发展下去,学校教育在这一传承过程中具有极其重要的作用,它能够让更多的年轻人了解中国体育文化的发展历史,从而更好地保护和传承这些体育文化遗产。从目前的状况来看,我国体育文化遗产的保护主要靠政府或是民间组织,学校教育对于体育文化遗产保护问题重视程度不足,并没有将其引入校内体育课程教材中,直接影响了传统体育文化在学生中的普及。

三、中国体育文化遗产的可持续发展

(一)吸收先进文化

我国传统体育文化在几千年的发展历程中残留着封建保守落后甚至是愚昧的思想,必须对其进行正确的分析、合理的选择和消化吸收。我国传统体育是从封建社会发展而来的,传统社会文化封闭的价值体系及其所构成的心理和价值观念,已经难以适应现代文化的发展要求,必须加以批判地继承,发扬优秀成分,摒弃不科学的成分,借鉴现代体育科学的基本原理方法,使传统与现代相结合,只有开放、积极地接纳外来先进的文化,才能促进民族传统体育的发展。

传统体育文化在经济全球化和体育全球化趋势的背景下,只有积极寻求可持续发展之路,使之既保持自身的民族特质,又兼具现代体育的共性,实现现代化发展,才能在新时代得到生存与发展。

(二)多渠道、多层次、多形式筹集资金

由于我国传统体育的物质载体基础薄弱,因此要促进民族传统体育的发展,不能只靠国家投资,要采取多种投资形式,鼓励企业、个人和外商进行投资,开发民族传统体育,为民族传统体育的发展提供必要的设施、场馆,从而更好地贯彻全民健身计划。

(三)发展民族传统体育文化旅游产业

多姿多彩的民族体育活动、色彩艳丽的民族体育服饰、丰富多样的体育用

品及自然资源等,形成了中华民族特有的民族传统体育文化旅游资源。来自世界各地、有着不同的价值观念、不同的文化背景的旅游者,对中华民族传统体育文化参观、了解、体验、感受,有利于民族传统体育朝着产业化、市场化的方向发展,增强民族体育文化的竞争力,促进其全面发展。

总之,人类社会在不断的发展中,曾经创造了辉煌的文明,给我们留下了丰厚的文化遗产。在这些文化遗产中,有的我们只能通过字里行间和古老的岩画、壁画去体会;有的我们还能亲身感受她的伟大魅力;有的已经化为烟尘,永远不再为人知了。但是这些文化遗产都为我们人类的文明进步做出了或者还在做着贡献。珍惜、保护、传承文化遗产就是为了人类的明天有一个更好的发展。体育类文化遗产作为人类遗产中的重要组成部分,也具有同样不可替代的作用。保护和利用好体育文化遗产,对于继承和发扬民族优秀文化传统、增进民族团结和维护国家统一、增强民族自信心和凝聚力、促进社会主义精神文明建设都具有重要而深远的意义。

课后练习与能力提升:

对体育文化遗产的传承保护现状及模式进行综述,探索新时期体育文化遗产保护创新发展路径。

拓展阅读与资料库链接:

1. 中国非物质文化遗产网·中国非物质文化遗产数字博物馆(http://ih-china.cn/)

2. 国家级非物质文化遗产代表性传承人认定与管理办法 中国政府网(https://www.gov.cn/zhengce/zhengceku/2019-12/25/content_5463959.htm)

第十二章 中国体育文化的发展成就与新任务

导读：

体育文化是人类在体育方面创造的一切物质文明与精神文明的总和，打造体育强国的核心是打造体育文化强国。当前我国正处在文化大发展、大繁荣的关键时期，文化软实力已成为民族凝聚力与创造力的重要源泉，成为经济发展的重要支撑和提高国家竞争力的核心。群众体育蓬勃发展、竞技体育成绩辉煌、青少年体育生机勃勃、体育产业快速发展、体育领域各项事业全面推进。体育文化战略地位不断提升，中华体育精神、奥林匹克精神等深入人心。随着国际交往的扩大，体育事业发展的规模和水平成为衡量国家、社会发展进步的一项重要标志。中国体育文化必将成为在当代世界产生重大影响的世界体育文化的重要组成部分。

第一节 我国体育事业发展成果

一、群众体育蓬勃发展

新中国成立后，党和国家把广泛开展体育运动、增强人民体质作为体育事业发展的根本任务，广大人民群众以空前的革命热情投身到群众体育中去，国民体质得到了很大的改善。1959年我国举办了第一届全国运动会，1965年第二届全运会举行，掀起了全国群众体育活动的高潮，近亿人参加各种体育活动。改革开放后，国家体育锻炼标准、国民体质监测、工间操、社会体育指导员等制

第十二章　中国体育文化的发展成就与新任务

度不断制定和完善。1995 年《全民健身计划纲要》颁布实施,成为我国群众体育事业发展的跨世纪纲领性文件。2009 年,国务院批准每年的 8 月 8 日为全民健身日。2014 年国务院《关于加快发展体育产业促进体育消费的若干意见》明确提出,全民健身上升为国家战略,这是我国群众体育发展理念和实践的重大飞跃。

当前,人民群众健康水平持续提高,全民健身意识极大增强。我国经常参加体育锻炼人数比例达到 37.2%,城乡居民达到《国民体质测定标准》"合格"以上的人数比例达 90% 以上,人均预期寿命由 1949 年的 35 岁提高到 2018 年的 77 岁。健身设施遍布城乡,全民健身组织广泛建立,群众性赛事活动丰富多彩,全民健身指导人员队伍日益壮大。

二、竞技体育成绩辉煌

新中国成立后,我国竞技体育举国体制逐步发展,形成了适合我国国情的运动训练和体育竞赛体系。改革开放后,我国在国际奥委会的合法席位得以恢复,更加积极地参与国际体育的竞争与合作,不断创造出中国体育新的辉煌成就。我国竞技体育水平明显提高,中国体育健儿捷报频传。

新中国成立后到 20 世纪 50 年代末,我国运动员不仅全部刷新了 1949 年以前的全国纪录,还在航空、田径、游泳、举重、射击等 18 个项目中取得了 39 人 31 次打破世界纪录的成绩;1956 年,举重运动员陈镜开为新中国创造了第一个世界纪录;1959 年,乒乓球运动员容国团获得新中国第一个世界冠军;1960 年,我国登山健儿创造了人类历史上第一次从北坡登上珠穆朗玛峰的奇迹;1984 年,射击运动员许海峰获得新中国第一枚奥运会金牌;1984 年我国在改革开放后首次组队参加夏季奥运会,取得位列金牌榜第四位的优异成绩;在 2008 年北京奥运会上,中国体育代表团位列金牌榜第一、奖牌榜第二,又一次取得重大历史性突破;在 2020 年东京奥运会上,中国体育代表团共获得 38 金 32 银 18 铜共 88 枚奖牌,金牌数、奖牌数位居第二,追平在伦敦奥运会取得的境外参赛最好成绩,充分展示了大国大团的综合实力和良好形象,取得运动成绩和精神文明双丰收,实现了"拿道德的金牌、风格的金牌、干净的金牌"的目标;在 2002 年盐湖城冬奥会上,中国体育代表团实现冬奥会金牌"零"的突破;在 2010 年温哥华冬

· 225 ·

奥会上,中国体育代表团获得5枚金牌、11枚奖牌,冬奥会成绩实现了历史性突破。在亚洲,从1982年新德里举行的第九届亚运会开始,中国已经连续10次蝉联亚运会金牌榜首位。截至2020年底,我国运动员在奥运会、世界杯、世界锦标赛等各类国际大赛中,共获得世界冠军3588个,创超世界纪录1351次。截至东京奥运会,共获得奥运冠军275个。中国已经成为国际体育舞台上具有强大竞争力的重要力量。

中国体育健儿在国际赛场上的优异表现,向世人展示了新中国的崭新形象和我国社会主义建设取得的巨大成就,为祖国赢得了巨大的荣誉,成为中华民族凝心聚力的强大力量。其间涌现了一大批全国人民耳熟能详的英雄集体,以"为国争光、无私奉献、科学求实、遵纪守法、团结协作、顽强拼搏"为主要内容的中华体育精神,极大丰富了社会主义精神文明建设的内涵,激发了全国人民积极投身社会主义现代化建设的热情。

三、申奥成功,百年梦圆

举办奥运会是中华民族的百年梦想。改革开放后的中国,更加积极主动、全方位地参与国际体育事务,包括积极申办大型国际体育赛事。1990年,第11届亚洲运动会在北京成功举办,这是新中国第一次举办大型综合性国际运动会。2001年7月13日,北京获得2008年夏季奥运会举办权。申奥成功是我国繁荣富强光辉历程和改革开放伟大成就的生动体现。2008年8月8日至24日,第29届夏季奥运会在北京隆重举办,实现了中华民族的百年期盼,完成了海内外中华儿女的共同心愿,履行了对国际社会的郑重承诺,赢得了国际社会高度评价,一届无与伦比的奥运盛会载入了奥林匹克运动的史册,也载入了中国体育发展的史册,成为中国体育的永恒财富。

2015年7月31日,北京携手张家口获得2022年冬奥会举办权,2022年2月4日—2月20日北京冬奥会成功举办。北京成为世界上唯一一座既举办过夏季奥运会、又举办冬季奥运会的城市。国际奥委会主席托马斯·巴赫在新闻发布会上曾表示,北京冬奥会创造了历史,在冬奥会总结表彰大会上,习近平发表重要讲话,深刻阐述了胸怀大局、自信开放、迎难而上、追求卓越、共创未来的北京冬奥精神。中国兑现了庄严承诺,为奥林匹克运动的发展作出了中国贡献。

四、青少年体育生机勃勃

青少年体育是我国体育事业的重要组成部分。新中国成立后,党和政府确立了青少年德智体全面发展的教育方针,建立新中国体育教育制度以及青少年体育训练体系和竞赛制度,采取措施组织开展青少年体育活动,青少年身体素质和运动水平得到了快速提高。1990年,《学校体育工作条例》颁布实施。2007年,《中共中央国务院关于加强青少年体育增强青少年体质的意见》印发,把青少年体育工作的战略位置提升到新的高度,更加突出了青少年体育在国家发展全局中的重要作用。2010年,国家体育总局设立青少年体育司,青少年体育工作得到进一步加强。2020年,《关于深化体教融合 促进青少年健康发展的意见》和《关于全面加强和改进新时代学校体育工作的意见》先后出台,对深化体育和教育改革,促进青少年体育工作改革发展具有里程碑式的意义。

青少年体育健身场地设施不断完善,青少年体育赛事体系不断健全,青少年体育活动蓬勃发展,青少年体育组织规模持续扩大,青少年体育焕发出勃勃生机。

五、体育产业快速发展

党的十四大以后,随着社会主义市场经济体制的建立,体育产业发展进程明显加快。1993年,原国家体委制定《关于培育体育市场加快体育产业化进程的意见》,明确了体育要面向市场、走向市场,以产业化为方向的政策措施。2010年印发了《国务院办公厅关于加快发展体育产业的指导意见》,2014年印发了《国务院关于加快发展体育产业促进体育消费的若干意见》,2019年印发了《国务院办公厅关于促进全民健身和体育消费 推动体育产业高质量发展的意见》,体育产业成为国民经济发展新的增长点,成为经济转型升级的重要力量。近年来,体育产业规模快速上涨,产业结构不断优化,市场潜力持续释放,治理体系愈加完善。2019年,全国体育产业总规模达到2.95万亿元,全国体育产业法人单位达到28.9万个,体育产业从业人员505.1万人。2020年全国居民人均体育消费1330.4元。以竞赛表演和健身休闲为驱动,体育用品制造为支撑、场馆运营、体育培训、体育中介、体育传媒等业态共同发展的格局基本形成。截至2020年底，体育彩票销售累计达21495亿元，筹集公益金5654亿元。

六、体育领域各项事业全面推进

体育人才不断涌现，运动员、教练员、裁判员等竞技体育人才数量持续增长，质量显著提升；体育科技持续发展，"科教兴体"的观念深入人心。科技组织机构不断健全，科技助力体育发展成效明显，体育科技解决竞技备战关键问题的能力逐步提升，在群众体育发展中的先导和支撑作用日益凸显；体育法治日益完善。以1995年《中华人民共和国体育法》颁布实施为标志，随着《奥林匹克标志保护条例》《公共文化体育设施条例》《反兴奋剂条例》《全民健身条例》以及一批部门规章和规范性文件的先后出台，中国体育发展步入法治化轨道，体育领域规范化制度化水平不断提升。

第二节 我国体育文化的发展现状

一、体育精神历久弥新

祖国至上、团结协作、顽强拼搏、永不言败的"女排精神"，一次次冲击珠穆朗玛峰"不畏艰险、顽强拼搏、团结协作、勇攀高峰"的登山精神，以及几代中国体育人共同铸就并诠释的"为国争光、无私奉献、科学求实、遵纪守法、团结协作、顽强拼搏"的中华体育精神，来之不易，弥足珍贵。中华体育精神已成为中华民族的宝贵精神财富。

伟大的事业孕育伟大的精神，伟大的精神推进伟大的事业。在北京冬奥会、冬残奥会申办、筹办、举办的过程中，举国上下勠力同心，克服新冠肺炎疫情等各种困难挑战，向世界奉献了一届简约、安全、精彩的奥运盛会，全面兑现了对国际社会的庄严承诺。赛事精彩纷呈，"带动三亿人参与冰雪运动"的目标成为现实，更是给中国、给全世界爱好冰雪运动的人们留下了一份丰厚的"北京冬奥会、冬残奥会遗产"，向全世界发出了"一起向未来"的新时代强音。"胸怀大局、自信开放、迎难而上、追求卓越、共创未来"的北京冬奥精神，同样成为激励全国各族人民实现中华民族伟大复兴的强大精神动力。中华体育精神在提高人民身体素质和健康水平、促进人的全面发展、丰富人民精神文化生活、激励人民追求卓越、突破自我等方面,同样发挥着重要作用。

二、运动项目文化成为体育文化鲜明底色

运动项目文化是体育文化的"特质",体育文化的表达须落实到具体的运动项目文化上,《"十四五"体育发展规划》提出"十四五"时期要持续深入推动运动项目文化建设,打造重点运动项目文化建设示范工程,充分发挥具有良好社会形象、广泛社会影响力的明星运动员在运动项目文化建设中的榜样作用。党的十八大以来,体育系统主动作为,运动项目文化建设工作取得了积极进展。例如,中国篮球协会启动了"中国篮球名人堂"的相关工作。中国篮球名人堂建设倡导篮球界,特别是包括国家队运动员在内的广大青少年群体,重温、学习几代中国篮球人积累的为国争光、以我为主、走中国特色篮球发展道路的理念,以及积极主动、勇于探索、因地制宜的创造力和成功经验;举重是我国传统优势项目,新中国成立以来,我国举重运动员取得了诸多优异的成绩。迄今为止,已经打破了千余项世界纪录,获得了千余个世界冠军。2021 年,举重博物馆在东莞石龙镇破土动工。举重博物馆的建设,将进一步促进举重项目发展、弘扬举重的顽强拼搏精神,成为所有中国举重人的精神家园。按照"推动竞技体育成果全民共享"的要求,运动队、运动员进社区、进学校也逐渐形成制度,成为常态。

三、体育文化走出去和国际传播能力建设初见成效

体育界在讲好中国故事,传播好中国声音,展示真实、立体、全面的中国,提高国家文化软实力和中华文化影响力方面也进行了积极的探索。

(一)2019 年中国农历春节期间,"中国红"新春系列活动在瑞士洛桑奥林匹克博物馆拉开帷幕。(二)东京奥运会期间,三条龙舟亮相东京奥运会皮划艇静水赛场海之森水上竞技场。伴随着动人心魄的鼓点和呐喊声,三条龙舟犹如离弦之箭划过水面,赢得现场观众阵阵掌声。龙舟作为我国传统体育项目,近年来一直致力于"入奥"。经过国际奥委会、国际划联和东京奥组委的协调,龙舟作为表演项目被列入东京奥运会。(三)近年来,我国加快了中国围棋走出去的步伐,开展了围棋推广工程、搭建世界性围棋活动平台、建立海外围棋培训机

构等一系列工作,推动了中国围棋文化走出去,向世界展现了中国围棋文化的魅力。(四)每年"世界健身气功日"期间,国际健身气功联合会都会推出线上项目"全球健身气功时间",每天推出不同时段的直播,邀请全世界健身气功的专家和教师示范健身气功"八段锦",讲解健身气功知识。仅2020年,这一项目就吸引了50多个国家和地区的健身气功爱好者线上习练。(五)"太极拳"项目经联合国教科文组织保护非物质文化遗产政府间委员会评审通过,列入联合国教科文组织人类非物质文化遗产代表作名录。

近年来,我国一直加快体育文化走出去的步伐,出台了一系列体育文化走出去顶层设计政策,推进武术、龙舟、围棋、健身气功等优秀传统体育项目走出去,借台唱戏、借筒传声,推动在外交、民间、文化节庆等活动和平台中设置体育文化单元,多渠道推动传统体育文化走出去。借助国外知名电影节等平台,积极推介我国体育影视精品力作,推动体育文艺作品走出去。

四、体育文化发展平台讲述"中国体育故事"

"中国奥运第一人"刘长春的手稿、中国第一次参加奥运会的中文版纪念报告册、第一次打破世界纪录的中国运动员陈镜开的比赛服、为新中国夺得第一个世界冠军的运动员容国团的奖杯、中国第一位奥运冠军许海峰的领奖服和使用过的观察镜、1936年至2020年历届夏季奥运会火炬、1984年至2020年夏季奥运会奖牌……这些珍贵的体育文物犹如一幅历史画卷,见证了中华体育的巨大成就。

近年来,在体育总局支持下,中国体育博物馆(中国奥林匹克博物馆)文物藏品征集工作形成了良好的工作机制。运动员、教练员及社会各界人士对体育文化重要性的认识不断提升,向中国体育博物馆无偿捐赠藏品的越来越多,促进了藏品数量的大幅度增长。通过接受调拨、移交、无偿捐赠和向社会购买等方式,截至2021年底,中国体育博物馆共有藏品11700件(套),其中2012年至2021年底,新增藏品3613件(套)。中国体育博物馆通过线下线上等方式充分展示现有藏品,注重采用新技术手段让藏品"活起来",打造精品文化传播内容,系统展示我国体育历史和文化,讲好中国体育故事。

中国体育文化博览会是唯一由国家体育总局主办的展会,历经多年发展,已成为备受社会各界关注的体育文化品牌。如今,博览会在招商运作、展览内容、论坛活动、推介交易等方面都实现了创新和拓展,取得了良好社会效益和经济效益。中国体育文化博览会自举办以来,立足国家战略,面向国际,全方位构建了国际化、专业化、市场化、高端化的体育文化、体育产业融合发展及展示交易平台。

总体而言,我国体育文化在培育社会主义核心价值观中的作用更加凸显,体育文化不断繁荣。体育文化战略地位不断提升,中华体育精神等深入人心。体育对外交往日趋活跃。党的十八大以来,体育成为"元首外交"的新亮点,积极推动"一带一路"体育交流,广泛参与"金砖国家""上合组织"等多边国际合作机制和高级别人文交流机制。中华体育精神得到更广泛传播,体育文化产品创作和平台建设取得新进展。体育对外交流与合作日益扩大,与各国际体育组织和各国家(地区)间的互利合作不断深化,在促进文明交融和民心相通方面发挥了独特作用,国际影响力和话语权不断提升。以北京奥运会北京冬奥会为代表的重大体育赛事极大地带动了体育文化、娱乐、旅游等相关行业的发展。尤其是北京冬奥赛事精彩纷呈,国际社会积极评价,遗产成果丰硕。冬奥会开闭幕式精彩纷呈,人类命运共同体的主题贯穿始终,中华文化和冰雪元素交相辉映,体现了自然之美、人文之美、运动之美,诠释了新时代中国的世界情怀和大国担当的国家形象。

第三节 新时期我国体育文化发展的新要求

一、体育强国需要加强体育文化建设

2019年,国务院办公厅印发了关于《体育强国建设纲要》的通知,为进一步明确体育强国建设的目标、任务及措施,充分发挥体育在全面建设社会主义现代化国家新征程中的重要作用规划了蓝图。《体育强国建设纲要》明确提出要促进体育文化繁荣发展,弘扬中华体育精神。[1]

---

[1] 体育强国建设纲要[EB/OL].中国政府网[2019-08-10]. http://www.gov.cn/zhengce/content/2019-09/02/content_5426485.htm

1. 大力弘扬中华体育精神。深入挖掘整理中华体育精神,将其融入社会主义核心价值体系建设,精心培育和发展体育公益、慈善和志愿服务文化。完善中国体育荣誉体系,鼓励社会组织和单项体育协会打造褒奖运动精神的各类荣誉奖励。倡导文明观赛、文明健身等体育文明礼仪,促进社会主义思想道德建设和精神文明创建。

2. 传承中华优秀传统体育文化。加强优秀民族体育、民间体育、民俗体育的保护、推广和创新,推进传统体育项目文化的挖掘和整理工作。开展体育文物、档案、文献等普查、收集、整理、保存和研究利用工作。开展传统体育类非物质文化遗产展示展演活动,推动传统体育类非物质文化遗产进校园。

3. 推动运动项目文化建设。挖掘体育运动项目特色、组织文化和团队精神,讲好以运动员为主体的运动项目文化故事。培育具有优秀品德和良好运动成绩的体育"明星",组织运动队和"体育明星"开展公益活动。以各类赛事为平台,举办以运动项目为主要内容的文化活动、文化展示。

4. 丰富体育文化产品。实施体育文化创作精品工程,创作具有时代特征、体育内涵、中国特色的体育文化产品,鼓励开展体育影视、体育音乐、体育摄影、体育美术、体育动漫、体育收藏品等的展示和评选活动。

《全民健身计划(2021—2025年)》[1]中也提出:"普及全民健身文化,加大公益广告创作和投放力度,大力弘扬体育精神,讲好群众健身故事。"

二、"十四五"期间对体育文化建设的新要求

国家体育总局在《"十四五"体育发展规划》[2]中提出:在"十四五"期间,"体育文化建设取得新进展。社会主义核心价值观在体育领域更加彰显。体育文化的功能价值更好发挥、时代内涵更加丰富,以新时代女排精神为主要特质的中华体育精神进一步弘扬,体育在展示国家文化软实力方面的作用更好体现。创作一批优秀体育文化作品,培育一批体育文化品牌。运动项目文化建设

---

[1] 全民健身计划(2021—2025年)中华人民共和国中央人民政府[2021-08-03]http://www.gov.cn/zhengce/content/2021-08/03/content_5629218.htm

[2] 国家体育总局"十四五"发展规划[EB/OL]. 中华人民共和国中央人民政府网[2021-10-08]http://www.gov.cn/zhengce/zhengceku/2021-10/26/content_5644891.htm

第十二章　中国体育文化的发展成就与新任务

深入推进,中华优秀传统体育文化的影响力显著提高。"强化体育领域思想引领,促进体育文化健康繁荣发展是"十四五"期间的文化发展的重要内容,具体包括以下方面①。

1. 加强体育领域思想引领。学深悟透习近平新时代中国特色社会主义思想,坚持用党的创新理论武装头脑、指导实践、推动工作。充分发挥先进典型示范作用,汇聚起推动体育改革发展的强大力量。

2. 丰富中华体育精神时代内涵。深入挖掘中国体育文化内涵,推动新时代中华体育精神与社会主义核心价值观深度融合,充分发挥体育在铸牢中华民族共同体意识中的促进作用。大力弘扬"祖国至上、团结协作、顽强拼搏、永不言败"的新时代女排精神和体育健儿"使命在肩、奋斗有我"的奋斗精神。以重大国际赛事为契机,加强奥林匹克精神与中华体育精神教育,充分发挥各类媒体和传播手段在弘扬体育精神中的推动作用。加强运动员和青少年体育道德教育,培育和发展体育公益和志愿服务文化。

3. 推动运动项目文化建设。总结提炼运动项目的文化特征、组织文化和团队精神,形成各具特色的运动项目精神内核和文化标识。以"三大球"、乒乓球、羽毛球、游泳、马拉松等群众基础较好的运动项目为突破口,打造重点运动项目文化建设示范工程。培养和塑造具有良好社会形象、广泛社会影响的"体育明星",发挥榜样作用。

4. 加强体育文化创作及平台建设。鼓励开展体育文学、体育音乐、体育雕塑、体育摄影、体育影视、体育动漫、体育标识等创作。加强体育融媒体建设,推动建立以内容建设为根本、先进技术为支撑、创新管理为保障的体育全媒体传播体系。组建中国体育传媒集团公司。推动中国体育博物馆新馆建设,做好体育文物藏品征集和收藏管理保护工作。支持各地建设体育博物馆、体育名人堂和体育档案馆,鼓励建设线上体育博物馆、红色体育博物馆。打造体育文化品牌活动,推动体育文化展示平台建设,促进中国体育文化博览会创新发展。

5. 加强优秀传统体育项目保护利用和传承。开展武术、围棋、象棋、龙舟等

---

① 国家体育总局"十四五"发展规划[EB/OL]. 中华人民共和国中央人民政府网[2021 – 10 – 08] http://www.gov.cn/zhengce/zhengceku/2021 – 10/26/content_5644891.htm

传统体育项目文化特质研究,加强中华传统体育项目的开发利用与活态传承,推动优秀传统体育文化创造性转化、创新性发展。以太极拳列入人类非物质文化遗产代表作名录为契机,加强体育非物质文化遗产档案、口述历史等资料的收集、整理、研究,出版系列图书。挖掘各地民族传统体育的节庆活动,大力开展具有民族特色的体育文化活动。

三、党的二十大对体育文化发展提出了要求

党的二十大报告提出:"繁荣发展文化事业和文化产业。""广泛开展全民健身活动,加强青少年体育工作,促进群众体育和竞技体育全面发展,加快建设体育强国。"①

第四节 我国体育文化发展的原则

一、坚持党对体育文化工作的全面领导

多年来,党中央、国务院对体育事业的发展给予了高度重视和特别关怀,在体育文化事业发展的关键阶段及时明确政策、指明方向,在决定体育发展的关键问题上作出高屋建瓴的英明决策。党和国家领导人对体育工作给予的亲切教诲,不但为中国体育的发展进一步明确了前进方向,也提供了巨大动力。在体育文化发展中必须自觉地在思想上、行动上同党中央保持高度一致,加强党对体育工作的全面领导,为体育文化发展提供坚实保障,凝聚强大力量。

二、坚持体育为人民服务的根本宗旨

中国体育始终以"发展体育运动、增强人民体质"作为基本方针和任务,将满足人民群众不断增长的体育需求作为体育工作的根本出发点和落脚点,直接面向民生,着眼于提高人民群众的健康水平和生活质量,满足最广大人民群众

---

① 习近平.高举中国特色社会主义伟大旗帜 为全面建设社会主义现代化国家而团结奋斗:在中国共产党第二十次全国代表大会上的报告[EB/OL].中华人民共和国中央人民政府网[2022-10-25].http://www.gov.cn/gongbao/content/2022/content_5722378.htm.

增强体质、愉悦身心、交流情感、激励精神、丰富生活、全面发展等方面的需求。必须大力发展群众身边的体育组织、体育设施、体育活动、体育赛事、体育指导、体育文化,让全体人民共享体育发展成果,增强人民的获得感和幸福感。

三、坚持走适合国情的体育文化发展道路

一代代中国体育人艰苦探索,勇于创新,坚持党对体育工作的领导,办人民满意的体育,建立和完善竞技体育举国体制,大力弘扬中华体育精神,正确处理体育事业和体育产业的关系,坚持科教兴体、人才强体、依法治体,逐渐形成了具有中国特色的体育发展体制,走出了一条适合中国国情的体育发展道路。在新征程中必须牢牢把握体育文化事业改革发展的正确前进方向,把体育强国建设和社会主义现代化建设统一起来,毫不动摇地坚持下去。

四、坚持为党和国家的中心任务服务

中国体育一直坚持从我国的基本国情出发,围绕中心、服务大局,跳出体育看体育、立足全局抓体育、围绕中心干体育,制定正确的体育发展战略和规划,始终保持与经济社会协调发展,积极服务于各领域发展需要,为社会主义物质文明和精神文明建设作出了应有的贡献。新征程中必须把体育文化事业放在"五位一体"总体布局和"四个全面"战略布局中去谋划,不断挖掘和充分展现体育的社会价值和综合作用,努力实现建设体育强国伟大梦想。

五、坚持继承和发扬中华体育精神

一代代中华体育健儿创造的中华体育精神,不仅是体育界的优良传统,也是全社会的宝贵精神财富。不仅激励鼓舞着一代又一代的运动员取得辉煌的运动成绩,实现了个人的人生价值,而且为社会主义建设的伟大实践增添了精神动力,成为社会主义先进文化和时代精神的重要内容,来之不易,弥足珍贵。在今后的体育文化发展中必须进一步继承创新和发扬光大中华体育精神,努力为国家争得更大荣誉,不断增强中华民族的凝聚力、向心力和自信心。

六、坚持把改革创新作为体育文化发展的强大动力

体育文化的发展应适应经济社会发展提出的要求和带来的变化,不断深化

对新形势下体育规律的认识和把握,努力推动理论创新、科技创新、制度创新,拓宽发展思路。必须加快推进体育改革创新步伐,以更大的决心冲破思想观念的障碍、突破利益固化的藩篱、突破体制机制的束缚,推进体育治理体系和治理能力现代化。

课后练习与能力提升:

请在体育文化发展原则的基础上,试拟定新时期体育文化发展的策略。

拓展阅读与资料库链接:

1. 中华人民共和国国民经济和社会发展第十四个五年规划和2035年远景目标纲要 中国政府网(https://www.gov.cn/xinwen/2021-03/13/content_5592681.htm)

2."学习强国"官网(https://www.xuexi.cn/)